Buch

Gabriel García Márquez setzt in seinem ersten historischen Roman die Suche und Tragik des Obersten Buendía aus »Hundert Jahre Einsamkeit« und des »Patriarchen« fort, indem er die geschichtliche, facettenreiche Persönlichkeit Simón Bolívars, der Lateinamerika vom 300jährigen Joch der spanischen Krone befreite, vom Sockel des Kontinentalheiligen stürzt und an seiner Person die menschliche Tragödie Lateinamerikas aufzeigt. Der dem Tod entgegenreisende Bolívar durchlebt noch einmal die wichtigsten Stationen seines Lebens, die Höhe der Macht, seine Erfolge, seine amourösen Abenteuer. »Dieses Buch erzählt freilich nicht nur die Geschichte der letzten Reise oder des ganzen Lebens von Bolívar, es erzählt auch, wovon es nie spricht: die Geschichte Lateinamerikas nach Bolívar, von ihm vielleicht in falsche Bahnen gelenkt, weil es die richtige nicht geben konnte.« (Walter Boehlich, DER SPIEGEL) Es erzählt die Geschichte eines grandiosen Traumes und eines ebenso grandiosen Scheiterns, die Einheit Lateinamerikas herzustellen und von seiner menschlichen Komponente.

Autor

Gabriel García Márquez wurde 1928 in Arataca, Kolumbien, geboren. Er studierte Jura und wurde dann Journalist. Nach Jahren des Exils zwischen Mexico und Kuba, lebt er heute wieder in seiner Heimat Kolumbien. Er wurde weltweit durch seine Bücher »Hundert Jahre Einsamkeit«, »Die Liebe in den Zeiten der Cholera«, »Chronik eines angekündigten Todes«, »Der Herbst des Patriarchen« u. v. a. bekannt und erhielt 1982 den Nobelpreis für Literatur.

Gabriel García Márquez

Der General in seinem Labyrinth

ROMAN

Aus dem kolumbianischen Spanisch
von Dagmar Ploetz

GOLDMANN VERLAG

Titel der Originalausgabe: »El general en su laberinto«

Umwelthinweis:
Alle bedruckten Materialien dieses Taschenbuches
sind chlorfrei und umweltfreundlich.

Der Goldmann Verlag
ist ein Unternehmen der Verlagsgruppe Bertelsmann

Made in Germany · 1. Auflage · 11/92
Genehmigte Taschenbuchausgabe
© der Originalausgabe 1989 by Gabriel García Márquez
© der deutschen Ausgabe 1989 by Kiepenheuer & Witsch, Köln
Umschlaggestaltung: Design Team München
Umschlagillustration: Grajera/A.G.S.
Druck: Elsnerdruck, Berlin
Verlagsnummer: 41106
UK · Herstellung: Stefan Hansen
ISBN 3-442-41106-8

Für Álvaro Mutis, der mir die Idee für
dieses Buch geschenkt hat.

KARIBISCHES MEER

ATLANTISCHER OZEAN

CARACAS
INSELMARGARITA
IMARE
RTA

ORINOCO
ANGOSTURA • CIUDAD GUAYANA
(CIUDAD BOLIVAR)

ZUELA

mbien
(önigtum)

GEORGETOWN

GUYANA

PARAMARIBO

SURINAM

CAYENNE

Franz. GUAYANA

ASILIEN

```
0   100  200  300  400  500km
```
Zeichnung: Erwin Butschan

▒▒▒▒▒ Grenze von Groß-Kolumbien 1821–31
✗ wichtige Schlachten
—··—··— heutige Staatsgrenzen

»Es ist, als lenke der Teufel
die Angelegenheiten meines Lebens.«

(Brief an Santander vom 4. August 1823)

José Palacios, sein ältester Diener, fand ihn in der Badewanne, nackt und mit offenen Augen im Heilwasser treibend, und glaubte, er sei ertrunken. Er wußte, dies war für ihn eine von vielen Möglichkeiten zu meditieren, der Zustand der Verzückung aber, in dem er da trieb, schien nicht mehr von dieser Welt zu sein. Er wagte nicht, näher heranzutreten, sondern rief ihn mit gedämpfter Stimme, getreu dem Befehl, ihn vor fünf Uhr zu wecken, damit man beim ersten Tageslicht aufbrechen könne. Der General löste sich aus dem Bann und sah in der Dämmerung die blauen durchscheinenden Augen, das krause eichhörnchenfarbene Haar und die unbeirrbare Hoheit, mit der sein Leibdiener die Tasse Feldmohntee mit Gummiarabikum trug. Der General hielt sich kraftlos an den Griffen der Badewanne fest, tauchte dann wie ein Delphin aus dem Heilwasser, unerwartet schwungvoll für einen derart abgezehrten Körper.

»Gehen wir«, sagte er. »Sofort, denn hier will uns keiner haben.«

José Palacios hatte das so oft von ihm gehört und bei ganz verschiedenen Gelegenheiten, daß er es noch nicht glauben mochte, obgleich die Lasttiere bepackt in den Ställen warteten und die offizielle Delegation sich bereits sammelte. Er half ihm, so

gut es ging, beim Abtrocknen und zog ihm den Feldumhang über den nackten Leib, denn die Tasse zitterte in seinen Händen. Vor Monaten schon hatte der General, als er sich eine seit den babylonischen Nächten von Lima nicht mehr getragene Wildlederhose anzog, die Entdeckung gemacht, daß er, in dem Maße wie sein Gewicht abnahm, auch an Körpergröße verlor. Sogar seine Nacktheit war anders, denn sein Körper war bleich, Gesicht und Hände aber wie gedörrt von den Unbilden des Wetters. Im vergangenen Juli war er sechsundvierzig Jahre alt geworden, sein starres karibisches Kraushaar war jedoch schon aschfarben und seine Knochen durch den frühzeitigen Verfall in Unordnung geraten, der ganze Mann sah so erbarmungswürdig aus, daß man ihm nicht zutraute, bis zum nächsten Juli zu überdauern. Die entschiedenen Gebärden aber waren von einem anderen, den das Leben weniger mitgenommen hatte, und er lief unablässig um nichts herum. Vor seinen eigenen Wasserspuren auf den zerschlissenen Bodenmatten fliehend, trank er den Heiltee in fünf glühenden Schlucken, die ihm fast Blasen auf die Zunge trieben, und es war, als hätte er das Lebenselexier getrunken. Er sagte jedoch kein Wort, bis es von der nahen Kathedrale fünf schlug.
»Sonnabend, der 8. Mai 30, Tag der Heiligen Jungfrau, Mittlerin aller Gnaden«, verkündete der Haushofmeister. »Es regnet seit drei Uhr morgens.«
»Seit drei Uhr morgens des 17. Jahrhunderts«, sagte der General mit einer noch vom sauren Atem der

Schlaflosigkeit belegten Stimme. Und fügte ernst hinzu: »Ich habe die Hähne nicht gehört.«
»Hier gibt es keine Hähne«, sagte José Palacios.
»Nichts gibt es«, sagte der General. »Ein gottloser Landstrich.«
Denn sie waren in Santa Fe de Bogotá, zweitausendsechshundert Meter über dem fernen Meer, und das riesige Zimmer mit den kahlen Wänden war eisigen Winden, die durch die schlecht schließenden Fenster drangen, ausgesetzt und damit für die Gesundheit von niemandem zuträglich. José Palacios stellte die Schale mit dem Schaum auf die Marmorplatte des Waschtischs, dazu das rote Samtetui mit den Barbierinstrumenten, allesamt aus vergoldetem Metall. Er stellte den Handleuchter mit der Kerze auf ein Sims nah dem Spiegel, damit der General ausreichend Licht hätte, und rückte das Kohlebekken heran, damit er warme Füße bekäme. Dann reichte er ihm eine Brille, ein feines Silbergestell mit quadratischen Gläsern, die er für ihn stets in der Westentasche trug. Der General setzte sie auf und begann sich zu rasieren, wobei er das Rasiermesser dank einer angeborenen Gabe ebenso geschickt mit der rechten wie mit der linken Hand führte, und das erstaunlich sicher, obwohl er doch vor wenigen Minuten kaum fähig gewesen war, die Tasse zu halten. Er rasierte sich blind fertig, während er weiter seine Runden durchs Zimmer machte, bestrebt, sowenig wie möglich in den Spiegel zu sehen, um seinen eigenen Augen nicht zu begegnen.

Dann riß er sich ruckweise die Haare aus der Nase und den Ohren, polierte sich die vollkommenen Zähne mit Kohlepulver auf einer Seidenbürste mit Silbergriff, schnitt und polierte sich die Nägel an Händen und Füßen, legte zuletzt den Umhang ab, leerte eine große Flasche Kölnisch Wasser auf seinem Körper aus und rieb sich mit beiden Händen von oben bis unten ab, bis er erschöpft war. An diesem frühen Morgen hielt er die tägliche Reinlichkeitsmesse mit noch besessenerer Strenge ab als gewöhnlich, er versuchte, Körper und Seele von zwanzig Jahren nutzloser Kriege und von all den Enttäuschungen der Macht zu reinigen.

Als letzten Besuch hatte er am Abend zuvor Manuela Sáenz empfangen, eine kampferprobte Frau aus Quito, die ihn liebte, ihm aber nicht bis zum Tod folgen sollte. Sie blieb wie stets mit dem Auftrag zurück, den General über alles, was in seiner Abwesenheit geschah, gut informiert zu halten, denn er vertraute schon seit langem niemandem außer ihr. Er hinterließ in ihrer Obhut ein paar Dinge, deren einziger Wert darin bestand, ihm gehört zu haben, so wie einige seiner liebsten Bücher und zwei Truhen seines Privatarchivs. Am Tag zuvor hatte er bei dem kurzen förmlichen Abschied zu ihr gesagt: »Ich liebe dich sehr, werde dich aber noch mehr lieben, wenn du jetzt mehr Vernunft zeigst denn je.« Sie nahm es hin als eine weitere Huldigung von den vielen, die er ihr in acht Jahren glühender Liebe dargebracht hatte. Von

allen, die ihn kannten, war sie die einzige, die es glaubte: Diesmal ging er wirklich fort. Sie war aber auch die einzige, die zumindest einen triftigen Grund hatte, auf seine Rückkehr zu hoffen.
Sie hatten nicht vor, sich vor der Abreise noch einmal zu sehen. Die Hausherrin wollte ihnen jedoch einen letzten heimlichen Abschied gewähren, setzte sich über die Vorurteile der frömmelnden Stadtgemeinde hinweg und ließ Manuela, die Reitkleidung trug, durch das Stalltor ein. Nicht weil die beiden heimlich ein Liebespaar gewesen wären, denn sie waren es vor aller Augen und zum öffentlichen Skandal, sondern weil die Gastgeberin um jeden Preis den guten Ruf des Hauses wahren wollte. Er war aber noch mehr auf Anstand bedacht, befahl José Palacios sogar, die Tür zur angrenzenden Halle nicht zu schließen, durch die das Hauspersonal gehen mußte und wo die wachhabenden Adjutanten bis lange nach Ende des Besuchs Karten spielten.
Manuela las ihm zwei Stunden lang vor. Sie war bis vor kurzem, als ihr Leib die Jahre einzuholen begann, jung gewesen. Sie rauchte eine Seemannspfeife, parfümierte sich wie die Offiziere mit Verbenenwasser, trug Männerkleidung und bewegte sich meist unter Soldaten, aber ihre heisere Stimme war immer noch gut im Dämmerlicht der Liebe. Sie las im spärlichen Schein des Handleuchters und saß dabei in einem Sessel, der noch das Wappen des letzten Vizekönigs trug, während der General in

Hauskleidung und mit dem Vicuña-Umhang zugedeckt auf dem Bett lag und ihr zuhörte. Nur am Rhythmus seines Atems war zu erkennen, daß er nicht schlief. Das Buch hieß *Almanach der Nachrichten und Gerüchte, die im Jahre des Heils 1826 in Lima umgingen,* war geschrieben von dem Peruaner Noé Calzadillas, und sie las es mit einem theatralischen Pathos vor, das gut zum Stil des Autors paßte. Eine Stunde lang war dann nichts als ihre Stimme im schlafenden Haus zu hören. Nach der letzten Wachrunde explodierte plötzlich vielstimmiges Männergelächter, das die Hunde der Nachbarschaft in Aufruhr brachte. Er öffnete die Augen, eher neugierig als beunruhigt, und sie schloß das Buch auf ihrem Schoß, den Daumen zwischen den Seiten.
»Das sind Ihre Freunde«, sagte sie.
»Ich habe keine Freunde«, sagte er. »Und falls mir ein paar geblieben sind, dann nur noch für kurze Zeit.«
»Nun, da draußen sind sie und halten Wache, damit man Sie nicht umbringt«, sagte sie.
So erfuhr der General, was die ganze Stadt wußte: Nicht nur eins, sondern mehrere Attentate wurden gegen ihn vorbereitet, und seine letzten Anhänger wachten im Haus, um sie zu verhindern. Der Eingangsflur und die Gänge um den Innengarten waren von den Husaren und Grenadieren besetzt, die allesamt Venezolaner waren und ihm bis zum Hafen von Cartagena de Indias das Geleit geben sollten, wo er an Bord eines Segelschiffs nach Europa gehen

würde. Zwei von ihnen hatten ihre Schlafmatten so ausgerollt, daß sie quer vor der Haupttür des Schlafzimmers lagen, und die Adjutanten würden im Nebenraum auch noch weiter spielen, wenn Manuela zu lesen aufgehört hatte. Aber es waren nicht die Zeiten, in denen man, umgeben von so vielen Soldaten ungewisser Herkunft und unterschiedlichen Schlags, irgend etwas für sicher halten konnte. Unberührt von der schlechten Nachricht forderte er Manuela mit einer Handbewegung auf weiterzulesen.

Er hatte den Tod stets für ein unvermeidliches Berufsrisiko gehalten. Alle seine Kriege hatte er vorn in der Gefechtslinie geführt, ohne eine Schramme abbekommen zu haben, und er bewegte sich im gegnerischen Feuer mit einer so unvernünftigen Gelassenheit, daß sich sogar seine Offiziere mit der einfachen Erklärung zufriedengaben, er halte sich für unverletzbar. Er hatte jedes Attentat, das gegen ihn ausgeheckt worden war, unversehrt überstanden und war mehrmals nur deshalb mit dem Leben davongekommen, weil er nicht in seinem Bett geschlafen hatte. Er bewegte sich ohne Eskorte, aß und trank unbesorgt, was man ihm, wo auch immer, anbot. Nur Manuela wußte, daß seine Gleichgültigkeit nicht Unbedachtheit oder Fatalismus entsprang, sondern der melancholischen Gewißheit, daß er in seinem Bett sterben sollte, nackt und arm und ohne den Trost öffentlicher Dankbarkeit.

Als einzige Veränderung im Ritual der Schlaflosigkeit fiel in jener Nacht vor der Abreise auf, daß er nicht sein warmes Bad nahm, bevor er ins Bett ging. José Palacios hatte es ihm schon früh bereitet und dann bei richtiger Temperatur gehalten, es sollte dem General, wenn er danach verlangte, kraft der Heilkräuter das Abhusten erleichtern und den Körper stärken. Aber er verlangte nicht danach. Er nahm zwei Abführpillen gegen seine übliche Verstopfung und gab sich, eingelullt vom galanten Klatsch aus Lima, dem Halbschlummer hin. Plötzlich, ohne ersichtlichen Grund, überkam ihn ein Hustenanfall, der die Stützbalken des Hauses zu erschüttern schien. Die Offiziere im Nebenraum unterbrachen ihr Spiel. Einer von ihnen, der Ire Belford Hinton Wilson, schaute ins Schlafzimmer, ob er gebraucht werde, und sah, wie der General quer über dem Bett auf dem Bauch lag und versuchte, sein Eingeweide zu erbrechen. Manuela hielt seinen Kopf über eine Wanne. José Palacios, der einzige, dem es erlaubt war, das Schlafzimmer ohne Anklopfen zu betreten, blieb alarmiert neben dem Bett stehen, bis die Krise vorüber war. Der General atmete tief durch, die Augen voller Tränen, und wies auf den Waschtisch.

»Das kommt von diesen Grabmalblumen«, sagte er.

Wie immer, denn er fand stets einen unvermuteten Schuldigen für sein Unglück. Manuela, die das besser als jeder andere kannte, gab José Palacios einen Wink, die Vase mit den welken Narden vom Morgen hinauszubringen. Der General legte sich wieder mit geschlossenen Augen auf das Bett, und sie nahm im gleichen Tonfall wie zuvor die Lektüre wieder auf. Erst als sie meinte, er sei eingeschlafen, legte sie das Buch auf den Nachttisch, küßte ihm die fieberglühende Stirn und flüsterte José Palacios zu, sie werde ab sechs Uhr morgens für einen letzten Abschied an der Wegkreuzung Cuatro Esquinas warten, dort, wo die Landstraße nach Honda begann. Sie hüllte sich in eine Pelerine und verließ auf Zehenspitzen das Schlafzimmer. Da öffnete der General die Augen und sagte mit schwacher Stimme zu José Palacios:

»Sag Wilson, er soll sie heimbegleiten.«

Der Befehl wurde gegen Manuelas Willen durchgeführt, die glaubte, sie allein könne sich besser schützen als jede Ulaneneskorte. José Palacios ging ihr mit einem Leuchter zu den Ställen voraus, am Innengarten mit dem Steinbrunnen entlang, wo die ersten Narden der Morgendämmerung aufblühten. Der Regen machte eine Pause, und der Wind pfiff nicht mehr durch die Bäume, aber am eisigen Himmel war kein einziger Stern. Zur Beruhigung der Wachposten, die auf den Matten im Korridor lagen, wiederholte Oberst Belford Wilson die Parole der Nacht. Als sie am Fenster des großen Salons vorbeikamen, sah José Palacios, wie der Hausherr Kaffee an eine Gruppe von Militärs und Zivilisten ausschenkte, es waren jene Freunde, die bis zum Augenblick der Abreise wachen wollten.

Als er in das Zimmer zurückkam, lag der General im Delirium. Er hörte ihn wirre Sätze reden, die alle eines meinten: »Doch niemand hat etwas verstanden.« Der Körper glühte im Scheiterhaufen des Fiebers, übelriechende Blähungen brachen kollernd daraus hervor. Der General selbst würde am nächsten Tag nicht sagen können, ob er im Schlaf gesprochen oder wach phantasiert hatte, er würde sich an nichts erinnern. Es war das, was er »meine Anfälle von Irrsinn« nannte. Niemanden versetzten sie mehr in Unruhe, da er schon über vier Jahre daran litt und man ihn am nächsten Tag stets mit ungetrübtem Verstand aus seiner Asche auferstehen sah, ohne daß je ein Arzt sich an eine wissenschaftliche Erklärung gewagt hätte. José Palacios wickelte ihn in eine Decke, ließ die brennende Lampe auf der Marmorplatte des Waschtischs stehen und verließ das Zimmer, ohne die Tür zu schließen, um im Nebenraum weiter Wache zu halten. Er wußte, der General würde sich irgendwann bei Tagesanbruch erholen und sich dann in das erkaltete Wasser der Badewanne legen, um die im Grauen der Alpträume verzehrten Kräfte wiederherzustellen.

Es war das Ende eines hitzigen Tages. Eine Garnison von 789 Husaren und Grenadieren hatte sich unter dem Vorwand erhoben, ihren seit drei Monaten überfälligen Sold einfordern zu wollen. Der wahre Grund war ein anderer: Die meisten kamen aus Venezuela, und viele hatten in den Befreiungskriegen der vier Nationen gekämpft, in den letzten

Wochen jedoch waren sie auf offener Straße so oft beschimpft und provoziert worden, daß sie nicht grundlos um ihr Leben bangten, wenn der General erst einmal das Land verlassen haben würde. Der Konflikt wurde behoben, indem man Reisegelder auszahlte sowie tausend von den siebzigtausend Goldpesos, die von den Aufständischen gefordert worden waren. Am Abend waren sie in Richtung Heimat abmarschiert, gefolgt von einem Troß Lastenträgerinnen samt Kindern und Haustieren. Die Trommeln und die Militärblaskapelle waren nicht laut genug, um das Geschrei des Pöbels zum Schweigen zu bringen, der Hunde auf die Soldaten hetzte und ihnen Knallfrösche vor die Füße warf, um sie aus dem Tritt zu bringen, was bei einer feindlichen Truppe noch nie gemacht worden war. Elf Jahre zuvor war nach drei langen Jahrhunderten spanischer Herrschaft der harte Vizekönig Juan Sámano durch eben diese Straßen geflohen, als Pilger verkleidet, aber die Truhen gefüllt mit goldenen Götzenbildern und ungeschliffenen Smaragden, heiligen Tukanen und Glasscheiben, in denen Schmetterlinge aus Muzo leuchteten. Und es hatte nicht an Menschen gefehlt, die ihm von den Balkonen aus nachweinten, ihm Blumen herunterwarfen und ihm von Herzen Meeresstille und eine glückliche Fahrt wünschten.
Der General hatte heimlich an der Beilegung des Konflikts mitgewirkt, ohne das Haus des Kriegs- und Marineministers, in dem er Gast war, zu verlas-

sen. Schließlich hatte er José Laurencio Silva, seinen angeheirateten Neffen und vertrauenswürdigen Adjutanten, zu der rebellischen Truppe geschickt, als Garantie dafür, daß es bis zur Grenze von Venezuela keine neuen Unruhen geben würde. Den Vorbeimarsch unter seinem Fenster sah er nicht, aber er hatte die Trompeten und die Trommelschläger gehört, auch den Lärm der Menge, die sich auf der Straße drängte, die Rufe aber hatte er nicht verstehen können. Er nahm sie so wenig ernst, daß er währenddessen mit seinen Schreibern die liegengebliebene Post durchging und einen Brief an den Generalfeldmarschall Don Andrés de Santa Cruz, den Präsidenten von Bolivien, diktierte, in dem er ihm seinen Rückzug aus der Regierung mitteilte, sich aber nicht eindeutig darüber äußerte, ob seine Reise ins Ausland gehen würde. »Ich werde in meinem Leben keinen einzigen Brief mehr schreiben«, sagte er, als er diesen beendet hatte. Später, als er das Fieber der Siesta ausschwitzte, drang Getöse von einem fernen Tumult in seine Träume, und er schreckte von einer Knallerei auf, die sowohl von Aufständischen wie von Feuerwerkern kommen konnte. Als er nachfragte, antwortete man ihm, das sei das Fest. Einfach so: »Das ist das Fest, mein General.« Keiner, nicht einmal José Palacios, wagte ihm zu erklären, was für ein Fest das war.

Erst am Abend, als Manuela zu Besuch kam und berichtete, erfuhr er, daß es sich um die Anhänger seiner politischen Feinde handelte, die von der

Demagogen-Partei, wie er sie nannte: Sie waren durch die Straßen gezogen und hatten mit Billigung der Ordnungskräfte die Handwerksbünde gegen ihn aufgewiegelt. Es war Freitag, also Markttag, was das Durcheinander auf der Plaza Mayor begünstigte. Bei Einbruch der Nacht hatte ein ungewohnt heftiger Regen mit Blitz und Donner die Unruhestifter zerstreut. Der Schaden aber blieb. Die Studenten des Colegio de San Bartolomé hatten die Kanzleien des Obersten Gerichtshofs gestürmt, sie wollten einen öffentlichen Prozeß gegen den General erzwingen und hatten mit Bajonetten sein lebensgroßes Bild, gemalt von einem ehemaligen Fähnrich der Befreiungsarmee, zerfetzt und vom Balkon geworfen. Der von Chicha trunkene Pöbel hatte die Geschäfte auf der Calle Real und die Vorstadtkneipen geplündert, die nicht rechtzeitig geschlossen hatten, und auf der Plaza Mayor war ein General aus Sägespänekissen füsiliert worden, der auch ohne die blaue Uniformjacke mit den Goldknöpfen von jedermann erkannt wurde. Sie beschuldigten ihn, der heimliche Drahtzieher des militärischen Ungehorsams zu sein, in einem späten Versuch, die Macht zurückzugewinnen, die der Kongreß ihm nach zwölf Jahren ständiger Ausübung einstimmig entzogen hatte. Sie beschuldigten ihn, die Präsidentschaft auf Lebenszeit anzustreben und als Nachfolger einen europäischen Fürsten einsetzen zu wollen. Sie beschuldigten ihn, eine Reise ins Ausland vorzutäuschen, während er sich tatsächlich

zur venezolanischen Grenze begeben werde, um von dort als Führer der aufständischen Truppen zurückzukehren und wieder an die Macht zu gelangen. Die Mauern der öffentlichen Gebäude waren mit Papierwischen tapeziert, wie der Volksmund die beleidigenden Pasquille nannte, die gegen ihn gedruckt wurden, und seine bekanntesten Parteigänger hielten sich in fremden Häusern versteckt, bis die Gemüter sich beruhigt hatten. Die auf General Francisco de Paula Santander, seinen Hauptgegner, eingeschworene Presse, hatte sich das Gerücht zu eigen gemacht, seine unbekannte Krankheit, um die so viel Lärm gemacht wurde, sowie die nachdrücklichen Hinweise darauf, daß er gehe, seien schlichte politische Winkelzüge, damit man ihn bitte, nicht zu gehen. An jenem Abend, während Manuela Sáenz ihm Einzelheiten des stürmischen Tages berichtete, waren die Soldaten des Interimspräsidenten bemüht, eine mit Kohle an das erzbischöfliche Palais geschriebene Parole zu entfernen: »Weder geht er, noch stirbt er.« Der General seufzte auf.
»Es muß schon sehr schlecht um alles bestellt sein«, sagte er, »und schlechter noch um mich, wenn nur eine Straße weiter so etwas geschehen konnte und ich mir weismachen ließ, es sei ein Fest.«
Die Wahrheit war, daß selbst seine engsten Freunde nicht glaubten, daß er Abschied nehmen wollte, weder von der Macht noch vom Land. Die Stadt war zu klein und ihre Menschen zu große Topfguk-

ker, um nicht die beiden klaffenden Lücken bei seiner vagen Reiseplanung zu kennen: Er hatte nicht genügend Geld, um mit einem so zahlreichen Gefolge irgendwohin zu gelangen, und er durfte als ehemaliger Präsident der Republik ohne Regierungserlaubnis nicht vor Ablauf eines Jahres das Land verlassen, wobei er nicht einmal listig genug gewesen war, ein Gesuch einzureichen. Der Befehl zu packen, den er derart auffällig gegeben hatte, daß ihn jeder, der wollte, hören konnte, wurde nicht einmal von José Palacios als eindeutiger Beweis angesehen, da der General bei anderen Gelegenheiten sogar soweit gegangen war, ein ganzes Haus leerzuräumen, um den Aufbruch vorzutäuschen, was sich dann jedesmal als ein geschicktes politisches Manöver erwiesen hatte. Seine Adjutanten spürten, daß die Anzeichen der Entmutigung im vergangenen Jahr überdeutlich geworden waren. Jedoch hatten sie schon in anderen Fällen erlebt, wie er, wenn sie es am wenigsten erwarteten, mit neuem Mut aufwachte und mit mehr Schwung als zuvor den Faden des Lebens wiederaufnahm. José Palacios, der diese unvorhersehbaren Umschwünge stets aus der Nähe verfolgen konnte, sagte es auf seine Weise: »Was mein Herr denkt, weiß nur mein Herr.«

Seine wiederholten Rücktritte waren in die Volkslieder eingegangen, seit jenem frühesten Rücktritt, den er mit einem zweideutigen Satz schon in seiner Antrittsrede als Präsident angekündigt hatte: »Mein

erster Friedenstag wird mein letzter Tag an der Macht sein.« In den folgenden Jahren hatte er so oft und unter so verschiedenen Umständen abgedankt, daß man nie wissen konnte, ob es ihm ernst war. Der aufsehenerregendste Rücktritt hatte zwei Jahre zuvor stattgefunden, in der Nacht vom 25. September, als er unverletzt einem Komplott entging, bei dem er im Schlafzimmer des Regierungspalastes ermordet werden sollte. Eine Abordnung des Kongresses, die ihn am frühen Morgen aufsuchte, fand ihn, der sechs Stunden ohne Mantel unter einer Brücke gesessen hatte, in eine Wolldecke gehüllt vor, die Füße in einer Wanne mit heißem Wasser, doch weniger vom Fieber als von der Enttäuschung mitgenommen. Er erklärte, das Komplott werde nicht untersucht, niemandem werde der Prozeß gemacht und der für das neue Jahr vorgesehene Kongreß solle sofort zusammentreten, um einen neuen Präsidenten für die Republik zu wählen.
»Danach«, schloß er, »werde ich Kolumbien für immer verlassen.«
Dennoch fand eine Untersuchung statt, die Schuldigen wurden nach einem ehernen Gesetz verurteilt und vierzehn auf der Plaza Mayor füsiliert. Die verfassunggebende Versammlung vom 2. Januar kam erst sechzehn Monate später zusammen, und niemand sprach je wieder von Rücktritt. Doch gab es in jener Epoche keinen Besucher aus dem Ausland noch einen zufälligen Gast oder einen vorbei-

kommenden Freund, dem er nicht gesagt hätte: »Ich gehe, wohin man mich haben will.«
Die öffentlichen Verlautbarungen, er sei todkrank, wurden auch nicht als gültiger Hinweis darauf, daß er abreiste, angesehen. Niemand zweifelte an seinem Leiden. Im Gegenteil, bei seiner letzten Rückkehr aus den Kriegen im Süden hatte die Ahnung, daß er nur zum Sterben kam, jeden durchschauert, der ihn unter Blumenbögen einreiten sah. Statt auf Palomo Blanco, seinem legendären Pferd, saß er auf einem kahlgescheuerten Maultier mit Schilfschabracken, seine Haare waren ergraut und die Stirn unruhig umwölkt, die Uniformjacke schmutzig und eine Ärmelnaht aufgerissen. Der Ruhm hatte seinen Körper verlassen. Bei dem schweigsamen Empfang, der ihm an jenem Abend im Regierungspalast bereitet wurde, blieb er in sich gekehrt, und es wurde nie bekannt, ob er aus politischer Böswilligkeit oder aus schlichter Unachtsamkeit einen seiner Minister mit dem Namen eines anderen begrüßte.
Sein endzeitliches Gebaren genügte nicht, sie glauben zu lassen, daß er abtrat, da es nun schon seit sechs Jahren hieß, er liege in den letzten Zügen, während er unvermindert seinen Führungsanspruch aufrechterhielt. Die erste Nachricht hatte ein Offizier der britischen Marine mitgebracht, der ihm mitten im Befreiungskrieg des Südens zufällig in der Einöde von Pativilca, nördlich von Lima, begegnet war. Er fand ihn auf dem Boden einer elenden Hütte liegen, die als improvisiertes Hauptquartier diente,

er war in einen Umhang aus Barchent gehüllt und hatte einen Lappen um den Kopf gewickelt, denn er ertrug die Kälte seiner Knochen in der Hölle des Mittags nicht und hatte nicht einmal Kraft genug, die Hühner zu verscheuchen, die um ihn herum pickten. Nach einem mühseligen Gespräch, das durchkreuzt war von Böen des Wahns, verabschiedete er den Besucher mit ergreifender Dramatik:
»Gehen Sie und erzählen Sie der Welt, wie Sie mich von Hühnern bekackt an diesem ungastlichen Gestade haben sterben sehen.«
Es hieß, er leide an einem vom Sengen der Wüstensonne verursachten Scharlachfieber. Später hieß es, er liege in Guayaquil im Sterben, dann in Quito, mit einem gastrischen Fieber, dessen beunruhigendes Symptom die Teilnahmslosigkeit gegenüber der Welt und völlige Ruhe des Geistes sei. Niemand erfuhr, auf welchen medizinischen Erkenntnissen solche Nachrichten fußten, da er stets ein Gegner der ärztlichen Wissenschaft gewesen war und sich selbst die Diagnosen und Rezepte ausstellte, gestützt auf *La médicine à votre manière* von Donostierre, ein französisches Handbuch der Hausmittel, das José Palacios überallhin mitnahm, gleichsam als Orakel, um jedwedes körperliche oder seelische Übel zu erkennen und zu heilen.
Wie auch immer, es hat kaum eine fruchtbarere Agonie als die seine gegeben. Denn während man glaubte, er sterbe in Pativilca, überquerte er ein weiteres Mal den Kamm der Anden, siegte in Junín,

vollendete die Befreiung ganz Spanisch-Amerikas mit dem endgültigen Sieg in Ayacucho, schuf die Republik Bolivien und war dann noch in Lima so glücklich, wie er es im Siegestaumel nie gewesen war und nie wieder sein sollte. Daher waren die wiederholten Ankündigungen, er verzichte, da er krank sei, endlich auf die Macht und ginge außer Landes, nicht mehr als zwanghafte Reprisen eines Dramas, das zu oft gesehen worden war, um glaubhaft zu sein.

Wenige Tage nach seiner Rückkehr, am Ende einer heftigen Regierungssitzung, hatte er den Marschall Antonio José de Sucre am Arm genommen. »Sie bleiben bei mir«, sagte er zu ihm. Er führte ihn in sein persönliches Arbeitszimmer, in dem er nur wenige Auserwählte empfing, und zwang ihn fast, in seinem eigenen Sessel Platz zu nehmen.

»Dieser Platz gehört Ihnen bereits mehr als mir«, sagte er.

Der Generalfeldmarschall der Schlacht von Ayacucho, sein engster Freund, wußte genau über die Lage des Landes Bescheid, dennoch lieferte ihm der General einen detaillierten Überblick, bevor er auf seine Absichten zu sprechen kam. In wenigen Tagen sollte sich der verfassunggebende Kongreß versammeln, um den Präsidenten der Republik zu wählen und eine neue Verfassung zu verabschieden – ein später Versuch, den goldenen Traum von der kontinentalen Einheit zu retten. Peru, in der Hand einer rückschrittlichen Aristokratie, schien endgültig verloren. General Andrés de Santa Cruz hatte Bolivien an der Kandare und ging seinen eigenen Weg. Venezuela hatte eben unter der Herrschaft von General José Antonio Páez seine Autonomie erklärt. General Juan José Flores, Generalpräfekt des Südens, hatte Guayaquil und Quito zusammengeführt, um die unabhängige Republik Ekuador zu gründen. Die Republik Kolumbien, erste Keimzelle eines unermeßlich großen und einigen Vaterlands, blieb auf das ehemalige Vizekönigtum von Neugranada reduziert. Sechzehn Millionen Amerikaner, kaum ins freie Leben entlassen, waren der Willkür ihrer örtlichen Caudillos ausgeliefert.

»Kurz«, schloß der General, »alles, was wir mit den Händen aufgebaut haben, bringen die anderen mit den Füßen durcheinander.«

»Das ist der Hohn des Schicksals«, sagte Marschall Sucre. »Es sieht so aus, als hätten wir das Ideal der Unabhängigkeit so tief eingepflanzt, daß diese Völker jetzt versuchen, auch voneinander unabhängig zu werden.«

Der General reagierte vehement.

»Wiederholen Sie nicht das Geschwätz des Feindes«, sagte er, »selbst wenn es mal zutrifft wie hier.«

Marschall Sucre entschuldigte sich. Er war intelligent, ordentlich, schüchtern und abergläubisch, und sein Gesicht war von einer Sanftheit, die auch die alten Pockennarben nicht mindern konnten. Der General, der ihn so liebte, hatte gesagt, er täusche Bescheidenheit vor, ohne sie zu haben. Er war der

Held von Pichincha, Tumusla, Tarqui und hatte mit gerade neunundzwanzig Jahren die siegreiche Schlacht von Ayacucho angeführt, bei der die letzte spanische Bastion in Südamerika weggefegt wurde. Mehr noch als dieser Verdienste wegen zeichnete er sich aber durch seine Barmherzigkeit beim Siegen und durch sein Talent zum Staatsmann aus. Zu jener Zeit hatte er auf alle seine Ämter verzichtet und lief nun ohne militärisches Gehabe in einem knöchellangen schwarzen Tuchmantel herum, mit stets hochgeschlagenem Kragen, um sich besser vor den schneidenden Eiswinden von den nahen Bergen zu schützen. Seine einzige Verpflichtung der Nation gegenüber, und seinem Wunsch nach auch die letzte, war, als Abgeordneter von Quito an der verfassunggebenden Versammlung teilzunehmen. Er war gerade fünfunddreißig geworden, hatte eine eiserne Gesundheit und brannte vor Liebe zu Doña Mariana Carcelén, der Marquise von Solanda, einer schönen, sehr jungen und übermütigen Frau aus Quito, die er zwei Jahre zuvor durch Ferntrauung geheiratet und von der er eine sechsmonatige Tochter hatte.

Der General konnte sich für das Präsidentenamt der Republik keinen fähigeren Nachfolger als ihn vorstellen. Er wußte, daß Sucre noch fünf Jahre bis zum vorgeschriebenen Alter fehlten, aufgrund einer einschränkenden Bestimmung, die General Rafael Urdaneta in die Verfassung eingebracht hatte, um ihm den Weg zu versperren. Der General führte

jedoch gerade vertrauliche Verhandlungen, um die Änderung zu ändern.
»Nehmen Sie an«, sagte er, »dann bleibe ich als Generalissimus und mache meine Runden um die Regierung wie ein Stier um die Kuhherde.«
Er sah hinfällig aus, doch seine Entschlossenheit überzeugte. Aber der Marschall wußte schon seit langem, daß der Sessel, auf dem er jetzt saß, nie der seine werden würde. Kurze Zeit zuvor, als ihm zum ersten Mal die Möglichkeit, Präsident zu werden, eröffnet wurde, hatte er gesagt, er werde nie eine Nation regieren, deren Regierungssystem und Kurs ihm immer verhängnisvoller erschienen. Seiner Meinung nach mußte der erste Schritt zur Besserung sein, das Militär von der Macht fernzuhalten. Darum wollte er dem Kongreß vorschlagen, daß in den kommenden vier Jahren kein General Präsident werden dürfe, vielleicht in der Absicht, Urdaneta den Weg zu versperren. Doch die stärksten Gegner dieser Gesetzesänderung würden auch die Stärksten sein: die Generäle selbst.
»Ich bin zu müde, um ohne Kompaß zu arbeiten«, sagte Sucre. »Außerdem wissen Sie so gut wie ich, Exzellenz, daß hier kein Präsident gebraucht wird, sondern ein Bändiger von Revolten.«
Er werde selbstverständlich an der verfassunggebenden Versammlung teilnehmen und würde auch die Ehre annehmen zu präsidieren, falls man ihm das anböte. Aber nichts mehr. Vierzehn Jahre Krieg hatten ihn gelehrt, daß es keinen größeren Sieg gab,

als zu leben. Das Präsidentenamt in Bolivien, jenem weiten und unerforschten Land, von ihm gegründet und mit weiser Hand regiert, hatte ihn gelehrt, daß die Macht wetterwendisch war. Die Klugheit seines Herzens hatte ihn die Nutzlosigkeit des Ruhms gelehrt. »Deshalb, Exzellenz: Nein«, schloß er. Am 13. Juni, dem Tag des Heiligen Antonius, wollte er bei seiner Frau und seiner Tochter in Quito sein, um mit ihnen nicht nur diesen Namenstag zu feiern, sondern alle weiteren, die ihm das Schicksal gewähren würde. Denn sein Entschluß, für sie, nur für sie in den Wonnen der Liebe zu leben, war seit vergangener Weihnacht gefaßt.

»Das ist alles, was ich mir vom Leben wünsche«, sagte er.

Der General war bleich geworden. »Ich dachte, es könnte mich nichts mehr in Staunen versetzen«, sagte er. Und sah ihm in die Augen:

»Ist das Ihr letztes Wort?«

»Das vorletzte«, sagte Sucre. »Das letzte ist meine ewige Dankbarkeit für Ihre Güte, Exzellenz.«

Der General schlug sich auf den Schenkel, um sich selbst aus einem uneinlösbaren Traum zu wecken.

»Gut«, sagte er. »Sie haben gerade die letzte Entscheidung meines Lebens für mich getroffen.«

In jener Nacht setzte er seine Rücktrittserklärung auf, unter der demoralisierenden Wirkung eines Brechmittels, das ihm irgendein Arzt zur Beruhigung der Galle verschrieben hatte. Am 20. Januar eröffnete er die verfassunggebende Versammlung

mit einer Abschiedsrede, in der er ihren Präsidenten, den Marschall Sucre, als den würdigsten der Generale rühmte. Das Lob löste im Kongreß eine Ovation aus, ein Abgeordneter aber, der in der Nähe von Urdaneta stand, flüsterte diesem ins Ohr: »Das heißt, es gibt einen General, der würdiger ist als Sie.« Der Satz des Generals und die Boshaftigkeit des Abgeordneten bohrten sich wie zwei glühende Nägel ins Herz von General Rafael Urdaneta.
Zu Recht. Wenn Urdaneta auch nicht die ungeheuren militärischen Verdienste Sucres noch dessen Überzeugungskraft hatte, so gab es doch keinen Grund zur Annahme, er sei weniger würdig. Seine Ruhe und seine Stete waren von dem General selbst hervorgehoben worden, seine Treue und Zuneigung zu ihm waren hinlänglich erprobt, und er war einer der wenigen Menschen, die den Mut hatten, ihm die Wahrheiten, vor denen er sich fürchtete, ins Gesicht zu sagen. Der General war sich des Ausrutschers bewußt und versuchte, ihn in den Druckfahnen zu korrigieren, statt der »würdigste der Generale« schrieb er eigenhändig »einer der würdigsten«. Die Verbesserung milderte nicht den Groll.
Tage später, bei einem Treffen des Generals mit befreundeten Abgeordneten, beschuldigte ihn Urdaneta, die Abreise nur vorzutäuschen, insgeheim aber eine Wiederwahl anzustreben. Drei Jahre zuvor war General José Antonio Páez im Departement Venezuela gewaltsam an die Macht gekommen, ein erster Versuch, das Territorium von

Kolumbien zu trennen. Daraufhin hatte sich der General nach Caracas begeben, sich mit Páez unter Jubelgesängen und Glockengeläut öffentlich umarmt und versöhnt und ihm dann ein Ausnahmeregime nach Maß geschneidert, das Páez nach Laune zu herrschen erlaubte. »Das war der Anfang vom Ende«, sagte Urdaneta. Denn diese Willfährigkeit hatte nicht nur die Beziehungen zu den Granadinern endgültig vergiftet, sondern auch diese mit dem Keim der Trennung infiziert. Jetzt, schloß Urdaneta, war der beste Dienst, den der General dem Vaterland erweisen konnte, ohne Verzug vom Laster der Herrschsucht zu lassen und außer Landes zu gehen. Der General erwiderte mit gleicher Heftigkeit. Doch Urdaneta war ein rechtschaffener Mann, er redete flüssig und leidenschaftlich und hinterließ bei allen den Eindruck, den Untergang einer großen und alten Freundschaft miterlebt zu haben.

Der General bekräftigte seinen Rücktritt und ernannte Don Domingo Caycedo zum Übergangspräsidenten, bis der Kongreß den Amtsträger gewählt haben würde. Am ersten März verließ er den Regierungssitz durch den Dienstboteneingang, um nicht den Gästen zu begegnen, die seinen Nachfolger mit einem Glas Champagner willkommen hießen, fuhr in einer fremden Kutsche zu dem Landsitz Fucha, einem idyllischen Ruhesitz am Rande der Stadt, den der vorläufige Präsident ihm zur Verfügung gestellt hatte. Allein das Wissen, nur noch ein einfacher Bürger zu sein, verschärfte die verheerende Wirkung des Brechmittels. Im Wachtraum bat er José Palacios, ihm das Notwendige zu beschaffen, damit er seine Memoiren beginnen könne. José Palacios brachte ihm genug Tinte und Papier für vierzig Jahre Erinnerungen, und der General gab Fernando, seinem Neffen und Schreiber, Bescheid, ihm ab kommenden Montag um vier Uhr früh zur Verfügung zu stehen, da das für ihn die beste Uhrzeit zum Nachdenken war, dann, wenn die Bitterkeit aufbrach. Wie er dem Neffen mehrmals erklärt hatte, wollte er mit seiner ältesten Erinnerung beginnen, das war ein Traum, den er kurz nach seinem dritten Geburtstag auf der Hacienda San Mateo in Venezuela gehabt hatte. Er hatte geträumt, daß ein schwarzer Maulesel mit einem goldenen Gebiß ins Haus eingedrungen und, während die Familie und die Sklaven Siesta hielten, vom großen Salon bis in die Speisekammer gelaufen war: Er hatte ohne Hast alles gefressen, was ihm in den Weg gekommen war, bis er am Ende die Gardinen aufgefressen hatte, die Teppiche, die Lampen, die Vasen, das Geschirr und Besteck im Eßzimmer, die Heiligen von den Altären, die Kleiderschränke und Truhen mit allem, was darin war, die Töpfe in den Küchenräumen, die Türen und Fenster mit Scharnieren und Riegeln und alle Möbel von der Eingangshalle bis zu den Schlafzimmern; das einzige, was er unberührt ließ, war das Oval vom

Toilettenspiegel seiner Mutter, es schwebte im Raum.

Er fühlte sich jedoch so wohl in dem Haus in Fucha, und die Luft war so sanft unter einem Himmel mit schnellziehenden Wolken, daß er nicht mehr von den Memoiren sprach, sondern die frühen Morgenstunden dazu nutzte, auf duftenden Pfaden durch die Grassteppe zu laufen. Wer ihn in den folgenden Tagen besuchte, hatte den Eindruck, er habe sich erholt. Vor allem die Militärs, seine treuesten Freunde, drängten ihn, im Präsidentenamt zu bleiben, und sei es durch einen Putsch. Er entmutigte sie mit dem Argument, Macht durch Gewalt sei seines Ruhms unwürdig, schien aber selbst die Hoffnung nicht aufzugeben, durch eine legitime Entscheidung des Kongresses im Amt bestätigt zu werden. José Palacios wiederholte: »Was mein Herr denkt, weiß nur mein Herr.«

Manuela wohnte weiterhin ein paar Schritte entfernt vom Palast San Carlos, dem Wohnsitz der Präsidenten, und hatte ein aufmerksames Ohr für die Stimmen auf der Straße. Sie erschien zwei- oder dreimal die Woche in Fucha, auch öfter, wenn etwas Dringendes vorlag, beladen mit Marzipan und warmem Gebäck aus den Klöstern und Schokoladenstangen mit Zimt für den Vier-Uhr-Imbiß. Nur selten brachte sie Zeitungen mit, denn der General war so empfindlich gegen Kritik geworden, daß irgendein banaler Einwand ihn aus dem Gleichgewicht brachte. Statt dessen berichtete sie ihm das Kleingedruckte der Politik, die Salonbosheiten, die Orakel der Gerüchteküchen, und er mußte sich all das mit verkrampften Gedärmen anhören, da sie der einzige Mensch war, dem er die Wahrheit zugestand. Wenn sie sich nicht viel zu sagen hatten, gingen sie die Korrespondenz durch, oder sie las ihm vor, oder sie spielten mit den Adjutanten Karten, zu Mittag aber aßen sie stets allein.

Er hatte sie vor acht Jahren in Quito kennengelernt, auf einem Galaball zur Feier der Befreiung, als sie noch die Frau von Doktor James Thorne war, eines Engländers, der gegen Ende des Vizekönigtums in die Aristokratie von Lima aufgenommen worden war. Abgesehen davon, daß sie die letzte Frau war, mit der ihn seit dem Tod seiner Frau vor siebenundzwanzig Jahren eine dauerhafte Liebe verband, war sie auch seine Vertraute, die Hüterin seiner Archive und seine gefühlvollste Vorleserin, außerdem gehörte sie im Rang eines Obersten seinem Generalstab an. Weit zurück lagen die Zeiten, in denen sie ihm bei einem eifersüchtigen Streit mit einem Biß fast ein Ohr verstümmelt hatte, aber ihre trivialsten Gespräche konnten sich immer noch zu den Haßausbrüchen und sanften Kapitulationen, die großer Liebe eigen sind, auswachsen. Manuela blieb nicht zum Schlafen. Sie ging beizeiten, um nicht, gerade in dieser Jahreszeit der flüchtigen Abenddämmerungen, unterwegs von der Nacht überrascht zu werden.

Ganz anders als damals auf dem Landhaus La Magdalena bei Lima, wo er sich Vorwände ausdenken mußte, um sie fernzuhalten, während er sich mit Damen der Gesellschaft vergnügte und mit anderen, die das eher nicht waren, zeigte er im Landhaus von Fucha Anzeichen, nicht ohne sie leben zu können. Er beobachtete lange den Weg, auf dem sie kommen mußte, machte José Palacios damit verrückt, daß er ihn jeden Augenblick nach der Uhrzeit fragte, ihn bat, den Sessel an einen anderen Platz zu rücken, das Feuer im Kamin anzufachen, zu löschen, wieder anzuzünden, er war ungeduldig und übellaunig, bis er die Kutsche hinter den Hügeln auftauchen sah und sein Leben licht wurde. Doch zeigte er Anzeichen der gleichen Unruhe, wenn der Besuch sich länger als vorhergesehen ausdehnte. Zur Siestazeit legten sie sich ins Bett, ohne die Türe zu schließen, ohne sich auszuziehen und ohne zu schlafen, und begingen mehr als einmal den Fehler, ein letztes Liebesspiel zu versuchen, denn er hatte nicht mehr den Körper, um seiner Seele zu genügen, und weigerte sich, das einzugestehen.

Seine hartnäckige Schlaflosigkeit war in jenen Tagen unberechenbar geworden. Er schlief zu jeder Tageszeit ein, mitten im Satz, wenn er Briefe diktierte, beim Kartenspiel, und er wußte selbst nicht genau, ob es sich um kurze Schlafstöße oder um flüchtige Ohnmachten handelte, legte er sich aber hin, fühlte er sich sofort wie geblendet von einem Anfall hellen Wachseins. Kaum war es ihm gelungen, im Morgengrauen in einen sumpfigen Halbschlaf zu fallen, da

weckte ihn schon wieder der friedliche Wind in den Bäumen. Dann konnte er nicht der Versuchung widerstehen, das Diktat seiner Memoiren auf den nächsten Morgen zu verschieben und statt dessen einen einsamen Spaziergang zu unternehmen, der sich manchmal bis zum Mittagessen ausdehnte.
Er brach ohne Eskorte auf, ohne die beiden treuen Hunde, die ihn manchmal sogar bis aufs Schlachtfeld begleitet hatten, ohne eines seiner vielgerühmten Pferde, die bereits an das Husarenbataillon verkauft waren, um die Reisekasse aufzubessern. Zum nahen Fluß ging er über eine Decke aus modrigen Blättern der endlosen Alleen, vor den eisigen Steppenwinden schützte ihn sein Vicuña-Poncho, die Stiefel mit einem Innenfutter aus roher Wolle und die grüne Seidenmütze, die er früher nur zum Schlafen benutzt hatte. Er setzte sich in den Schatten der untröstlichen Weiden vor die kleine Brücke mit den losen Planken und sann lange nach, in das strömende Wasser vertieft, das er einmal mit dem Schicksal der Menschen verglichen hatte, ein Gleichnis ganz nach Art von Don Simón Rodríguez, dem Lehrmeister seiner Jugend. Unauffällig folgte ihm eine seiner Wachen, bis er vom Tau durchnäßt zurückkam, so wenig Atem in der Brust, daß er kaum noch die Stufen zum Portal schaffte, abgezehrt und verwirrt, doch mit den Augen eines glücklichen Toren. Er fühlte sich derart wohl bei der Flucht in diese Spaziergänge, daß die hinter Bäumen versteckten Wachen ihn Soldatenlieder sin-

gen hörten wie in den Jahren seiner
und homerischen Niederlagen.
kannte, fragte sich nach dem Gr
Laune, da selbst Manuela daran
noch einmal der verfassunggeben
selbst vortrefflich nannte, als Präsident u..
bestätigen würde.
Am Tag der Wahl sah er auf seinem morgendlichen
Spaziergang einen herrenlosen Jagdhund, der zwischen den Hecken die Wachteln aufstöberte. Er pfiff
ihn scharf an, und das Tier blieb auf der Stelle
stehen, suchte mit gespitzten Ohren und entdeckte
die Gestalt mit dem fast am Boden schleifenden
Poncho und der Mütze eines florentinischen Prälaten, gottverlassen zwischen ungestümen Wolken
und der unendlichen Ebene. Während er ihm das
Fell mit den Fingerspitzen streichelte, beschnupperte der Hund ihn gründlich, sprang dann aber
plötzlich beiseite, schaute ihm mit seinen goldenen
Augen in die Augen, knurrte mißtrauisch und floh
entsetzt. Der General folgte ihm auf einem unbekannten Pfad, verlor dabei die Orientierung und
fand sich auf den matschigen Straßen eines Vororts
zwischen Lehmhäusern mit roten Ziegeldächern
wieder. Aus den Höfen stieg der Dunst vom Melken
auf. Plötzlich hörte er den Ruf:
»Longanizo!«
Es blieb ihm keine Zeit, einem Kuhfladen auszuweichen, der aus irgendeinem Stall auf ihn geworfen
wurde, das Geschoß platzte mitten auf seiner Brust

ritzte ihm bis ins Gesicht. Aber der Ruf und die kotige Sprengladung weckte ihn aus der Betäubung, in der er sich befand, seitdem er das Haus der Präsidenten verlassen hatte. Er kannte diesen Spitznamen, den ihm die Granadiner gegeben hatten, der Spitzname eines stadtbekannten Trottels, der in seinen Talmi-Uniformen den Hanswurst spielte. Sogar ein Senator, einer von denen, die sich als liberal ausgaben, hatte ihn im Kongreß in seiner Abwesenheit so genannt, und nur zwei andere waren aufgestanden und hatten protestiert. Aber er hatte es nie am eigenen Leib erfahren. Er begann, sich das Gesicht mit dem Zipfel des Ponchos zu säubern, und war damit noch nicht fertig, als der Leibwächter, der ihm unbemerkt gefolgt war, zwischen den Bäumen mit blankem Degen hervorkam, um die Beleidigung zu ahnden. Der General versengte ihn mit einem cholerischen Blitz.

»Und was, zum Teufel, tun Sie hier?« fragte er.

Der Offizier salutierte.

»Ich erfülle Befehle, Exzellenz.«

»Ich bin nicht Ihre Exzellenz«, erwiderte er.

Er degradierte ihn und entband ihn so voller Zorn all seiner Pflichten, daß der Offizier sich glücklich schätzen konnte, weil härtere Repressalien nicht mehr in der Macht des Generals lagen. Sogar José Palacios, der ihn doch so gut verstand, fiel es schwer, diese Strenge zu begreifen.

Es war ein schlechter Tag. Den Vormittag über strich er mit der gleichen Unruhe durchs Haus, mit der er auf Manuela zu warten pflegte, doch blieb niemandem verborgen, daß er sich diesmal nicht nach ihr, sondern nach Neuigkeiten vom Kongreß verzehrte. Er versuchte, den Ablauf der Sitzung Minute für Minute genau nachzuvollziehen. Als José Palacios ihm antwortete, es sei zehn Uhr, sagte er: »Mögen die Demagogen auch noch soviel schnauben, der Wahlgang muß bereits begonnen haben.« Später, nachdem er lange überlegt hatte, fragte er sich laut: »Wer kann schon wissen, was ein Mann wie Urdaneta denkt?« José Palacios wußte, daß der General es wußte, denn Urdaneta hatte nicht aufgehört, allenthalben die Gründe und das Ausmaß seiner Verbitterung zu verkünden. Als José Palacios wieder einmal an ihm vorbeikam, fragte ihn der General beiläufig: »Was meinst du, für wen stimmt Sucre?« José Palacios wußte so gut wie er, daß Marschall Sucre nicht wählen konnte, weil er in jenen Tagen mit Hochwürden José Maria Estévez, dem Bischof von Santa Marta, nach Venezuela gereist war, um im Auftrag des Kongresses die Bedingungen für die Trennung auszuhandeln. Also blieb er gar nicht erst stehen: »Sie wissen das besser als jeder andere, Herr«, antwortete er. Der General lächelte zum ersten Mal, seitdem er von dem abscheulichen Spaziergang zurückgekehrt war.

Obwohl er selten Appetit hatte, setzte er sich fast immer vor elf zu Tisch, aß ein lauwarmes Ei, trank dazu ein Glas Portwein oder pickte an einer Käsekante herum, an diesem Tag aber blieb er auf der

Terrasse, während die anderen zu Mittag aßen, und überwachte den Weg. Er war so versunken, daß nicht einmal José Palacios wagte, ihn zu stören. Es war nach drei, als er aufsprang, weil er das Trappeln der Maultiere gehört hatte, noch bevor Manuelas Wagen hinter den Hügeln auftauchte. Er lief ihr entgegen, öffnete ihr den Schlag, half ihr beim Aussteigen und kannte, kaum daß er ihr Gesicht sah, die Nachricht. Don Joaquín Mosquera, Erstgeborener eines vornehmen Hauses aus Popayán, war einstimmig zum Präsidenten der Republik gewählt worden.

Er reagierte weder mit Wut noch Enttäuschung, sondern mit Staunen, denn er selbst hatte, einer Ablehnung gewiß, dem Kongreß den Namen Joaquín Mosquera vorgeschlagen. Er versank in tiefes Grübeln und sprach bis zum Nachmittagsimbiß nicht mehr. »Keine einzige Stimme für mich?« fragte er. Keine einzige. Eine offizielle Delegation aus ihm verpflichteten Abgeordneten, die ihn später aufsuchte, erklärte ihm, daß seine Anhänger die einstimmige Wahl abgesprochen hatten, um ihn nicht als Verlierer aus einer Kampfabstimmung hervorgehen zu lassen. Er war derart verärgert, daß er keinen Sinn für die Feinheit dieses galanten Manövers zeigte. Statt dessen dachte er, es wäre seines Ruhms würdiger gewesen, wenn sie seinen Rücktritt gleich beim ersten Mal angenommen hätten.

»Das heißt also«, seufzte er, »die Demagogen haben wieder einmal gewonnen, und zwar doppelt.«

Aber er hütete sich wohl, seine Erschütterung zu

zeigen, bis er die Besucher in der Eingangshalle verabschiedet hatte. Die Kutschen waren jedoch noch nicht außer Sicht, als ihn ein Hustenanfall überkam, der das Landhaus bis zum Einbruch der Nacht in Aufregung versetzte. Ein Mitglied der offiziellen Delegation hatte gesagt, der Kongreß habe durch seine überlegte Entscheidung die Republik gerettet. Er ging darüber hinweg. Nachts aber, als Manuela ihn zwang, eine Tasse Bouillon zu trinken, sagte er zu ihr: »Kein Kongreß hat je eine Republik gerettet.« Bevor er zu Bett ging, versammelte er seine Adjutanten und Dienstboten um sich und verkündete mit der gewohnten Feierlichkeit seiner zweifelhaften Rücktritte:
»Noch morgen verlasse ich das Land.«
Es war nicht am nächsten Morgen, wohl aber vier Tage später. Inzwischen hatte er die Fassung wiedergewonnen, eine Abschiedserklärung diktiert, die nichts von den Wunden seines Herzens verriet, und war in die Stadt zurückgekehrt, um die Reise vorzubereiten. General Pedro Alcántara Herrán, Kriegs- und Marineminister der neuen Regierung, nahm ihn in seinem Haus an der Straße La Enseñanza auf, weniger, um ihm eine Unterkunft zu bieten, als um ihn vor den Morddrohungen zu schützen, die mit jedem Tag gefährlicher wurden.
Bevor er Santa Fe verließ, versteigerte er die wenigen Wertsachen, die ihm geblieben waren, um seine Kasse aufzubessern. Neben den restlichen Pferden verkaufte er ein Silberservice aus den verschwende-

rischen Tagen von Potosí, das von der Münze nach dem einfachen Metallwert geschätzt wurde, ohne das vorzügliche Kunsthandwerk und die historische Bedeutung zu berücksichtigen: zweitausendfünfhundert Pesos. Alles zusammengerechnet nahm er siebzehntausendsechshundert Pesos und sechzig Centavos in bar mit, einen Wechsel über achttausend Pesos von der Staatskasse von Cartagena, eine Pension auf Lebenszeit, die ihm der Kongreß ausgesetzt hatte, und etwas über sechshundert Unzen Gold, die auf verschiedene Koffer verteilt wurden. Das war der jämmerliche Rest eines Privatvermögens, das am Tage seiner Geburt zu den vielversprechendsten Amerikas gezählt hatte.

In dem Gepäck, das José Palacios ohne Hast am Morgen der Abreise herrichtete, während der General sich fertig anzog, waren nur zwei Garnituren abgetragener Unterwäsche, zwei Hemden zum Wechseln, die Feldjacke mit einer Doppelreihe Knöpfe, von denen man annahm, sie seien aus dem Gold des Atahualpa geschmiedet, die seidene Schlafmütze und eine rote Kappe, die Marschall Sucre ihm aus Bolivien mitgebracht hatte. Als Schuhwerk hatte er nichts weiter als die Pantoffeln und die Lackstiefel, die er anziehen würde. Zu seinem Privatgepäck steckte José Palacios neben der Apotheke und ein paar Wertsachen den *Contrat social* von Rousseau und *Dell'arte della guerra* des italienischen Generals Raimundo Montecuccoli, zwei bibliophile Kostbarkeiten, die Napoleon Bonaparte gehört hatten

und die der General von Sir Robert Wilson, dem Vater seines Adjutanten, geschenkt bekommen hatte. Der Rest war so kümmerlich, daß alles in einen Feldtornister gestopft werden konnte. Als er sich auf den Weg in den Saal machte, wo die offizielle Delegation auf ihn wartete, sah er den Tornister und sagte:
»Das hätten wir nie geglaubt, mein lieber José, daß so viel Ruhm in einen Stiefel paßt.«
Seine sieben Lastmulis trugen jedoch weitere Kisten mit Medaillen, Goldbesteck und verschiedenartigsten Dingen von einigem Wert, zehn Koffer mit persönlichen Papieren, zwei mit gelesenen Büchern und mindestens fünf mit Kleidung sowie mehrere Kisten mit allerlei Krimskrams, den zu zählen niemand Geduld gehabt hatte. Alles in allem war das nicht einmal ein Abglanz von dem Gepäck, mit dem er drei Jahre zuvor aus Lima zurückgekehrt war, ausgestattet mit der dreifachen Macht des Präsidenten von Bolivien und Kolumbien und Diktators von Peru: ein Troß mit zweiundsiebzig Koffern und über vierhundert Kisten, darin unzählige Dinge, deren Wert nicht festgestellt worden war. Bei der Gelegenheit hatte er mehr als sechshundert Bücher in Quito zurückgelassen, um die er sich nie wieder kümmerte.
Es war fast sechs. Der tausendjährige Nieselregen machte eine Pause, die Welt aber war weiter trüb und kalt, und das von der Truppe besetzte Haus dünstete Kasernenmief aus. Die Husaren und Gre-

nadiere sprangen scharenweise auf, als sie vom Ende des Gangs her den schweigsamen General zwischen seinen Adjutanten herankommen sahen, grün im Widerschein des Morgenlichts mit dem über die Schulter zurückgeschlagenen Umhang und einem breitkrempigen Hut, der die Schatten seines Gesichts noch vertiefte. Er hielt sich ein mit Kölnisch Wasser getränktes Taschentuch vor den Mund, um sich, einem alten Aberglauben aus den Anden folgend, beim plötzlichen Wechsel ins Freie vor den bösen Winden zu schützen. Er trug keinerlei Rangabzeichen, und nichts wies mehr auf die ungeheure Autorität früherer Tage hin, dennoch hob ihn die magische Aura der Macht aus dem lärmenden Gefolge der Offiziere hervor. Er ging langsam in Richtung Empfangssalon, schritt teilnahmslos an den salutierenden Wachsoldaten vorbei durch den mit Schilfmatten ausgelegten Gang am Innengarten entlang. Bevor er in den Saal trat, steckte er das Taschentuch in den Ärmel, wie es nur noch Priester taten, und reichte einem der Adjutanten seinen Hut.

Zu denen, die in der Nacht Wache gehalten hatten, gesellten sich seit Tagesanbruch immer mehr Zivilisten und Militärs. Sie tranken in verstreuten Grüppchen Kaffee, und die düstere Kleidung und die gedämpften Stimmen verbreiteten eine schwermütige Feierlichkeit. Die schneidende Stimme eines Diplomaten erhob sich plötzlich über das Gemurmel.

»Das sieht hier nach Begräbnis aus.«
Er hatte es kaum gesagt, als ihn von hinten der Hauch von Kölnisch Wasser erreichte, der bald die Luft des Salons erfüllte. Er drehte sich um, die dampfende Kaffeetasse zwischen Daumen und Zeigefinger, beunruhigt von dem Gedanken, das gerade eintretende Gespenst habe diese Impertinenz gehört. Aber nein: Obwohl der letzte Europabesuch des Generals vierundzwanzig Jahre zurücklag und er damals noch sehr jung gewesen war, überdeckten europäische Erinnerungen seine Bitternis. So war der Diplomat der erste, dem er sich grüßend zuwandte, mit der extremen Höflichkeit, die ihm die Engländer wert waren.
»Ich hoffe, es wird in diesem Herbst nicht zu neblig im Hyde Park«, sagte er zu ihm.
Der Diplomat zögerte einen Augenblick, denn in den letzten Tagen waren ihm drei verschiedene Orte als Reiseziel des Generals genannt worden, und keiner davon war London gewesen. Doch er faßte sich sogleich wieder.
»Wir werden unser möglichstes tun, damit für Eure Exzellenz Tag und Nacht die Sonne scheint«, sagte er.
Der neue Präsident war nicht da, denn der Kongreß hatte ihn in Abwesenheit gewählt, und bis zu seiner Ankunft aus Popayán sollte über ein Monat vergehen. An seiner Statt und in seinem Namen war der gewählte Vizepräsident, General Domingo Caycedo, gekommen, von dem es seiner königlichen

Haltung und prächtigen Erscheinung wegen hieß, jedes Amt der Republik sei für ihn zu eng. Der General begrüßte ihn mit großer Ehrerbietung und sagte in spöttischem Ton:
»Sie wissen, daß ich keine Erlaubnis habe, das Land zu verlassen?«
Der Satz wurde mit allgemeinem Gelächter aufgenommen, obwohl alle wußten, daß es kein Scherz war. General Caycedo versprach ihm, mit der nächsten Post einen gültigen Paß nach Honda zu schicken.
Zur offiziellen Delegation gehörten der Erzbischof der Stadt und andere Honoratioren und hochrangige Beamte mit ihren Frauen. Die Zivilisten trugen Felljacken und die Militärs Reitstiefel, denn sie wollten dem geächteten Helden ein paar Meilen das Geleit geben. Der General küßte den Ring des Erzbischofs und die Hände der Damen und drückte ohne Herzlichkeit die der Herren, ein absoluter Meister des salbungsvollen Zeremoniells, doch dem Wesen dieser doppelzüngigen Stadt fremd, von der er bei mehr als einer Gelegenheit gesagt hatte: »Das hier ist nicht mein Theater.« Er begrüßte alle in der Reihenfolge, in der er ihnen bei seinem Rundgang durch den Saal begegnete, und hatte für jeden einen geflissentlich aus den Anstandsbüchern erlernten Satz, sah jedoch niemandem in die Augen. Seine Stimme war metallisch, doch vom Fieber rissig, und sein karibischer Akzent, den so viele Jahre der Reisen und wechselnden Kriege nicht hatten zähmen können, hörte sich

neben der gezierten Sprechweise der Hochlandbewohner besonders krude an.
Als er die Begrüßung beendet hatte, überreichte ihm der Vizepräsident eine von zahlreichen bedeutenden Granadinern unterzeichnete Urkunde, in der sie ihm die Anerkennung des Landes für seine langjährigen Dienste ausdrückten. Er gab vor, sie im allgemeinen Schweigen zu lesen, ein weiterer Tribut an die lokale Förmlichkeit, denn er hätte selbst eine noch größere Schrift ohne Brille nicht erkennen können. Als er die Lektüre dann scheinbar beendet hatte, richtete er jedoch an die Abordnung ein paar kurze Dankesworte, die der Situation bestens angemessen waren, so daß niemand hätte behaupten können, er habe die Urkunde nicht gelesen. Zum Schluß ließ er den Blick im Salon in die Runde gehen und fragte, ohne eine gewisse Betroffenheit zu verbergen:
»Ist Urdaneta nicht gekommen?«
Der Vizepräsident informierte ihn darüber, daß General Urdaneta den aufständischen Truppen gefolgt sei, um die präventive Mission des Generals José Laurencio Silva zu unterstützen. Über die anderen Stimmen hinweg ließ sich jemand vernehmen:
»Auch Sucre ist nicht gekommen.«
Er konnte die Absicht hinter dieser unerbetenen Auskunft nicht übergehen. Seine Augen, bislang erloschen und ausweichend, blitzten in fiebrigem Glanz auf, und ohne zu wissen, wem, erwiderte er:

»Dem Generalfeldmarschall von Ayacucho wurde die Abreisezeit nicht mitgeteilt, um ihn nicht zu inkommodieren.«

Offensichtlich wußte er zu der Zeit nicht, daß Marschall Sucre zwei Tage zuvor von seiner gescheiterten Mission in Venezuela zurückgekehrt war, wo man ihm die Einreise ins eigene Land verwehrt hatte. Niemand hatte ihm mitgeteilt, daß der General abreisen wollte, vielleicht weil niemand auf den Gedanken kommen konnte, daß er es nicht als allererster erfahren hatte. José Palacios hatte in einem ungünstigen Augenblick davon gehört und es dann im Durcheinander der letzten Stunden vergessen. Er konnte natürlich nicht ausschließen, daß Marschall Sucre verstimmt sein würde, weil ihm nicht Bescheid gegeben worden war.

Im angrenzenden Eßzimmer war der Tisch für ein ausgezeichnetes kreolisches Frühstück gedeckt: Maismus in Blättern, Reisbratwürste, Kasserollen mit Omelette, eine reiche Auswahl an süßem Gebäck auf Spitzendeckchen und Töpfe mit Schokolade, glühend und schwerflüssig wie duftender Leim. Die Gastgeber hatten das Frühstück hinausgeschoben, für den Fall, daß der General den Vorsitz übernehmen wollte, obgleich sie wußten, daß er morgens nur den Feldmohntee mit Gummiarabikum zu sich nahm. Jedenfalls lud ihn die Hausherrin ein, auf dem Sessel Platz zu nehmen, der für ihn am oberen Ende der Tafel reserviert war,

er lehnte die Ehre jedoch ab, und wandte sich mit einem förmlichen Lächeln an alle.
»Mein Weg ist lang«, sagte er. »Guten Appetit.«
Er straffte sich, um sich von dem Vizepräsidenten zu verabschieden, und der antwortete ihm mit einer großartigen Umarmung, die allen offenbarte, wie klein der Körper des Generals war und wie schutzlos, wie verletzlich er in der Stunde des Abschieds wirkte. Dann drückte er noch einmal alle Hände und küßte die der Damen. Man wollte ihn zurückhalten, bis der Regen aufhörte, obwohl jeder so gut wußte wie er, daß es für den Rest des Jahrhunderts nicht aufklaren würde. Auch war ihm der Wunsch, so schnell wie möglich aufzubrechen, so sehr ins Gesicht geschrieben, daß der Versuch, ihn aufzuhalten, dreist erscheinen mußte. Der Hausherr führte ihn im unsichtbaren Nieselregen des Gartens bis zu den Ställen. Er wollte ihm behilflich sein und hielt mit den Fingerspitzen seinen Arm, als sei er aus Glas, dabei überraschte ihn die gespannte Energie, die unter der Haut wie aus einer verborgenen Kraftquelle strömte, die in keiner Beziehung zu der Dürftigkeit des Körpers stand. Abgesandte der Regierung, des diplomatischen Corps und der Streitkräfte warteten bis zu den Knöcheln im Schlamm und mit regendurchweichten Umhängen darauf, ihm an seinem ersten Reisetag das Geleit zu geben. Niemand wußte jedoch genau, wer ihn aus Freundschaft begleitete, wer ihn schützen und wer nur sicherstellen wollte, daß er tatsächlich fortging.

Das für ihn bereitgestellte Maultier war das beste von hundert Tieren, die ein spanischer Händler der Regierung überlassen hatte, damit sein Strafregister als Viehdieb gelöscht werde. Der General hatte schon den Stiefel im Steigbügel, den ihm ein Reitknecht hielt, als der Kriegs- und Marineminister ihm zurief: »Exzellenz!« Er verharrte bewegungslos, den Fuß im Steigbügel und beide Hände am Sattel.
»Bleiben Sie«, sagte der Minister, »und bringen Sie ein letztes Opfer für die Rettung des Vaterlands.«
»Nein, Herrán«, erwiderte er, »ich habe kein Vaterland mehr, für das ich mich opfern könnte.«
Es war das Ende. Der General Simón José Antonio de la Santísima Trinidad Bolívar y Palacios ging für immer. Er hatte der spanischen Herrschaft ein Imperium, fünfmal so groß wie ganz Europa, entrissen, er hatte zwanzig Jahre lang Krieg geführt, um es frei und geeint zu bewahren, und hatte es bis zur vergangenen Woche mit fester Hand regiert, doch in der Stunde des Aufbruchs hatte er nicht einmal den Trost, daß man ihm Glauben schenkte. Der einzige, der hellsichtig genug war zu erkennen, daß er tatsächlich fortging, und auch wohin, war der englische Diplomat, der in einem offiziellen Bericht an seine Regierung schrieb: »Die Zeit, die ihm bleibt, wird kaum genügen, das Grab zu erreichen.«

Der erste Reisetag war der unangenehmste und wäre es auch für einen Gesünderen als ihn gewesen. Seine Stimmung war von der verkappten Feindseligkeit getrübt, die er am Morgen seiner Abreise in den Straßen von Santa Fe gespürt hatte. Es wurde gerade erst hell unter dem Nieselregen, und er begegnete nur ein paar entlaufenen Kühen, doch die Erbitterung seiner Feinde lag in der Luft. Trotz Vorkehrungen der Regierung, die angeordnet hatte, ihn über wenig benutzte Nebenstraßen zu geleiten, sah der General dennoch einige der Schmähungen, die an die Wände der Klöster gepinselt waren.

José Palacios ritt an seiner Seite, er trug wie immer, selbst im Getümmel der Schlacht, einen Gehrock, die Topasbrosche an der Seidenkrawatte, Handschuhe aus Ziegenleder und die Brokatweste mit den gekreuzten Uhrketten seiner zwei gleichen Uhren. Die Beschläge an seinem Sattel waren aus Silber aus Potosí und seine Sporen aus Gold, und er war in manchen Andendörfern deshalb für den Präsidenten gehalten worden. Die Beflissenheit aber, mit der er auch auf die kleinsten Wünsche seines Herrn einging, ließ jede Verwechslung undenkbar erscheinen. Er kannte und liebte ihn so sehr, daß ihn dieser Abschied eines Flüchtlings im eigenen Fleisch schmerzte, gerade in dieser Stadt, die aus der bloßen

Ankündigung seiner Ankunft ein patriotisches Fest zu machen pflegte. Es war kaum drei Jahre her, der General kehrte von den entbehrungsreichen Kriegen im Süden heim, überhäuft mit soviel Ruhm, wie ihn sich kein lebender oder toter Amerikaner je verdient hatte, da war er mit einem spontanen Empfang geehrt worden, der Epoche machte. Das waren noch die Zeiten, als die Leute sich an das Halfter seines Pferdes hängten und ihn auf der Straße aufhielten, um sich über die öffentlichen Dienste oder die Steuern zu beklagen, um einen Gefallen zu erbitten oder auch nur um sich dem Glanz der Größe zu nähern. Er lieh diesen Beschwerden der Straße die gleiche Aufmerksamkeit wie den ernstesten Regierungsangelegenheiten und zeigte dabei eine erstaunliche Kenntnis von den häuslichen Sorgen jedes einzelnen, vom Stand der Geschäfte oder den gesundheitlichen Problemen, so daß jedem, der mit ihm sprach, der Eindruck blieb, für einen Augenblick an den Freuden der Macht teilgehabt zu haben.

Niemand hätte geglaubt, daß dies der gleiche Mann war und daß diese verschlossene Stadt die gleiche wie damals war, die er nun, wachsam wie ein Straßenräuber, für immer verließ. Nirgends hatte er sich so fremd gefühlt wie in diesen erstarrten Sträßchen, ein Haus wie das andere, bräunliche Ziegeldächer und Innengärten mit wohlriechenden Blumen, denn hier schmorte eine dörfliche Gemeinschaft vor sich hin, deren geziertes Benehmen und geschliffenes

Spanisch eher zum Verhüllen als zum Mitteilen geeignet waren. Und dennoch, auch wenn es ihm nun wie ein Hohn seiner Vorstellungskraft vorkommen mußte, eben diese Stadt der Nebel und eisigen Windböen war es gewesen, die er, noch bevor er sie kennenlernte, auserwählt hatte, um auf ihr seinen Ruhm zu gründen, die er mehr als jede andere geliebt, ja zum Mittelpunkt und Zweck seines Lebens und zur Hauptstadt der halben Welt verklärt hatte.

In der Stunde der Schlußabrechnung schien er über seinen fehlenden Kredit selbst am meisten überrascht. Die Regierung hatte sogar an den ungefährlicheren Stellen versteckte Wachen postiert, was verhinderte, daß sich ihm der aufgebrachte Pöbel in den Weg stellte, der ihn am Abend zuvor *in effigie* hingerichtet hatte, doch die ganze Strecke über war der ferne Ruf zu hören: »Longanizo!« Die einzige Seele, die sich seiner erbarmte, war eine einfache Frau, die, als er vorbeizog, zu ihm sagte:

»Geh mit Gott, Gespenst.«

Keinem war anzumerken, ob er etwas gehört hatte. Der General versank in finsteres Grübeln und ritt teilnahmslos weiter, bis sie die leuchtende Grassteppe erreichten. Bei der Wegkreuzung Cuatro Esquinas, wo die gepflasterte Landstraße begann, wartete Manuela Sáenz allein und zu Pferd auf den Trupp und winkte dem General von fern ein letztes Adieu zu. Er antwortete ebenso und zog weiter. Sie sahen sich nie wieder.

Der Nieselregen hörte wenig später auf, der Himmel wurde strahlend blau, und für den Rest des Tages blieben zwei beschneite Vulkane unbeweglich am Horizont stehen. Diesmal ließ er sich jedoch seine Begeisterung für die Natur nicht anmerken, er achtete nicht auf die Dörfer, die sie im zügigen Trab durchritten, und auch nicht auf die Grüße, die man ihnen, ohne sie zu erkennen, zurief. Am ungewöhnlichsten erschien seinen Begleitern jedoch, daß er nicht einen zärtlichen Blick für die wunderbaren Pferdeherden auf den zahlreichen Gestüten der Steppe übrig hatte, ein Anblick, der ihm, wie er oft beteuert hatte, auf der Welt der liebste war.

In der Siedlung Facatativá, wo sie in der ersten Nacht schliefen, verabschiedete sich der General von den spontanen Begleitern und setzte die Reise mit dem eigenen Gefolge fort. Außer José Palacios waren es fünf: General José María Carreño, der seine rechte Hand durch eine Kriegsverletzung verloren hatte; der irische Adjutant Oberst Belford Hinton Wilson, Sohn von General Sir Robert Wilson, einem Veteranen fast aller Kriege Europas; der Neffe des Generals, Fernando, Adjutant und Schreiber im Range eines Leutnants und Sohn seines ältesten Bruders, welcher zur Zeit der ersten Republik bei einem Schiffbruch umgekommen war; sein Verwandter und Adjutant, Hauptmann Andrés Ibarra, dessen rechter Arm von einem Säbelhieb gelähmt war, den er vor zwei Jahren bei dem Überfall vom 25. September erhalten hatte; und Oberst José de la Cruz Paredes, der sich in zahlreichen Unabhängigkeitsfeldzügen bewährt hatte. Die Ehrengarde bestand aus hundert Husaren und Grenadieren, ausgewählt unter den besten des venezolanischen Kontingents.

José Palacios kümmerte sich besonders um zwei Hunde, die zur Kriegsbeute aus dem Alto Peru gehörten. Es waren vier gewesen, schön und mutig, und sie hatten nachts in Santa Fe den Präsidentenpalast bewacht, bis zwei von ihnen in der Nacht des Attentats niedergestochen wurden. Auf den endlosen Reisen von Lima nach Quito, von Quito nach Santa Fe, von Santa Fe nach Caracas und wieder zurück nach Quito und Guayaquil hatten die beiden Hunde neben dem Troß herlaufend die Bagage bewacht. Das machten sie auch auf der letzten Reise von Santa Fe nach Cartagena, obwohl es nicht soviel Gepäck gab und es von der Truppe bewacht wurde. Der General war in Facatativá mit schlechter Laune aufgewacht, sie besserte sich jedoch, je weiter sie von der Hochebene auf einem Pfad über wellige Hügel abwärts gelangten, das Klima sich erwärmte und das Licht weniger blendete. Mehrmals boten sie ihm, besorgt um seine körperliche Verfassung, eine Ruhepause an, doch er wollte lieber ohne Mittagessen bis in die heiße Region weiterziehen. Er sagte, der Gang der Pferde sei dem Denken förderlich, und er pflegte Tag und Nacht zu reisen, wobei er mehrmals das Pferd wechselte, um es nicht zuschanden zu reiten. Er hatte die krummen Beine alter

Reiter, den Gang derer, die zum Schlafen die Sporen nicht ablegen, und um den After hatte er einen Streifen rauher Hornhaut bekommen, der dem Abziehriemen eines Barbiers glich und ihm den ehrenhaften Spitznamen Eisenarsch eintrug. Seit Beginn der Unabhängigkeitskriege war er achtzehntausend Meilen geritten: mehr als zweimal rund um die Welt. Die Legende, er schliefe auch auf dem Pferd, wurde nie dementiert.

Mittag war vorbei, und sie spürten schon den heißen Hauch, der aus den Schluchten aufstieg, als sie sich eine Ruhepause im Kreuzgang einer Missionsstation gönnten. Die Oberin bediente sie persönlich, und eine Schar indianischer Novizinnen verteilte Marzipangebäck, frisch aus dem Backrohr, und angegorenen Masato aus körnigem Mais zum Trinken. Angesichts der Vorhut verschwitzter Soldaten ohne jede Kleiderordnung mußte die Oberin gedacht haben, daß Oberst Wilson der ranghöchste Offizier war, wahrscheinlich weil er schmuck und blond war und die am schönsten verzierte Uniform trug. So kümmerte sie sich nur um ihn und das mit einem sehr weiblichen Entgegenkommen, das böswillige Kommentare auslöste.

José Palacios nutzte die Verwechslung, um seinen Herrn im Schatten unter den Ceibas des Kreuzgangs ruhen zu lassen, damit er, in eine Wolldecke gewickelt, das Fieber ausschwitzte. Dort blieb er liegen, aß nicht und schlief nicht und hörte wie durch einen Schleier die kreolischen Liebeslieder, die von den

Novizinnen zur Harfenbegleitung einer älteren Nonne gesungen wurden. Zum Schluß ging eine von ihnen mit einem Hut durch den Kreuzgang und bat um Almosen für die Missionsarbeit. Die Nonne an der Harfe sagte zu ihr, als sie vorbeiging: »Geh nicht zu dem Kranken.« Aber die Novizin hörte nicht auf sie. Der General sagte mit einem bitteren Lächeln und ohne sie auch nur anzusehen: »Ich bin für Almosen reif, Kind.« Wilson gab etwas aus seiner eigenen Tasche, und seine Großzügigkeit erntete den freundlichen Spott seines Befehlshabers: »Da sehen Sie, Oberst, was der Ruhm kostet.« Wilson äußerte später sein Erstaunen darüber, daß weder auf der Missionsstation noch auf dem Rest des Weges irgend jemand den bekanntesten Mann der neuen Republiken erkannt hatte. Auch für diesen war das zweifellos eine ungewöhnliche Lektion. »Ich bin nicht mehr ich«, sagte er.

Die zweite Nacht verbrachten sie in einer Herberge für Reisende, einer ehemaligen Tabakfaktorei in der Nähe des Dorfs Guaduas, wo man vergeblich mit einer Beschwichtigungsfeier auf sie wartete, die er sich nicht hatte antun wollen. Das Haus war riesig und düster, und der Ort selbst drückte seltsam aufs Gemüt wegen der maßlosen Vegetation und dem Fluß, dessen schwarzstrudelndes Wasser sich mit einem Donner der Zerstörung bis in die Bananenpflanzungen der heißen Region hinabstürzte. Der General kannte den Ort und hatte, als er das erste Mal dort vorbeigekommen war, gesagt: »Wenn ich jemanden in einen Hinterhalt locken wollte, würde ich mir diesen Ort dazu aussuchen.« Er hatte ihn bei anderen Gelegenheiten umgangen, schon weil er ihn an Berruecos erinnerte, einen finstern Paß auf dem Weg nach Quito, den selbst die wagemutigsten Reisenden lieber mieden. Einmal hatte er gegen den Willen aller anderen zwei Meilen davor kampiert, nur weil er glaubte, so viel Traurigkeit nicht ertragen zu können. Nun aber kam es ihm hier trotz Fieber und Müdigkeit allemal erträglicher vor als bei dem Trauermahl, mit dem seine unseligen Freunde in Guaduas auf ihn warteten.

Der Besitzer der Herberge hatte, als er ihn in einem so erbärmlichen Zustand kommen sah, vorgeschlagen, einen Indio aus einer Nachbarsiedlung zu rufen, der nur das verschwitzte Hemd eines Kranken riechen mußte, um ihn, auf jede Entfernung und ohne ihn je gesehen zu haben, heilen zu können. Der General spottete über solche Leichtgläubigkeit und verbot, daß einer seiner Leute auf irgendeine Weise Kontakt zu dem indianischen Wundertäter aufnahm. Da er nicht an die Ärzte glaubte, sondern behauptete, sie machten ihre Geschäfte mit fremdem Schmerz, konnte man erst recht nicht erwarten, daß er sein Schicksal einem Dorfspiritisten anvertraute. Schließlich verschmähte er, um seine Geringschätzung der ärztlichen Wissenschaft einmal mehr zu bekräftigen, auch das gute Schlafzimmer, das man für ihn vorbereitet hatte, weil es für seinen Zustand das angemessenste war. Er ließ sich die

Hängematte in die breite unüberdachte Galerie hängen, die auf die Schlucht hinausführte, dort wollte er, den Unbilden der kühlen Nacht ausgesetzt, schlafen.

Er hatte außer dem morgendlichen Heiltee den ganzen Tag über nichts zu sich genommen, setzte sich aber nur aus Höflichkeit zu seinen Offizieren an den Tisch. Obwohl er sich besser als jeder andere den Entbehrungen des Feldlebens anpaßte und im Essen und Trinken fast ein Asket war, kannte und genoß er die Künste von Keller und Küche wie ein wählerischer Europäer und hatte schon bei seiner ersten Reise von den Franzosen die Sitte übernommen, beim Essen über das Essen zu sprechen. In jener Nacht trank er nur ein halbes Glas Rotwein und kostete aus Neugier das Wildgericht, um zu prüfen, ob, wie der Wirt sagte und seine Offiziere bestätigten, das schimmernde Fleisch tatsächlich nach Jasmin schmeckte. Er sagte nur zwei Sätze beim Abendessen und die ebenso kraftlos wie die wenigen, die er während der Reise gesagt hatte, doch wußten alle sein Bemühen zu schätzen, mit einem Löffelchen guter Manieren den bitteren Kelch des politischen Mißgeschicks und seiner schlechten Gesundheit zu versüßen. Er hatte kein Wort mehr über Politik gesprochen noch einen der Zwischenfälle vom Samstag erwähnt: ein Mann, dem es auch viele Jahre nach erlittenem Unrecht nicht gelang, den Nachgeschmack der Verbitterung zu tilgen.

Bevor das Essen beendet war, bat er darum, aufstehen zu dürfen, zog sich vor Fieber zitternd das Nachthemd und die Schlafmütze an und fiel in die Hängematte. Die Nacht war kühl, und ein riesiger orangefarbener Mond stieg zwischen den Bergen auf, doch er war nicht in der Stimmung, ihn anzuschauen. Ein paar Schritte von der Galerie entfernt, stimmten die Soldaten der Eskorte im Chor beliebte Lieder an. Einem alten Befehl folgend, kampierten sie, wie die Legionen des Julius Cäsar, immer nah bei seiner Schlafstatt, damit er ihre Gedanken und ihre Gemütsverfassung aus ihren nächtlichen Gesprächen entnehmen konnte. Seine schlaflosen Wanderungen hatten ihn oft zu ihren Nachtlagern geführt, und er hatte nicht selten den Sonnenaufgang gesehen, während er mit den Soldaten Kasernenlieder sang, deren Lobes- oder Spottstrophen spontan in der Hitze des Festes entstanden. In dieser Nacht konnte er den Gesang jedoch nicht ertragen und befahl, sie zum Schweigen zu bringen. Das ewige Getöse des Flusses zwischen den Felsen, vom Fieber verstärkt, wurde Teil des Deliriums.
»Scheiße!« schrie er. »Wenn man ihn nur eine Minute lang anhalten könnte.«
Aber nein: Er konnte den Lauf der Flüsse nicht mehr anhalten. José Palacios wollte ihm zur Beruhigung eines der vielen Palliativa geben, die er in seiner Hausapotheke hatte, doch er lehnte es ab. Das war das erste Mal, daß sein Herr den oft wiederholten Satz sagte: »Wegen eines falsch ver-

ordneten Brechmittels habe ich gerade die Macht aufgegeben und bin nicht bereit, nun auch das Leben aufzugeben.« Jahre zuvor hatte er ähnliches gesagt, als ein anderer Arzt ihm das Wechselfieber mit einem Arseniksud hatte kurieren wollen und der Durchfall ihn dann fast umgebracht hatte. Seitdem akzeptierte er als Medizin nur noch die Abführpillen, die er mehrmals die Woche ungeniert gegen seine hartnäckige Verstopfung einnahm, und, bei besonders kritischen Verzögerungen, einen Sennesblätter-Einlauf.

Kurz nach Mitternacht streckte sich José Palacios, erschöpft vom fremden Delirium, auf den nackten Ziegeln des Bodens aus und schlief ein. Als er aufwachte, war der General nicht mehr in der Hängematte, das schweißgetränkte Nachthemd hatte er auf dem Boden liegen lassen. Das war nichts Besonderes. Er hatte die Angewohnheit, das Bett zu verlassen und, wenn niemand sonst im Haus war, bis zum Morgengrauen nackt hin und her zu wandeln, um der Schlaflosigkeit zu begegnen. In dieser Nacht aber gab es gute Gründe, sich Sorgen um ihn zu machen, denn er hatte einen schlechten Tag gehabt, und das feuchte und kühle Wetter war nicht das Beste für Spaziergänge im Freien. José Palacios ging mit einer Decke in dem mondgrün angeschienenen Haus auf die Suche nach ihm und fand ihn auf einer Bank im Korridor liegend, wie eine ruhende Statue auf einem Grabhügel. Der General wandte sich ihm

mit einem klaren Blick zu, in dem das Fieber keine Spuren hinterlassen hatte.
»Es ist wieder wie in der Nacht von San Juan de Payara«, sagte er. »Aber ohne Reina María Luisa, leider.«
José Palacios kannte diese Anspielung nur zu gut. Sie bezog sich auf eine Nacht im Januar 1820 an einem Ort in Venezuela, irgendwo auf der Hochebene von Apure, wohin er mit einer zweitausend Mann starken Truppe gelangt war. Er hatte bereits achtzehn Provinzen von der spanischen Herrschaft befreit. Mit den ehemaligen Gebieten des Vizekönigreichs von Neugranada, des Generalkapitanats von Venezuela und der Audienz von Quito hatte er die Republik Kolumbien gegründet, er war zugleich ihr Präsident und der kommandierende General ihrer Heere. Das Ziel seines Hoffens war, den Krieg nach Süden auszuweiten, so wollte er den phantastischen Wunsch wahr machen, die größte Nation der Welt zu schaffen: ein einziges freies und vereintes Land von Mexiko bis Kap Horn.
Seine militärische Lage in jener Nacht war jedoch nicht zum Träumen angetan. Eine plötzlich ausgebrochene Pest, von der die Tiere mitten im Marsch niedergestreckt wurden, hatte auf der Ebene eine vierzehn Meilen lange stinkende Spur toter Pferde hinterlassen. Viele demoralisierte Offiziere trösteten sich mit Raubüberfällen, sie gefielen sich im Ungehorsam, und manche hatten sogar für seine Drohung, die Schuldigen erschießen zu lassen, nur

Hohn übrig. Zweitausend Soldaten, barfuß und zerlumpt, ohne Waffen, ohne Essen, ohne Decken, um der kalten Gegend zu trotzen, waren der Kriege müde, oft dazu noch krank, und begannen, in Scharen zu desertieren. In Ermangelung einer vernünftigen Lösung, hatte er den Befehl gegeben, jene Patrouillen mit zehn Pesos zu belohnen, die einen desertierten Kameraden festnahmen und auslieferten; dieser sollte dann ohne Untersuchung seiner Beweggründe erschossen werden.

Das Leben hatte ihm bereits hinreichend Anlaß für die Erkenntnis gegeben, daß keine Niederlage die letzte ist. Kaum zwei Jahre zuvor hatte er nicht weit von dort, im Urwald des Orinoko mit seiner Truppe verirrt, den Befehl geben müssen, die Pferde zu schlachten, aus Furcht, die Soldaten würden sonst einander aufessen. In jener Nacht hatte er, wie ein Offizier der Britischen Legion bezeugte, das wunderliche Aussehen eines Landstörzers gehabt. Er trug den Helm eines russischen Dragoners, die Hanfschuhe eines Viehtreibers, eine blaue Feldjacke mit roten Brustschnüren und vergoldeten Knöpfen, dazu an einer Feldlanze ein schwarzes Korsarenfähnchen mit dem gekreuzten Gebein über einem Wahlspruch in blutigen Lettern: »Freiheit oder Tod«.

In der Nacht von San Juan de Payara erinnerte seine Aufmachung nicht so stark an einen Vagabunden, seine Lage aber war nicht besser. Und

spiegelte nicht nur den augenblicklichen Zustand seiner Truppe wieder, sondern das ganze Drama des Befreiungsheeres, das viele Male aus den tiefsten Niederlagen gestärkt wieder auferstanden war und dennoch Gefahr lief, unter dem Gewicht seiner vielen Siege zusammenzubrechen. Der spanische General Don Pablo Morillo hingegen, der jedes seiner Mittel einsetzte, die Patrioten zu unterwerfen und die koloniale Ordnung wiederherzustellen, beherrschte noch große Gebiete im Westen Venezuelas und hatte sich in den Bergen verschanzt.
Angesichts dieses Zustands der Welt ließ der General seine Schlaflosigkeit weiden, indes er nackt durch die verlassenen Zimmer des vom Mondschein verklärten alten Gutshauses wandelte. Die meisten der am Vortag krepierten Pferde waren fern des Hauses verbrannt worden, der Geruch nach Verwesung war jedoch immer noch unerträglich. Die Truppen hatten seit den tödlichen Tagen der letzten Woche nicht mehr gesungen, und selbst er konnte nicht verhindern, daß die Wachen vor Hunger einschliefen. Plötzlich sah er am Ende der zur weiten blauen Ebene hin offenen Galerie Reina María Luisa auf einer Stufe sitzen. Eine schöne Mulattin in der Blüte ihrer Jugend, sie hatte das Profil eines Idols, war bis zu den Füßen in ein mit Blumen besticktes Tuch gehüllt und rauchte eine lange Zigarre. Sie erschrak, als sie ihn sah, und machte in seine Richtung das Kreuzzeichen mit Zeigefinger und Daumen.

»Kommst du von Gott oder vom Teufel«, rief sie, »was willst du?«
»Dich«, sagte er.
Er lächelte, und sie sollte sich an das Blitzen seiner Zähne im Mondlicht erinnern. Er umarmte sie mit all seiner Kraft, so daß sie sich nicht bewegen konnte, während er mit zarten Küssen ihre Stirn, die Augen, die Wangen, den Hals schnäbelte, bis es ihm gelungen war, sie zu zähmen. Dann nahm er ihr das Tuch ab, und der Atem stockte ihm. Auch sie war nackt, denn die Großmutter, die mit ihr im selben Zimmer schlief, nahm ihr stets die Kleider weg, damit sie nicht aufstehen konnte, um zu rauchen, wußte aber nicht, daß die Enkelin sich, in das Tuch gewickelt, bei Morgengrauen hinausstahl. Der General trug sie zu seiner Hängematte, ohne ihr mit seinen balsamischen Küssen eine Pause zu gewähren, und sie gab sich ihm hin, nicht aus Lust oder Liebe, sondern aus Angst. Sie war Jungfrau. Erst als sie ihr Herz wieder beherrschte, sagte sie:
»Ich bin Sklavin, Herr.«
»Nicht mehr«, sagte er. »Die Liebe hat dich befreit.«
Am Morgen kaufte er sie dem Gutsbesitzer für hundert Pesos aus seiner sich leerenden Schatulle ab und gab ihr ohne jede Bedingung die Freiheit. Vor seinem Aufbruch konnte er nicht der Versuchung widerstehen, sie öffentlich vor eine Gewissensfrage zu stellen. Er stand im Hinterhof des Hauses mit einer Gruppe von Offizieren, die auf irgendwelchen

Lasttieren aufgesessen waren, den einzigen Überlebenden des Pferdesterbens. Ein anderes Truppencorps war zum Abschied angetreten, kommandiert von Divisionsgeneral José Antonio Páez, der in der Nacht eingetroffen war.
Der General verabschiedete sich mit einer kurzen Ansprache, in der er die Dramatik der Situation abschwächte, und wollte gerade aufbrechen, als er Reina María Luisa in ihrem neuen Stand einer freien und wohlbedienten Frau sah. Sie war frisch gebadet, schön und strahlend unter dem Himmel der Ebene, ganz in gestärktem Weiß, mit den Spitzenunterröcken und der knappen Bluse der Sklavinnen. Er fragte sie gutlaunig:
»Bleibst du, oder kommst du mit uns?«
Sie antwortete ihm mit einem reizenden Lachen:
»Ich bleibe, Herr.«
Die Antwort wurde mit einstimmigem Gelächter gefeiert. Woraufhin der Hausherr, ein Spanier, der sich früh der Unabhängigkeitsbewegung angeschlossen hatte, ein alter Bekannter im übrigen, ihm lauthals lachend den Lederbeutel mit den hundert Pesos zuwarf. Er fing ihn in der Luft auf.
»Die können Sie für die gemeinsame Sache behalten, Exzellenz«, rief der Gutsherr. »Das Mädchen bleibt auch so frei.«
General José Antonio Páez, dessen Faunsmiene zu seinem Hemd mit bunten Flicken paßte, brach in ein gewaltiges Gelächter aus.

»Da sehen Sie, General«, sagte er, »so geht es uns, wenn wir als Befreier daherkommen.«
Er stimmte ihm zu und beschrieb einen weiten Bogen mit der Hand, um sich von allen zu verabschieden. Zuletzt winkte er Reina María Luisa ein Adieu des guten Verlierers zu und hörte nie wieder von ihr. Solange sich José Palacios erinnern konnte, verging kein Jahr der Vollmonde, bevor er ihm nicht gesagt hatte, er habe jene Nacht wieder erlebt, allerdings ohne die wundersame Erscheinung von Reina María Luisa, leider. Und immer war es eine Nacht der Niederlage gewesen.
Um fünf, als José Palacios ihm den ersten Heiltee brachte, sah er ihn mit offenen Augen daliegen. Er versuchte jedoch, mit solchem Schwung aufzustehen, daß er fast kopfüber gestürzt wäre, und ein starker Hustenanfall überkam ihn. Er blieb auf der Hängematte sitzen, hielt sich beim Husten mit beiden Händen den Kopf, bis die Krise vorüber war. Dann begann er, den dampfenden Aufguß zu trinken, und mit dem ersten Schluck besserte sich seine Laune.
»Die ganze Nacht über habe ich von Casandro geträumt«, sagte er.
Das war der Name, mit dem er heimlich den granadinischen General Francisco de Paula Santander bedachte, seinen großen Freund vergangener Zeiten und seinen größten Gegenspieler aller Zeiten, Chef seines Generalstabs seit Anbeginn des Krieges und stellvertretender Präsident von Kolumbien während

der harten Befreiungsfeldzüge von Quito und Peru und der Gründung von Bolivien. Mehr aus historischer Notwendigkeit als aus Berufung war er ein effizienter und tapferer Offizier, mit einem eigentümlichen Hang zur Grausamkeit, sein Ruhm gründete jedoch auf seinen bürgerlichen Tugenden und seiner hervorragenden akademischen Ausbildung. Ohne Zweifel war er der zweite Mann der Unabhängigkeit und der erste beim institutionellen Aufbau der Republik, der er für immer das Siegel seines formalistischen und konservativen Geistes aufdrückte.

Bei einer der vielen Gelegenheiten, als der General erwog abzudanken, hatte er zu Santander gesagt, er scheide beruhigt aus dem Präsidentenamt, denn »ich hinterlasse es Ihnen, einem anderen Ich, vielleicht besser als ich«. In keinen Menschen hatte er, aus Vernunft oder durch die Kraft des Faktischen, so viel Vertrauen gesetzt. Er selbst war es, der ihn mit dem Titel *Der Mann der Gesetze* ausgezeichnet hatte. Dieser Mann aber, der ihm so viel wert gewesen war, lebte wegen seiner nie bewiesenen Mitschuld an dem Mordkomplott seit zwei Jahren in Paris in der Verbannung.

Und so war es gewesen. Am Donnerstag, dem 25. September 1828, brachen kurz vor Mitternacht zwölf Zivilpersonen und sechsundzwanzig Militärs das Tor des Regierungspalastes von Santa Fe auf, schlachteten zwei Spürhunde des Präsidenten ab, verwundeten mehrere Wachposten, fügten Hauptmann Andrés Ibarra eine gefährliche Säbelwunde am Arm zu, streckten mit einem Schuß den schottischen Oberst William Ferguson nieder, der Mitglied der Britischen Legion und Adjutant des Präsidenten war, nach dessen Worten tapfer wie Caesar, und stiegen dann mit dem Ruf »Es lebe die Freiheit, Tod dem Tyrannen« bis zum Schlafzimmer des Präsidenten hinauf.

Die Meuterer rechtfertigten später ihr Attentat mit jenen Sondervollmachten von deutlich diktatorialem Zuschnitt, die sich der General drei Monate zuvor hatte zusprechen lassen, als Gegengewicht zu dem Sieg der Santanderisten bei der Konvention von Ocaña. Das Amt des Vizepräsidenten der Republik, das Santander sieben Jahre lang ausgeübt hatte, wurde abgeschafft. Santander teilte das einem Freund in einem Satz mit, der typisch für seinen persönlichen Stil war: »Ich habe die Ehre, unter die Ruinen der Verfassung von 1821 gefallen zu sein.«

Er war damals sechsunddreißig Jahre alt. Man hatte ihn zum bevollmächtigten Gesandten in Washington ernannt, er verschob aber mehrmals seine Abreise, vielleicht, weil er den Triumph der Verschwörung erwartete.

Der General und Manuela Sáenz hatten gerade eine Nacht der Versöhnung begonnen. Das Wochenende hatten sie in Soacha, einem zweieinhalb Meilen entfernten Dorf, verbracht und waren am Montag nach einem Liebesstreit in zwei verschiedenen Kutschen zurückgekehrt. Der Streit war heftiger als gewöhn-

lich verlaufen, weil der General sich taub stellte gegenüber den Warnungen vor einem Mordkomplott, von dem alle Welt sprach und an das nur er nicht glaubte. Sie hatte in ihrem Haus den dringenden Botschaften, die er ihr vom gegenüberliegenden Palast San Carlos schickte, bis neun Uhr an diesem Abend widerstanden, als sie nach drei noch drängenderen Botschaften die Gummigaloschen über die Schuhe zog, den Kopf mit einem großen Tuch bedeckte und die vom Regen überschwemmte Straße überquerte. Sie traf ihn in der Badewanne an, er trieb ohne die Aufsicht von José Palacios auf dem Rücken im duftenden Wasser, und sie glaubte nur deshalb nicht, daß er tot sei, weil sie ihn viele Male in diesem beseeligten Zustand hatte meditieren sehen. Er erkannte sie an ihren Schritten und sprach mit ihr, ohne die Augen zu öffnen.
»Es wird eine Meuterei geben.«
Ihre Ironie täuschte nicht über ihren Groll hinweg:
»Ich gratuliere«, sagte sie. »Es kann sogar zehn geben, da Sie sich so großartig um die Warnungen kümmern.«
»Ich glaube nur an Vorzeichen«, sagte er.
Er erlaubte sich dieses Spielchen, weil der Generalstabschef ihm sein Wort gegeben hatte, die Verschwörung sei gescheitert, tatsächlich aber den Verschwörern bereits die Losung der Nacht verraten hatte, mit der sie die Palastwache täuschen

konnten. Der General kam vergnügt aus der Badewanne.

»Keine Sorge«, sagte er, »es sieht so aus, als hätten die warmen Brüder den Schwanz eingekniffen.«

Sie hatten eben im Bett mit den Liebesspielen begonnen, er nackt und sie halb ausgezogen, als sie die ersten Schreie hörten, die ersten Schüsse und den auf eine der loyalen Kasernen gerichteten Kanonendonner. Manuela half ihm, sich in aller Hast anzuziehen, zog ihm die Gummigaloschen an, die sie über ihren Schuhen getragen hatte, denn der General hatte sein einziges Paar Stiefel zum Putzen gegeben, und half ihm dann, über den Balkon zu fliehen, einen Säbel und eine Pistole hatte er bei sich, jedoch keinerlei Schutz gegen den ewigen Regen. Kaum auf der Straße, richtete er die entsicherte Pistole auf einen Schatten, der sich ihm näherte: »Wer da?« Es war sein Küchenmeister, der heimkam, gebeugt von der Nachricht, sein Herr sei getötet worden. Entschlossen, nun dessen Schicksal bis zum Ende zu teilen, versteckte er sich mit ihm im Gestrüpp am Flüßchen San Augustín unter der Carmen-Brücke, bis die treuen Truppen den Aufstand niedergeschlagen hatten.

Mit einer List und einer Kühnheit, die sie schon in anderen historischen Notlagen bewiesen hatte, empfing Manuela Sáenz die Angreifer, als diese die Schlafzimmertür aufgebrochen hatten. Sie fragten nach dem Präsidenten, und sie erwiderte, er sei im Ratssaal. Sie fragten, warum in einer Winternacht die Balkontür offen stünde, und sie sagte ihnen, sie habe sie geöffnet, um nachzusehen, was das für ein Lärm auf der Straße sei. Sie fragten, warum das Bett warm sei, und sie sagte, sie habe sich angekleidet hingelegt, um auf den Präsidenten zu warten. Während sie mit ihren bedachtsamen Antworten Zeit gewann, paffte sie einen Fuhrmannsstumpen von der ordinärsten Sorte, um die frische Spur von Kölnisch Wasser zu verwischen, die im Zimmer zurückgeblieben war.

Ein Tribunal unter dem Vorsitz von General Rafael Urdaneta stellte fest, daß General Santander der heimliche Kopf der Verschwörung war, und verurteilte ihn zum Tode. Seine Feinde meinten später, dieses Urteil sei mehr als verdient, weniger wegen Santanders Schuld am Attentat, sondern wegen des Zynismus, als erster auf der Plaza Mayor zu erscheinen, um den General zu beglückwünschen und zu umarmen. Dieser saß zu Pferd unter dem Nieselregen, ohne Hemd, mit zerrissener und durchweichter Feldjacke, umgeben vom Jubel der Truppe und des einfachen Volks, das in Scharen aus den Vororten herbeidrängte und den Tod der Mörder forderte. »Alle Komplizen werden mehr oder weniger streng bestraft«, schrieb der General in einem Brief an Marschall Sucre. »Santander ist das Haupt, aber am glücklichsten dran, weil meine Großzügigkeit für ihn einsteht.« Tatsächlich verwandelte er, seine absoluten Befugnisse nutzend, die Todesstrafe in eine Verbannung nach Paris. Hingegen wurde

Admiral José Prudencio Padilla, der in Santa Fe wegen einer gescheiterten Rebellion in Cartagena de Indias einsaß, ohne ausreichende Beweise füsiliert.

José Palacios wußte nicht, wann sein Herr wirklich von General Santander träumte und wann er es sich nur einbildete. Einmal, in Guayaquil, hatte er erzählt, er habe geträumt, ein offenes Buch läge auf Santanders rundem Bauch, dieser las es aber nicht, sondern riß statt dessen die Seiten heraus und aß eine nach der anderen auf, genüßlich und geräuschvoll kauend wie eine Ziege. In Cúcuta träumte er von einem völlig mit Kakerlaken bedeckten Santander. Ein andermal, auf dem Landgut von Monserrate bei Santa Fe, schreckte er schreiend hoch, weil er geträumt hatte, daß General Santander sich, während er allein mit ihm zu Mittag speiste, die Augäpfel herausgenommen und auf den Tisch gelegt habe, da sie ihn beim Essen störten. Als der General im Morgengrauen nah bei Guaduas sagte, er habe wieder einmal von Santander geträumt, fragte ihn José Palacios daher gar nicht erst nach dem Inhalt des Traums, sondern versuchte, ihn mit der Wirklichkeit zu trösten.

»Zwischen ihm und uns liegt ein ganzes Meer«, sagte er.

Aber der General fuhr sofort mit einem lebhaften Blick hoch:

»Nicht mehr«, sagte er. »Ich bin sicher, daß der Trottel Joaquín Mosquera ihn zurückkommen läßt.«

Dieser Gedanke bedrückte ihn seit seiner letzten Rückkehr ins Land, als der endgültige Abschied von der Macht zu einer Frage der Ehre wurde. »Ich ziehe die Verbannung oder den Tod der Unehre vor, meinen Ruhm in die Hand des Colegio San Bartolomé zu geben«, hatte er zu José Palacios gesagt. Das Serum trug jedoch das Gift in sich, denn in dem Maße, wie er sich der letzten Entscheidung näherte, wuchs seine Gewißheit, daß, sobald er selbst abgetreten wäre, der General Santander aus dem Exil zurückgerufen würde, und der war der hervorragendste Absolvent dieser Brutstätte von Rechtsverdrehern.
»Das ist ein echter Halunke«, sagte er.
Das Fieber war ganz abgeklungen, und er fühlte soviel Unternehmungsgeist, daß er José Palacios um Papier und Feder bat, die Brille aufsetzte und eigenhändig einen Brief von sechs Zeilen an Manuela Sáenz schrieb. Das mußte selbst jemandem wie José Palacios, der an seine impulsiven Handlungen gewöhnt war, seltsam erscheinen und war nur mit einer Vorahnung oder einer überwältigenden Eingebung zu erklären. Denn es hob nicht nur seine Entscheidung vom vergangenen Freitag auf, für den Rest seines Lebens keinen Brief mehr zu schreiben, sondern widersprach auch seiner Gewohnheit, die Schreiber zu jeder Uhrzeit wecken zu lassen, um liegengebliebene Korrespondenz zu erledigen, ihnen eine Proklamation zu diktieren oder auch um die losen Gedanken, die ihm bei seinen schlaflosen

Grübeleien kamen, in eine Ordnung zu bringen. Noch seltsamer mußte es erscheinen, da der Brief nicht von offenkundiger Dringlichkeit war und dem Ratschlag zum Abschied nur einen eher kryptischen Satz hinzufügte: »Achte auf das, was Du tust, denn wenn Du Dich verlierst, sind wir beide verloren.« Er schrieb das in seiner ungezügelten Art, als ob er es nicht bedächte, und wiegte sich dann versunken, den Brief in der Hand, weiter in seiner Hängematte.
»Wahre Macht liegt in der unwiderstehlichen Kraft der Liebe«, seufzte er plötzlich. »Wer hat das gesagt?«
»Niemand«, sagte José Palacios.
Er konnte weder schreiben noch lesen und wehrte sich dagegen, es zu lernen, mit dem schlichten Argument, daß es keine größere Weisheit gäbe als die der Esel. Er hatte aber die Fähigkeit, sich an jeden Satz, den er zufällig gehört hatte, zu erinnern, und an diesen erinnerte er sich nicht.
»Dann habe ich es gesagt«, sagte der General, »aber sagen wir mal, es stammt von Marschall Sucre.«
Niemand war für solche Krisenzeiten geeigneter als Fernando. Er war der gefälligste und geduldigste, wenn auch nicht brillanteste der vielen Schreiber, die der General gehabt hatte, und ertrug stoisch die willkürlichen Arbeitszeiten oder die schlaflose Verzweiflung. Er wurde von ihm zu jedweder Zeit geweckt, um ein unwichtiges Buch vorzulesen oder eilige Stegreifgedanken zu notieren, die am nächsten Morgen im Müll lagen. Der General hatte keine

Kinder aus seinen unzähligen Liebesnächten (obgleich er behauptete, es gäbe Beweise dafür, daß er nicht unfruchtbar sei) und hatte beim Tod seines Bruders die Sorge für Fernando übernommen. Er hatte ihn mit Empfehlungsschreiben an die Militärakademie in Georgetown geschickt, wo General Lafayette dem Jungen die Bewunderung und den Respekt ausdrückte, die er für den Onkel empfand. Später war er am Jefferson College in Charlotteville und auf der Universität Virginia gewesen. Er war nicht der Nachfolger, den sich der General vielleicht erträumt hatte, denn der akademische Unterricht langweilte Fernando, wohingegen er sich freudig dem Leben an der frischen Luft und der bodenständigen Kunst der Gärtnerei hingab. Sobald er sein Studium beendet hatte, holte ihn der General nach Santa Fe und entdeckte sogleich seine Talente als Schreiber, denn Fernando hatte nicht nur eine wunderbare Kalligraphie und beherrschte das Englische in Wort und Schrift, sondern verfügte als einziger auch über reißerische Stilmittel, die das Interesse des Lesers wachhielten, und würzte, wenn er vorlas, einschläfernde Passagen geschwind mit gewagten Stegreifepisoden. Wie jeder, der im Dienst des Generals stand, erlebte auch Fernando seine Stunde der Ungnade, als er Cicero einen Satz von Demosthenes zuschrieb, den sein Onkel später in einer Rede zitierte. Dieser war weit strenger zu ihm als zu den anderen, weil er ihm nahestand, vergab ihm aber vor Ende der Sühnezeit.

General Joaquín Posada Gutiérrez, der Gouverneur der Provinz, war dem Trupp zwei Tage vorausgeritten, um dessen Ankunft an den Orten anzukündigen, wo Nachtquartier gemacht werden sollte, und um die Behörden vorsorglich über den schlechten Gesundheitszustand des Generals zu informieren. Wer ihn aber am Mittwoch abend bei seiner Ankunft in Guaduas erlebte, sah das hartnäckige Gerücht bestätigt, daß die schlechten Nachrichten des Gouverneurs und die Reise selbst nur ein politisches Manöver waren.

Der General war einmal mehr unbesiegbar. Er ritt auf der Hauptstraße ein, mit offener Brust und einem Zigeunertuch um den Kopf, das den Schweiß auffangen sollte, er schwenkte seinen Hut unter den Schreien, dem Kirchengeläut und den knallenden Raketen, von denen die Musik übertönt wurde, und er saß auf einem munter trabenden Maultier, das dem Einmarsch den letzten feierlichen Anspruch nahm. Das einzige Gebäude, dessen Fenster geschlossen blieben, war die Nonnenschule, und nachmittags ging dann das Gerücht um, man habe den Schülerinnen verboten, an dem Empfang teilzunehmen; denen, die es ihm erzählten, gab er jedoch den Ratschlag, nichts auf Klosterklatsch zu geben.

Am Abend zuvor hatte José Palacios das Hemd zum Waschen gegeben, in das der General sein Fieber ausgeschwitzt hatte. Eine Ordonnanz gab es den Soldaten mit, die frühmorgens zum Waschen hinunter an den Fluß gingen, aber dann, in der Stunde des

Aufbruchs, wußte niemand, wo es geblieben war. Im Lauf der Reise nach Guaduas und während des Festes fand José Palacios heraus, daß der Wirt der Herberge das ungewaschene Hemd an sich genommen hatte, damit der indianische Wundertäter einen Beweis seiner Kräfte liefern könne. Als der General ins Haus kam, berichtete ihm José Palacios von dem Übergriff des Wirts und wies darauf hin, daß er nun keine Hemden mehr habe, bis auf das, welches er gerade trug. Er nahm es in einer Art philosophischer Gelassenheit hin.
»Der Aberglaube ist unerschütterlicher als die Liebe«, sagte er.
»Das Merkwürdige ist, daß wir seit gestern nacht kein Fieber mehr gehabt haben«, sagte José Palacios. »Und was ist, wenn der Wunderheiler wirklich Zauberkräfte hat?«
Der General fand nicht gleich eine Antwort und versank ins Grübeln, wiegte sich dabei im Takt seiner Gedanken in der Hängematte. »Es ist wahr, ich habe keine Kopfschmerzen mehr gespürt«, sagte er, »auch keinen bitteren Geschmack im Mund oder das Gefühl, von einem Turm zu stürzen.« Schließlich schlug er sich auf die Knie und setzte sich mit einem entschlossenen Ruck auf.
»Verwirr mir den Kopf nicht noch mehr«, sagte er.
Zwei Dienstboten brachten einen großen Topf kochenden Wassers mit aromatischen Blättern ins Schlafzimmer, und José Palacios bereitete das abendliche Bad vor, im Vertrauen darauf, daß sein

Herr, erschöpft vom Reisetag, bald zu Bett gehen würde. Das Bad wurde jedoch kalt, während der General einen Brief an Gabriel Camacho diktierte, den Mann seiner Nichte Valentina Palacios, den er bevollmächtigt hatte, in Caracas das Bergwerk von Aroa zu verkaufen, eine Kupfermine, die er von seinen Vorfahren geerbt hatte. Er selbst schien keine genaue Vorstellung von seinem Reiseziel zu haben, da er in einer Zeile schrieb, er fahre nach Curaçao, bis Camachos Bemühungen erfolgreich abgeschlossen seien, und ihn in der nächsten Zeile darum bat, ihm nach London zu Händen von Sir Robert Wilson zu schreiben, mit einer Kopie an die Adresse von Maxwell Hyslop in Jamaika, da er sichergehen wolle, daß ihn, falls ein Brief verlorenginge, der andere erreiche.
Viele, vor allem seine Sekretäre und Schreiber, hielten die Minen von Aroa für eine Ausgeburt seines Fiebers. Er hatte immer so wenig Interesse dafür übrig gehabt, daß sie über Jahre in den Händen zufälliger Betreiber gewesen waren. Er erinnerte sich ihrer am Ende seiner Tage, als ihm das Geld knapp zu werden begann, konnte sie aber dann nicht an eine englische Gesellschaft verkaufen, da die Besitzurkunden nicht eindeutig waren. Das war der Anfang eines legendären Rechtsstreits, der zwei Jahre über seinen Tod hinaus andauern sollte. Inmitten der Kriege, politischen Intrigen und persönlichen Feindschaften wußte aber jeder Bescheid, wenn der General »mein Prozeß« sagte. Denn für

ihn gab es nur den um die Minen von Aroa. Der Brief, den er in Guaduas an Don Gabriel Camacho diktierte, hinterließ bei seinem Neffen Fernando den unbestimmten Eindruck, daß sie nicht nach Europa führen, bis der Streit entschieden sei, und er äußerte das später, als er mit den anderen Soldaten Karten spielte.

»Dann fahren wir nie«, sagte Oberst Wilson. »Mein Vater hat sich schon gefragt, ob es dieses Kupfer wirklich gibt.«

»Daß niemand die Minen gesehen hat, heißt noch nicht, daß es sie nicht gibt«, erwiderte Hauptmann Andrés Ibarra.

»Es gibt sie«, sagte General Carreño. »Im Departement Venezuela.«

Wilson erwiderte verärgert:

»Inzwischen frage ich mich sogar, ob es Venezuela gibt.«

Er konnte seinen Mißmut nicht verbergen. Wilson war soweit, daß er glaubte, der General liebe ihn nicht und behalte ihn nur im Gefolge aus Rücksicht auf seinen Vater, dem er ewig dankbar dafür war, daß er im englischen Parlament die südamerikanische Unabhängigkeit verteidigt hatte. Durch die Indiskretion eines ehemaligen französischen Adjutanten wußte er, daß der General gesagt hatte: »Wilson fehlen noch ein paar Jahre auf der Schule der Schwierigkeiten, ja sogar der Fehlschläge und des Elends.« Ob er das wirklich gesagt hatte, konnte Oberst Wilson nicht feststellen, war aber auf alle

Fälle der Meinung, daß er sich schon aufgrund einer einzigen seiner Feldschlachten als Absolvent dieser drei Schulen fühlen konnte. Er war sechsundzwanzig Jahre alt, und sein Vater hatte ihn vor acht Jahren, nach Abschluß seiner Studien in Westminster und Sandhurst, in die Dienste des Generals geschickt. Er war sein Adjutant in der Schlacht von Junín gewesen, und derjenige, der den Entwurf der bolivianischen Verfassung auf Maultierrücken über einen dreihundertsechzig Meilen langen Bergpfad von Chuquisaca nach La Paz brachte. Beim Abschied hatte der General ihm gesagt, daß er spätestens in einundzwanzig Tagen in La Paz sein müsse. Wilson salutierte: »Exzellenz, ich werde in zwanzig dort sein.« Er brauchte neunzehn.
Er hatte beschlossen, mit dem General nach Europa zurückzukehren, doch mit jedem Tag wuchs seine Gewißheit, daß der General immer einen neuen Grund finden würde, die Reise hinauszuschieben. Daß er nun wieder von den Aroa-Minen gesprochen hatte, die ihm seit über zwei Jahren nicht mehr als Vorwand für irgend etwas gedient hatten, war für Wilson ein entmutigendes Indiz.
José Palacios hatte nach dem Diktat des Briefes das Bad aufwärmen lassen, doch der General stieg nicht hinein, sondern wanderte weiter ziellos umher und rezitierte dabei mit einer Stimme, die durch das ganze Haus hallte, das Poem vom Mädchen. Er fuhr mit selbstverfaßten Gedichten fort, die nur José Palacios kannte. Auf seinen Runden kam er mehr-

mals durch die Galerie, wo seine Offiziere Ropilla spielten, der kreolische Name für die galizische Cascarela, die er in früheren Zeiten auch gespielt hatte. Er blieb einen Augenblick stehen, schaute den Spielern über die Schulter zu, zog seine Schlüsse über den Stand der Partie und nahm seinen Spaziergang wieder auf.
»Ich verstehe nicht, wie ihr eure Zeit mit einem so langweiligen Spiel vergeuden könnt«, sagte er.
Bei einer der vielen Runden konnte er jedoch der Verlockung nicht widerstehen, er bat Hauptmann Ibarra, ihm seinen Platz am Spieltisch zu überlassen. Er hatte nicht die Geduld eines guten Spielers, er war aggressiv und ein schlechter Verlierer, aber er war auch listig und schnell und konnte sich auf seine Untergebenen einstellen. Bei dieser Gelegenheit spielte er mit General Carreño als Partner sechs Partien und verlor sie alle. Er schmiß die Karten auf den Tisch.
»Das ist ein Scheißspiel!« rief er. »Mal sehn, wer sich einen Tresillo zutraut.«
Sie spielten. Er gewann hintereinander drei Partien, seine Laune besserte sich, und er versuchte, Oberst Wilson und seine Art, Tresillo zu spielen, lächerlich zu machen. Wilson nahm es gelassen, nützte jedoch die Begeisterung des Generals aus, um für sich Vorteile herauszuholen, und verlor nicht wieder. Der General war angespannt, seine Lippen wurden hart und bleich, und seine eingesunkenen Augen unter den verfilzten Brauen gewannen das wilde

Leuchten aus vergangenen Zeiten zurück. Er sprach nicht mehr, und ein bösartiger Husten störte seine Konzentration. Kurz nach zwölf unterbrach er das Spiel.
»Die ganze Nacht über habe ich Gegenwind gehabt«, sagte er.
Sie trugen den Tisch an einen geschützteren Platz, aber er verlor weiter. Er bat, die Pikkoloflöten zum Schweigen zu bringen, die man ganz aus der Nähe von irgendeinem Fest hörte, aber die Flöten übertönten weiterhin den Lärm der Grillen. Er wechselte den Sitzplatz, ließ sich ein Kissen auf den Stuhl legen, um höher und bequemer zu sitzen, trank einen Lindenblütentee, der seinen Husten linderte, spielte, von einem Ende der Galerie zum anderen schreitend, mehrere Partien, verlor aber weiter. Wilson sah ihn erbittert und unverwandt mit seinen klaren Augen an, doch er ließ sich nicht dazu herab, ihm mit seinem Blick zu begegnen.
»Diese Karten sind gezinkt«, sagte er.
»Es sind Ihre eigenen«, sagte Wilson.
Es war tatsächlich eines seiner Spiele, dennoch untersuchte er es, Karte für Karte, und ließ es am Ende austauschen. Wilson gönnte ihm keine Atempause. Die Grillen verstummten, ein langes Schweigen breitete sich aus, von einer feuchten Brise durchzogen, die bis zur Galerie die ersten Gerüche der glühenden Täler trug, ein Hahn krähte dreimal. »Der Hahn ist verrückt«, sagte

Ibarra. »Es ist höchstens zwei Uhr.« Ohne den Blick von den Karten zu wenden, befahl der General in harschem Ton:
»Keiner bewegt sich von hier weg, verflucht!«
Niemand atmete. General Carreño, der das Spiel eher mit Sorge als mit Interesse verfolgte, erinnerte sich an die längste Nacht seines Lebens, als sie in Bucaramanga vor zwei Jahren auf die Ergebnisse der Konvention von Ocaña gewartet hatten. Um neun Uhr abends hatten sie zu spielen begonnen und um elf Uhr am nächsten Vormittag aufgehört, nachdem sich seine Spielpartner abgesprochen hatten, den General dreimal hintereinander gewinnen zu lassen. Carreño befürchtete in der Nacht von Guaduas eine neue Kraftprobe und machte Oberst Wilson ein Zeichen, mit dem Verlieren zu beginnen. Wilson achtete nicht darauf. Später, als dieser um eine Pause von fünf Minuten bat, folgte er ihm über die Terrasse und sah, wie er mit seinem ammoniakhaltigen Groll die Geranientöpfe goß.
»Oberst Wilson«, befahl General Carreño, »stillgestanden!«
Wilson antwortete, ohne den Kopf zu wenden:
»Warten Sie, bis ich fertig bin.«
Er pinkelte in aller Ruhe zu Ende und drehte sich, die Hose schließend, um.
»Fangen Sie an zu verlieren«, sagte General Carreño. »Und sei es nur aus Rücksicht auf einen ins Unglück geratenen Freund.«

»Ich weigere mich, irgend jemanden dermaßen zu kränken«, sagte Wilson mit einer ironischen Spitze.
»Das ist ein Befehl!« sagte Carreño.
Wilson, der Haltung angenommen hatte, schaute ihn aus seiner Höhe mit imperialer Geringschätzung an. Dann kehrte er zum Tisch zurück und begann zu verlieren. Der General bemerkte es.
»Das ist nicht nötig, daß Sie so schlecht spielen, mein lieber Wilson«, sagte er. »Schließlich ist es nur recht und billig, daß wir schlafen gehen.«
Er verabschiedete sich von allen mit einem kräftigen Händedruck, wie immer, wenn er vom Spieltisch aufstand, um zu zeigen, daß die Zuneigung nicht durch das Spiel gelitten hatte, und ging ins Schlafzimmer zurück. José Palacios war auf dem Boden eingeschlafen, richtete sich aber auf, als er ihn hereinkommen hörte. Der General zog sich hastig aus und begann, sich nackt in der Hängematte zu wiegen, aber seine Gedanken gaben keine Ruhe, und sein Atem wurde immer lauter und rauher, je mehr er nachdachte. Als er in die Badewanne eintauchte, zitterte er bis ins Mark, diesmal aber nicht vor Fieber oder Kälte, sondern aus Wut.
»Wilson ist ein Halunke«, sagte er.
Er verbrachte eine seiner schlimmsten Nächte. Entgegen seinen Befehlen, sagte José Palacios den Offizieren Bescheid, für den Fall, daß man einen Arzt würde holen müssen, und wickelte ihn dann in Bettücher, damit er das Fieber ausschwitze. Der General tränkte mehrere Laken und hatte nur kurze

Erholungspausen, nach denen er wieder in Halluzinationen fiel. Mehrmals schrie er: »Diese Flöten sollen verdammt noch mal Ruhe geben!« Doch diesmal konnte ihm keiner helfen, denn die Flöten schwiegen schon seit Mitternacht. Später fand er den Schuldigen an seinem Leiden.
»Ich habe mich sehr wohl gefühlt«, sagte er, »bis man mir die Geschichte von dem Scheißindio mit dem Hemd eingeflüstert hat.«
Die letzte Wegstrecke nach Honda führte über einen furchterregenden Berggrat in einer Luft wie aus flüssigem Glas, die nur ein Mensch mit seinem Willen und seiner körperlichen Widerstandskraft nach einer Nacht der Agonie aushalten konnte. Schon auf den ersten Meilen war er zurückgeblieben und aus der gewohnten Reihenfolge ausgeschert, um neben Oberst Wilson zu reiten. Dieser erkannte die Geste als Einladung, den Ärger am Spieltisch zu vergessen, und bot ihm den Arm wie ein Falkner, damit er seine Hand darauf stützen konnte. So meisterten sie gemeinsam den Weg in die Tiefe. Oberst Wilson war gerührt von seinem Entgegenkommen, und der General hielt sich schwer atmend mit letzter Kraft, jedoch unbesiegt, im Sattel. Als die steilste Strecke überwunden war, fragte er mit einer Stimme aus einem anderen Jahrhundert:
»Wie es wohl in London aussieht?«
Oberst Wilson sah in die Sonne, die fast mitten am Himmel stand, und sagte:
»Schlecht, mein General.«

Er war nicht überrascht, sondern fragte wieder mit der gleichen Stimme:
»Und warum das?«
»Weil es dort sechs Uhr abends ist, die schlimmste Stunde in London«, sagte Wilson. »Außerdem fällt wahrscheinlich ein schmutziger und toter Regen, wie Krötenwasser, denn der Frühling ist unsere scheußlichste Jahreszeit.«
»Sagen Sie nicht, Sie hätten das Heimweh besiegt«, sagte er.
»Im Gegenteil: Das Heimweh hat mich besiegt«, sagte Wilson. »Ich leiste ihm nicht mehr den geringsten Widerstand.«
»Also: Wollen Sie zurückkehren, oder wollen Sie nicht?«
»Ich weiß überhaupt nichts mehr, mein General«, sagte Wilson. »Ich bin einem Schicksal unterworfen, das nicht das meine ist.«
Der General sah ihm direkt in die Augen und sagte erstaunt:
»Das müßte ich sagen.«
Seine Stimme wie auch seine Stimmung hatten sich verändert, als er wieder sprach. »Machen Sie sich keine Sorgen«, sagte er. »Geschehe, was da wolle, wir fahren nach Europa, und sei es nur, um Ihren Vater nicht um das Vergnügen zu bringen, Sie zu sehen.« Nach einer nachdenklichen Pause schloß er: »Und lassen Sie mich noch ein Letztes sagen, mein lieber Wilson: Von Ihnen könnte man alles mögliche sagen, nur nicht, daß Sie ein Halunke sind.«

Oberst Wilson ergab sich ihm wieder einmal, seine ritterliche Reue, besonders nach einem Kartenunwetter oder einer siegreichen Schlacht, war ihm vertraut. Er ritt langsam weiter, die fiebrige Hand des ruhmreichsten Kranken von Amerika krallte sich wie die Klaue eines Jagdfalken in seinen Unterarm, während die Luft zu kochen begann und sie die Trauervögel, die um ihre Köpfe flatterten, wie Fliegen verscheuchen mußten.

Am schwierigsten Abschnitt des Berghangs begegneten sie einer Gruppe Indios, die einige Reisende aus Europa in Tragesitzen auf dem Rücken schleppten. Plötzlich, kurz vor Ende des Abstiegs, überholte sie ein Reiter in irrwitzigem Galopp. Er trug eine rote Kapuze, die sein Gesicht fast ganz verdeckte, und raste so zügellos, daß das Maultier von Hauptmann Ibarra scheute und beinahe abgestürzt wäre. Der General schrie ihm noch nach: »Schauen Sie auf Ihren Weg, verflucht!« Er folgte ihm mit den Augen, bis er ihn in der ersten Kurve aus dem Blick verlor, und beobachtete gebannt, wie der Reiter auf tiefergelegenen Windungen des Bergpfads wieder auftauchte.

Um zwei Uhr nachmittags erklommen sie den letzten Hügel, und der Horizont weitete sich vor ihnen zu einer leuchtenden Ebene, in der Ferne lag die berühmte Stadt Honda mit ihrer Brücke aus kastilischem Stein über dem großen sumpfigen Fluß, ihren verfallenen Stadtmauern und dem bei einem Erdbeben eingestürzten Kirchturm. Der General betrach-

tete das glühende Tal, keine Gefühlsregung war ihm anzumerken, außer für den Reiter mit der roten Kapuze, der gerade in seinem endlosen Galopp über die Brücke ritt. Dann brannte wieder das Licht des Traums in ihm.
»Gott der Armen«, sagte er. »Das einzige, was eine solche Hetze erklären könnte, wäre, daß er mit dem Brief unterwegs ist, der Casandro unsere Abreise meldet.«

Trotz der Anweisung, es solle bei seiner Ankunft keine öffentliche Kundgebung stattfinden, kam ein fröhlicher Reitertrupp, ihn am Hafen zu empfangen, zudem hatte der Gouverneur Posada Gutiérrez eine Musikkapelle bestellt und Feuerwerk für drei Tage vorbereitet. Doch der Regen vereitelte das Fest, noch bevor der Zug die Geschäftsstraßen erreicht hatte. Es war ein vorzeitiger Platzregen von vernichtender Gewalt, der das Steinpflaster aufriß und die Armenviertel überflutete. Die Hitze aber blieb davon unberührt. Im Durcheinander der Begrüßung machte jemand wieder einmal den ewig blöden Witz: »Hier ist es so heiß, daß die Hühner Spiegeleier legen.« Dieses gewohnte Debakel wiederholte sich variationslos an den drei folgenden Tagen. In der Lethargie der Siesta sank eine schwarze Wolke von den Anden herab, blieb über der Stadt stehen und öffnete sich in einer plötzlichen Sintflut. Gleich darauf strahlte die Sonne wieder mit derselben Gnadenlosigkeit wie zuvor am durchsichtigen Himmel, während Bürgerbrigaden den Unrat der Flut von den Straßen räumten und sich über den Berggipfeln die schwarze Wolke des nächsten Tages zusammenzog. Tag und Nacht hörte man drinnen wie draußen die Hitze ächzen.

Vom Fieber geschwächt, überstand der General

kaum das offizielle Willkommen. Die Luft kochte blasig im Saal der Bürgervertretung, aber mit einer Rede, die eines abgebrühten Bischofs würdig war, half er sich darüber hinweg, er sprach sehr langsam und mit schleppender Stimme, ohne sich aus dem Sessel zu erheben. Ein zehnjähriges Mädchen mit Engelsflügeln und Tüllvolants am Kleid sagte, vor Hast fast erstickend, eine Ode über die Ruhmestaten des Generals auf. Sie irrte sich aber, fing falsch wieder an, verhedderte sich heillos, wußte nicht, was tun, und richtete ihre Äugelchen voller Panik auf ihn. Der General lächelte ihr komplizenhaft zu und sagte ihr leise die Verse vor:

*Im Glanz seines Schwertes
scheint lebhaft sein Ruhm auf.*

In den ersten Jahren der Macht ließ der General keine Gelegenheit vorübergehen, üppige Massenbanketts zu geben, und ermunterte dabei seine Gäste, bis zur Bewußtlosigkeit zu essen und zu trinken. Aus jener herrlichen Zeit hatte er sein Privatbesteck mit eingraviertem Monogramm behalten, das ihm José Palacios zu den Einladungen mitbrachte. Bei dem Empfang in Honda nahm er den Ehrenplatz am Tisch an, trank jedoch nur ein Glas Portwein und kostete gerade einmal von der Flußschildkrötensuppe, von der ihm ein unseliger Nachgeschmack blieb.

Er zog sich früh in das Sanktuarium zurück, das

Oberst Posada Gutiérrez für ihn in seinem Haus hergerichtet hatte, doch die Nachricht, man erwarte am nächsten Tag Post aus Santa Fe, verscheuchte das bißchen Müdigkeit, das er verspürte. Nach dreitägiger Schonfrist dachte er, von den Sorgen eingeholt, wieder an sein Unglück und bestürmte José Palacios erneut mit selbstquälerischen Fragen. Er wollte wissen, was seit seiner Abreise geschehen war, wie die Stadt unter einer anderen Regierung als der seinen wohl aussähe, wie das Leben ohne ihn verlaufe. Bei irgendeinem trübsinnigen Anlaß hatte er einmal gesagt: »Amerika ist ein halber Globus, der verrückt spielt.« In jener ersten Nacht in Honda hätte er noch mehr Grund gehabt, das zu glauben.
Er blieb wach, von den Schnaken gepeinigt, denn er weigerte sich, unter einem Moskitonetz zu schlafen. Mal wanderte er im Zimmer auf und ab und redete mit sich selbst, mal schaukelte er mit weiten Schwüngen in der Hängematte, mal rollte er sich, vom Fieber überwältigt, in seine Decke und phantasierte fast schreiend in einem Sumpf von Schweiß. José Palacios wachte mit ihm, antwortete auf seine Fragen, sagte ihm alle Augenblicke die Uhrzeit mit genauer Minutenangabe, ohne auf seine zwei Taschenuhren sehen zu müssen, deren Ketten er an den Knopflöchern der Weste befestigt hatte. Er wiegte ihm die Hängematte, wenn der General keine Kraft hatte, sie selbst in Schwung zu bringen, und verscheuchte die Mücken mit einem Lappen, bis es ihm gelang, ihn für eine gute Stunde zum

Schlafen zu bringen. Kurz vor Tagesanbruch schreckte der General jedoch plötzlich hoch, als er den Lärm von Männerstimmen und Maultieren im Hof hörte, und ging im Nachthemd hinaus, um die Post entgegenzunehmen.

Mit dem Trupp kam auch der junge Hauptmann Agustín de Iturbide, sein mexikanischer Adjutant, der im letzten Augenblick in Santa Fe hatte zurückbleiben müssen. Er brachte einen Brief von Marschall Sucre, eine einzige tiefempfundene Klage, nicht rechtzeitig zum Abschied dagewesen zu sein. Mit der Post kam auch ein zwei Tage alter Brief von Vizepräsident Caycedo. Als Gouverneur Posada Gutiérrez kurz darauf mit Ausschnitten aus den Sonntagsblättern das Schlafzimmer betrat, bat der General ihn darum, ihm die Briefe vorzulesen, da das Licht zu schwach für seine Augen war.

Es gab die Neuigkeit, daß es in Santa Fe am Sonntag aufgeklart hatte und zahlreiche Familien mit ihren Kindern auf die Weidegründe gezogen waren, Körbe voll gebratenen Spanferkeln, geschmortem Bauchfleisch, Reisblutwürsten und mit Käse überbackenen Kartoffeln mitgebracht hatten, um im Gras ein Picknick unter einer strahlenden Sonne zu machen, die man in der Stadt seit Urzeiten nicht mehr gesehen hatte. Durch dieses Maiwunder hatte sich die Nervosität vom Samstag gelegt. Die Studenten des Colegio de San Bartolomé waren wieder mit ihrem altbekannten Schwank der allegorischen Exekutionen auf die Straße gegangen, hatten jedoch

keinerlei Resonanz gefunden. Vor Einbruch der Nacht gingen sie gelangweilt auseinander, und am Sonntag tauschten sie die Flinten gegen *tiples,* die kleinen Gitarren, auf denen sie Volksweisen spielten und dazu inmitten der Leute sangen, die sich auf der Wiese von der Sonne wärmen ließen, bis um fünf Uhr nachmittags ohne Vorwarnung der Regen wieder einsetzte und das Fest ein Ende hatte.
Posada Gutiérrez unterbrach die Lektüre des Briefes.
»Nichts auf dieser Welt kann Ihren Ruhm noch trüben«, sagte er zum General. »Die können sagen, was sie wollen, bis in die fernsten Winkel des Planeten ist und bleibt Eure Exzellenz der größte aller Kolumbianer.«
»Das bezweifle ich nicht«, sagte der General, »es hat ja schon genügt, daß ich ging, um die Sonne wieder scheinen zu lassen.«
Das einzige, was ihn an dem Brief empörte, war, daß selbst der Vizepräsident der Republik den Fehler beging, die Anhänger von Santander Liberale zu nennen, als sei das ein offizieller Begriff. »Ich weiß nicht, woher die Demagogen das Recht nehmen, sich Liberale zu nennen«, sagte er. »Sie haben das Wort gestohlen, nicht mehr und nicht weniger, wie sie alles stehlen, was ihnen zwischen die Finger kommt.« Er sprang aus der Hängematte und machte sich weiter bei dem Gouverneur Luft, während er das Zimmer von einem Ende zum anderen mit seinem Soldatenschritt durchmaß.

»In Wahrheit gibt es hier keine Parteien, nur solche, die für mich sind, und solche, die gegen mich sind, und Sie wissen das besser als jeder andere«, schloß er. »Und wenn die es auch nicht glauben, niemand ist liberaler als ich.«

Ein persönlicher Bote des Gouverneurs brachte ihm später die mündliche Botschaft, Manuela Sáenz habe ihm nicht geschrieben, weil die Post strikte Anweisung habe, ihre Briefe nicht anzunehmen. Die Botschaft kam von Manuela selbst, die am selben Tag wegen des Verbots ein Protestschreiben an den Vizepräsidenten richtete, und dies war der Anfang einer Reihe von wechselseitigen Provokationen, die für sie mit Verbannung und Vergessen enden sollte. Aber anders als Posada Gutiérrez erwartet hatte, der die Bedrängnisse dieser geprüften Liebe aus nächster Nähe kannte, lächelte der General über die schlechte Nachricht.

»Solche Konflikte gehören zum Naturzustand meiner liebenswerten Närrin«, sagte er.

José Palacios machte kein Hehl aus seinem Ärger über die mangelnde Rücksichtnahme, mit der die drei Tage in Honda verplant wurden. Besonders überraschend war die Einladung zu einem Ausflug zu den sechs Meilen entfernten Silberminen von Santa Ana, überraschender allerdings war, daß der General sie annahm, und noch viel überraschender, daß er in einen unterirdischen Stollen hinabstieg. Schlimmer noch: Auf dem Rückweg schwamm er trotz hohen Fiebers und Kopfschmerzen, die ihm fast den Schädel sprengten, in einem stillen Becken des Flusses. Fern waren die Tage, da er gewettet hatte, mit einer festgebundenen Hand eine Stromschnelle zu durchqueren und auch so noch den geschicktesten Schwimmer zu besiegen. Diesmal schwamm er immerhin eine halbe Stunde, ohne zu ermüden, wer ihn aber mit seinen mageren Hunderippen und seinen rachitischen Beinen sah, konnte nicht verstehen, daß er mit so wenig Leib noch am Leben war.

Am letzten Abend gab der Stadtrat einen Galaball für ihn, er entschuldigte sich jedoch mit der Erschöpfung nach dem Ausflug und zog sich um fünf Uhr nachmittags in sein Schlafzimmer zurück, diktierte Fernando eine Antwort an General Domingo Caycedo und ließ sich noch ein paar Seiten von den galanten Abenteuern aus Lima vorlesen, deren Held er in einigen Fällen selbst gewesen war. Er nahm das lauwarme Bad, und während er dann still in der Hängematte lag, hörte er im Wind Musikfetzen von dem Ball zu seinen Ehren. José Palacios hatte geglaubt, er schliefe, als er ihn sagen hörte:

»Erinnerst du dich an diesen Walzer?«

Er pfiff mehrere Takte, um bei seinem Hofmeister die Erinnerung an die Musik zu wecken, doch dieser erkannte sie nicht.

»In der Nacht, als wir von Chuquisaca nach Lima kamen, war das der meistgespielte Walzer«, sagte der General. José Palacios konnte sich nicht erinnern, die Siegesnacht vom 8. Februar 1826 würde er jedoch nie vergessen. Lima hatte ihnen an jenem Morgen einen kaiserlichen Empfang bereitet, den der General mit einem Satz quittierte, den er unweigerlich bei jedem Trinkspruch wiederholte: »Im weiten peruanischen Land gibt es keinen einzigen Spanier mehr.« An jenem Tag war die Unabhängigkeit des unermeßlichen Kontinents besiegelt worden, den er nach seinen eigenen Worten in den größten, außerordentlichsten oder stärksten Staatenbund verwandeln wollte, den es bis zu jenem Tag auf der Erde gegeben hatte. Seine Gefühle während des Festes blieben für ihn an den Walzer gebunden, den er so oft wiederholen ließ, bis auch nicht eine einzige der Damen Limas ihn nicht mit ihm getanzt hatte. Seine Offiziere, in den prächtigsten Uniformen, die in der Stadt zu sehen waren, folgten seinem Beispiel, so weit ihre Kräfte reichten, sie waren alle vortreffliche Walzertänzer und sollten in den Herzen ihrer Partnerinnen viel länger überdauern als die Ruhmestaten des Krieges.

Am letzten Abend in Honda wurde der Ball mit dem Siegeswalzer eröffnet, und der General wartete in seiner Hängematte darauf, daß der Tanz wiederholt werde. Als man ihn dann aber nicht erneut spielte, stand er plötzlich auf, zog sich die Reitkleidung an, die er schon auf dem Ausflug zu den Minen getragen hatte, und erschien ohne Ankündigung auf dem Ball. Er tanzte fast drei Stunden lang und ließ das Stück jedesmal spielen, wenn er die

Partnerin wechselte, vielleicht der Versuch, den Glanz alter Zeiten aus der Asche seiner Erinnerung auferstehen zu lassen. Fern waren die hoffnungsfrohen Jahre, als alle erschöpft aufgaben, während nur er mit der letzten Partnerin bis zum Morgenrot im leeren Saal weitertanzte. Denn Tanzen war für ihn eine so tiefgehende Leidenschaft, daß er auch ohne Partnerin tanzte, wenn keine da war, oder selbst pfiff, um danach tanzen zu können, und großen Jubel drückte er dadurch aus, daß er auf den Eßtisch stieg und dort tanzte. Am letzten Abend in Honda hatten seine Kräfte schon so nachgelassen, daß er sich in den Pausen erholen mußte und den Dunst des mit Kölnisch Wasser getränkten Taschentuchs einsog, dennoch tanzte er mit einer solchen Begeisterung und jugendlichen Bravour, daß er ungewollt das Gerücht, er sei todkrank, widerlegte.

Als er kurz nach Mitternacht heimkam, teilte man ihm mit, eine Frau warte im Empfangszimmer auf ihn. Sie war elegant und stolz und verströmte einen frühlingshaften Duft. Sie trug Samt, lange Ärmel bis zum Handgelenk und Reitstiefel aus feinstem Korduanleder und dazu einen mittelalterlichen Damenhut mit einem seidenen Schleier. Der General, verwundert über Art und Stunde des Besuchs, verbeugte sich förmlich vor ihr. Ohne ein Wort zu sagen, hielt sie ihm ein Medaillon vor die Augen, das sie an einer langen Kette um den Hals trug. Er erkannte es mit Staunen:

»Miranda Lindsay!« rief er.

»Das bin ich«, sagte sie, »auch wenn ich nicht mehr dieselbe bin.«

Die Stimme, tief und warm wie ein Cello und nur leicht von einer flüchtigen Spur ihrer englischen Muttersprache getönt, mußte unwiederbringliche Erinnerungen in ihm wecken. Mit einer Handbewegung ließ er die Wache abtreten, die ihn von der Tür aus beschützte, setzte sich der Frau gegenüber, so nah, daß sich ihre Knie beinahe berührten, und nahm ihre Hände.

Sie hatten sich vor fünfzehn Jahren in Kingston, wo er sein zweites Exil überstand, bei einem formlosen Mittagessen im Haus des englischen Kaufmanns Maxwell Hyslop kennengelernt. Sie war die einzige Tochter von Sir London Lindsay, einem englischen Diplomaten, der sich hatte pensionieren lassen, um auf einer Zuckerfarm in Jamaika seine Memoiren zu schreiben, sechs Bände, die dann keiner las. Trotz der unübersehbaren Schönheit von Miranda Lindsay und des offenen Herzens des jungen Verbannten war dieser damals zu sehr in seine Träume versunken, zu sehr auch von einer anderen gebannt gewesen, um irgend jemanden zu beachten.

Sie sollte an ihn immer als an einen Mann denken, der sehr viel älter als seine zweiunddreißig Jahre wirkte, knochig und bleich war, mit dem drahtigen Schnurrbart und den krausen Koteletten eines Mulatten und schulterlangem Haar. Er war wie die jungen Männer der kreolischen Aristokratie englisch gekleidet, mit einer weißen Krawatte und einer für das Klima zu schweren Jacke, dazu die Gardenie der Romantiker im Knopfloch. In diesem Aufzug war er in einer freizügigen Nacht des Jahres 1810 von einer Edeldirne in einem Londoner Bordell mit einem griechischen Päderasten verwechselt worden. Am eindrucksvollsten waren, im Guten wie im Schlechten, seine brennenden Augen und der erschöpfend unerschöpfliche Redefluß im gereizten Ton eines Raubvogels. Am eigentümlichsten war, daß er die Lider gesenkt hielt und die Aufmerksamkeit seiner Tischnachbarn fesselte, ohne sie anzusehen. Er redete mit der Aussprache und dem Tonfall der Kanarischen Inseln und in den gebildeten Wendungen des Madrider Dialekts und wechselte an jenem Tag zuweilen in ein einfaches, doch verständliches Englisch, zu Ehren zweier Gäste, die kein Spanisch verstanden.

Während des Mittagessens widmete er sich nur seinen eigenen Hirngespinsten. Er sprach ohne Pause, in einem gelehrten und deklamatorischen Stil, gab noch unausgegorene prophetische Sentenzen von sich, von denen viele in der historischen Proklamation stehen sollten, die einige Tage später in einer Zeitung von Kingston veröffentlicht wurde und als *Der Brief von Jamaika* in die Geschichte einging. »Nicht die Spanier, sondern unsere eigene Uneinigkeit hat uns erneut in die Sklaverei getrieben«, sagte er. Er sprach von der Größe, den Möglichkeiten und Talenten Amerikas und wiederholte mehrmals: »Wir sind ein kleines Menschengeschlecht.« Wieder daheim fragte der Vater Miranda, was sie denn von dem Verschwörer halte, der die spanischen Agenten auf der Insel dermaßen beunruhigte, und sie ließ ihn auf einen Satz zusammenschrumpfen: »*He feels he's Bonaparte.*«

Tage später bekam er eine ungewöhnliche Botschaft mit genauesten Anweisungen: Er solle sie am nächsten Samstag um neun Uhr abends an einem unbewohnten Ort treffen und allein und zu Fuß kommen. Diese Aufforderung brachte nicht nur sein Leben in Gefahr, sondern auch das Schicksal Amerikas, denn zu jenem Zeitpunkt war er die letzte Hoffnung eines niedergeschlagenen Aufstands. Nach fünf Jahren einer gefährdeten Unabhängigkeit hatte Spanien soeben die Gebiete des Vizekönigtums von Neugranada und des Generalkapitanats Venezuela zurückerobert, die den brutalen Angriffen von General Pablo Morilla, »Der Friedensbringer« genannt, nicht hatten widerstehen können. Die Befehlshoheit der Patrioten war durch die einfache Formel aufgehoben worden, jeder, der lesen und schreiben könne, werde gehenkt.

Von der Generation der gebildeten Kreolen, die von Mexiko bis zum Río de la Plata den Samen der Unabhängigkeit ausgestreut hatten, war er der Überzeugteste, der Zäheste, der Weitsichtigste und auch derjenige, der politisches Gespür mit militärischer Intuition am besten verband. Er hatte ein Haus gemietet, zwei Räume, dort wohnte er zusammen mit seinen Feldadjutanten und zwei ehemaligen

Sklaven, Jünglinge noch, die ihm auch nach der Freilassung weiter dienten, sowie mit José Palacios. Sich zu Fuß zu einem ungewissen Rendezvous wegzustehlen, nachts und ohne Eskorte, war nicht nur ein unnötiges Risiko, sondern eine Torheit von historischem Ausmaß. Aber so lieb ihm auch sein Leben und seine Sache waren, erschien ihm doch nichts verlockender als das Geheimnis einer schönen Frau.
Miranda wartete zu Pferd am angegebenen Ort, auch sie war allein; sie ließ ihn hinter sich aufsitzen und ritt mit ihm über einen unsichtbaren Pfad. Regen drohte mit Blitzen und fernem Donner über dem Meer. Eine Meute dunkler Hunde heftete sich an die Beine des Pferds, hechelte in der Finsternis, doch sie hielt sie murmelnd mit einlullenden englischen Worten in Schach. Sie kamen dicht an der Zuckerrohrplantage vorbei, wo Sir London Lyndsay die Erinnerungen niederschrieb, die niemand außer ihm erinnern sollte, ritten durch einen steinigen Bach und drangen auf der anderen Seite in einen Pinienwald, an dessen Ende eine verlassene Wallfahrtskapelle lag. Dort saßen sie ab, und sie führte ihn an der Hand durch das dunkle Bethaus bis zu der verfallenen Sakristei, die von einer ins Gemäuer gesteckten Fackel spärlich erleuchtet war. Es gab keine Möbel, nur zwei mit der Axt behauene Baumstümpfe. Erst jetzt sahen sie einander richtig. Er war in Hemdsärmeln gekommen, hatte das Haar mit einem Band im Nacken wie einen Pferdeschwanz

zusammengebunden, und er wirkte auf Miranda jünger und anziehender als bei dem Mittagessen.
Er machte keinen Annäherungsversuch, seine Verführungsmethode gehorchte keinen Regeln, jeder Fall war anders, insbesondere der erste Schritt. »Ein Fehler in den Präambeln der Liebe ist nicht wiedergutzumachen«, hatte er gesagt. In diesem Fall war er in der Überzeugung gekommen, alle Hindernisse seien schon aus dem Weg geräumt, da es ihr Entschluß gewesen war.
Er irrte sich. Außer ihrer Schönheit hatte Miranda auch eine Würde, der man sich nicht leicht entziehen konnte, so daß einige Zeit verging, bis er einsah, daß er auch dieses Mal die Initiative ergreifen mußte. Sie hatte ihn aufgefordert, sich zu setzen, und sie taten es genau so, wie sie es fünfzehn Jahre später in Honda tun sollten, einander gegenüber auf den behauenen Baumstümpfen und so nah, daß sich ihre Knie beinahe berührten. Er nahm ihre Hände, zog sie zu sich heran und versuchte, sie zu küssen. Sie ließ ihn so nahe kommen, bis sie die Wärme seines Atems spürte und wandte dann das Gesicht ab.
»Alles kommt zu seiner Zeit«, sagte sie.
Der gleiche Satz beendete die wiederholten Versuche, die er später unternahm. Um Mitternacht, als der Regen durch die Löcher im Dach zu dringen begann, saßen sie sich immer noch gegenüber, hielten sich die Hände, während er ihr eines seiner Gedichte rezitierte, das er zu der Zeit im Gedächtnis

entwarf. Es waren wohlgemessene und gereimte Stanzen, in denen sich Liebeswerben und Kriegsbegeisterung verbanden. Sie war bewegt und nannte beim Versuch, den Autor zu erraten, drei Namen.
»Es ist von einem Soldaten«, sagte er.
»Von einem Kriegssoldaten oder einem Salonsoldaten?« fragte sie.
»Beides«, sagte er. »Der größte und einsamste, den es je gegeben hat.«
Ihr fiel ein, was sie zu ihrem Vater nach dem Mittagessen bei Mr. Hyslop gesagt hatte.
»Dann kann es nur von Bonaparte sein«, sagte sie.
»Fast«, sagte der General, »aber der moralische Unterschied ist gewaltig, denn der Autor des Gedichts hat sich nicht krönen lassen.«
Die Jahre vergingen, und jedesmal, wenn sie etwas Neues über ihn hörte, hatte sie sich mit wachsendem Staunen gefragt, ob er sich bewußt gewesen war, daß er mit jenem kecken Einfall eine Vorausdeutung seines Lebens gegeben hatte. In jener Nacht aber hatte sie derartiges nicht einmal vermutet, so beschäftigt war sie mit der nahezu unlösbaren Aufgabe, ihn zu halten, ohne ihn zu verstimmen und vor seinen Attacken kapitulieren zu müssen, die um so drängender wurden, je näher der Morgen rückte. Sie erlaubte ihm schließlich ein paar flüchtige Küsse, aber nicht mehr.
»Alles kommt zu seiner Zeit«, sagte sie.
»Um drei Uhr nachmittags fahre ich für immer mit dem Postschiff nach Haiti«, sagte er.

Sie durchkreuzte seine List mit einem bezaubernden Lachen.
»Zum einen fährt das Postschiff erst am Freitag«, sagte sie. »Und außerdem müssen Sie die Pastete, die Sie gestern bei Mrs. Turner bestellt haben, heute abend der Dame zum Abendessen mitbringen, die mich auf der Welt am meisten haßt.«
Die Dame, die sie auf der Welt am meisten haßte, hieß Julia Cobier und war schön und reich und, aus der Dominikanischen Republik kommend, ebenfalls auf Jamaika verbannt. In ihrem Haus war er, wie man sich erzählte, mehr als einmal zum Schlafen geblieben. Am kommenden Abend wollten sie zu zweit ihren Geburtstag feiern.
»Sie sind besser informiert als meine Spione«, sagte er.
»Und warum nicht gleich annehmen, daß ich eine Ihrer Spioninnen bin?« sagte sie.
Er begriff das erst um sechs Uhr früh, als er zu seinem Haus zurückkam und seinen Freund Félix Amestoy tot, verblutet in der Hängematte liegen sah, in der er selbst gelegen hätte, wäre nicht das unechte Rendezvous gewesen. Der Schlaf hatte den Freund übermannt, während er mit einer dringenden Nachricht auf seine Rückkehr wartete, und einer der freigelassenen Diener, der von den Spaniern angeheuert worden war, hatte ihn im Glauben, es sei der General, mit elf Messerstichen getötet. Miranda hatte von den Attentatsplänen gewußt, und es war ihr nichts Klügeres eingefallen, um sie zu

vereiteln. Er versuchte, ihr persönlich dafür zu danken, doch sie antwortete nicht auf seine Botschaften. Bevor er auf einem Korsarenschoner nach Port au Prince abreiste, ließ er ihr durch José Palacios das kostbare Medaillon überbringen, das er von seiner Mutter geerbt hatte, begleitet von einem Billett mit einer einzigen Zeile ohne Unterschrift:
»Ich bin zu einem Theaterschicksal verdammt.«
Unvergeßlich und nie ganz begreiflich blieb für Miranda der Satz des jungen Kriegers, der in den folgenden Jahren mit Hilfe von General Pétion, dem Präsidenten der freien Republik Haiti, in sein Land zurückkehrte, die Anden mit einem berittenen Haufen barfüßiger Flachlandbewohner überquerte, die royalistischen Kräfte an der Brücke von Boyacá besiegte und zum zweiten Mal und für immer Neugranada befreite, dann Venezuela, sein Geburtsland, und schließlich die schroffen Gebiete des Südens bis zu den Grenzen des Kaiserreichs Brasilien. Sie folgte seinen Spuren, vor allem in den Berichten der Reisenden, die nicht müde wurden, von seinen Heldentaten zu erzählen. Als die Unabhängigkeit der ehemaligen spanischen Kolonien vollzogen war, heiratete Miranda einen englischen Landvermesser, der seinen Beruf aufgab und sich in Neugranada niederließ, um im Tal von Honda die Zuckerrohrschößlinge aus Jamaika anzubauen. Dort hatte sie am Tag zuvor gehört, ihr alter Bekannter, der Verbannte von Kingston, halte sich nur drei Meilen von ihrem Haus entfernt auf. Sie erreichte die Minen

jedoch erst, als der General schon auf dem Rückweg nach Honda war, und mußte noch einen halben Tag weiterreiten, um ihn einzuholen.
Sie hätte ihn mit seinem schütteren weißen Haar, ohne die Koteletten und den jugendlichen Schnurrbart auf der Straße nicht wiedererkannt, und der Ausdruck unaufhaltsamer Auflösung in seinem Gesicht erzeugte in ihr das beklemmende Gefühl, mit einem Toten zu sprechen. Miranda hatte sich vorgenommen, den Schleier abzunehmen, sobald sie der Gefahr entronnen war, auf der Straße erkannt zu werden, und mit ihm sprach, aber die Angst, auch er könne in ihrem Gesicht die Verwüstungen der Zeit entdecken, hinderte sie daran. Sie hatten kaum die einleitenden Förmlichkeiten beendet, als sie direkt auf ihr Anliegen zu sprechen kam:
»Ich bin hier, um Sie um einen Gefallen zu bitten.«
»Ganz der Ihre«, sagte er.
»Der Vater meiner fünf Kinder büßt eine lange Strafe ab, weil er einen Mann getötet hat«, sagte sie.
»Ehrenvoll?«
»Im offenen Duell«, sagte sie und erklärte sogleich: »Aus Eifersucht.«
»Grundlos, versteht sich«, sagte er.
»Begründet«, sagte sie.
Aber das alles, ihn eingeschlossen, gehöre jetzt der Vergangenheit an, und sie bäte ihn einzig und allein darum, daß er aus Barmherzigkeit seinen Einfluß

geltend mache, um der Gefangenschaft ihres Mannes ein Ende zu bereiten. Ihm fiel dazu nichts als die Wahrheit ein:

»Ich bin krank und hilflos, wie Sie sehen, aber es gibt nichts auf dieser Welt, was ich für Sie nicht täte.«

Er ließ Hauptmann Ibarra kommen, damit er sich die Daten zu dem Fall notiere, und versprach zu tun, was in seiner geminderten Macht stand, um die Begnadigung zu erwirken. In jener Nacht noch hatte er einen Gedankenaustausch mit General Posada Gutiérrez, streng vertraulich und ohne etwas schriftlich niederzulegen, es mußte jedoch alles so lange in der Schwebe bleiben, bis der Kurs der neuen Regierung bekannt war. Er begleitete Miranda bis zur Vorhalle des Hauses, wo eine Eskorte von sechs Freigelassenen auf sie wartete, und nahm mit einem Handkuß von ihr Abschied.

»Es war eine glückliche Nacht«, sagte sie.

Er konnte der Versuchung nicht widerstehen:

»Diese oder jene?«

»Beide«, sagte sie.

Sie stieg auf ein gutes, ausgeruhtes Pferd, das gezäumt war wie das eines Vizekönigs, und ritt in gestrecktem Galopp davon, ohne sich noch einmal nach ihm umzudrehen. Er wartete beim Portal, bis er sie am Ende der Straße aus den Augen verlor, sah sie aber noch in seinen Träumen, als José Palacios ihn im Morgengrauen für den Aufbruch zur Flußreise weckte.

Vor sieben Jahren hatte er dem deutschen Kommodore Juan B. Elbers das Sonderprivileg verliehen, die Dampfschiffahrt einzuführen. Er selbst war, unterwegs nach Ocaña, auf einem der Schiffe von Barranca Nueva nach Puerto Real gefahren und hatte erkannt, daß dies eine bequeme und sichere Art zu reisen war. Kommodore Elbers war jedoch der Meinung, daß das Geschäft sich nicht rentiere, wenn es nicht auf eine Exklusivlizenz gestützt sei, und diese wurde ihm von General Santander, als der stellvertretender Präsident war, ohne weitere Bedingungen zugestanden. Zwei Jahre später hatte der General, vom Nationalkongreß mit absoluten Machtbefugnissen ausgestattet, den Vertrag mit einer seiner prophetischen Sentenzen aufgelöst: »Wenn wir den Deutschen das Monopol lassen, werden sie es irgendwann den Vereinigten Staaten übertragen.« Später erklärte er die völlige Freiheit der Flußschiffahrt im ganzen Land. Als er dann für den Fall, daß er sich zur Abreise entschlösse, ein Dampfschiff bestellen wollte, begegnete man ihm hinhaltend und mit ausweichendem Gerede, das nach Vergeltung schmeckte, und in der Stunde der Abfahrt mußte er sich mit den üblichen alten Champanes zufriedengeben.

Der Hafen war seit fünf Uhr morgens mit Leuten zu Fuß und zu Pferd bevölkert, die vom Gouverneur in aller Eile aus den Nachbardörfern zusammengetrommelt worden waren, um einen Abschied wie in anderen Zeiten vorzuspiegeln. Zahlreiche Kanus

fuhren an der Anlegestelle umher, beladen mit leichten Mädchen, die schreiend die Wachsoldaten provozierten und als Antwort obszöne Komplimente bekamen. Der General erschien um sechs Uhr mit der offiziellen Abordnung. Er war zu Fuß und sehr langsam vom Haus des Gouverneurs gekommen, vor Mund und Nase das mit Kölnisch Wasser getränkte Taschentuch.
Ein wolkenverhangener Tag kündigte sich an. Die Läden in der Geschäftsstraße waren seit Tagesanbruch geöffnet, und in manchen wurden die Kunden fast im Freien bedient, zwischen den Skeletten der Häuser, die vor zwanzig Jahren ein Erdbeben zerstört hatte. Der General winkte jenen mit dem Taschentuch, die ihn von den Fenstern aus grüßten, aber das waren die wenigsten, denn die Mehrzahl war über seine schlechte Verfassung erschrocken und schwieg, als er vorbeiging. Er war in Hemdsärmeln, trug sein einziges Paar Wellington-Stiefel und einen weißen Strohhut. Im Vorhof der Kirche war der Pfarrer auf einen Stuhl gestiegen, um eine Ansprache zu halten, General Carreño hinderte ihn jedoch daran. Der General kam heran und drückte dem Priester die Hand.
Als sie um die Straßenecke bogen, hätte er auf einen Blick erkennen können, daß er die Steigung nicht schaffen würde, dennoch begann er am Arm von General Carreño den Aufstieg, bis er offensichtlich nicht mehr konnte. Sie wollten ihn

überreden, sich auf einen Tragesessel zu setzen, den Posada Gutiérrez für den Notfall bereithielt.
»Nein, General, ich flehe Sie an«, sagte er entsetzt. »Ersparen Sie mir diese Demütigung.«
Mehr mit der Kraft des Willens als mit der des Körpers kam er hinauf und war noch beherzt genug, ohne Hilfe zur Anlegestelle hinunterzusteigen. Dort verabschiedete er sich mit freundlichen Worten von jedem einzelnen Mitglied der offiziellen Abordnung. Und tat es mit einem gespielten Lächeln, damit keiner ihm anmerke, daß er an jenem 15. Mai der unvermeidlichen Rosen die Rückreise ins Nichts antrat. Zur Erinnerung gab er dem Gouverneur Posada Gutiérrez eine goldene Medaille mit seinem eingravierten Profil, dankte ihm für seine Gefälligkeiten laut genug, um von allen gehört zu werden, und umarmte ihn wahrhaft bewegt. Dann erschien er am Heck des Bootes und schwenkte zum Abschied seinen Hut, sah dabei niemand Bestimmtes aus den am Ufer winkenden Gruppen an und bemerkte weder das Gedränge der Kanus um die Boote noch die nackten Kinder, die wie die Alsen unter Wasser schwammen. Er schwenkte weiter den Hut auf den immer gleichen Punkt zu, mit einem abwesenden Gesichtsausdruck, bis nichts mehr zu sehen war als der Stumpf des Kirchturms über den eingestürzten Festungsmauern. Dann ging er unter das Zeltdach des Boots, setzte sich in die Hängematte und streckte die Beine aus; José Palacios sollte ihm helfen, die Stiefel auszuziehen.

»Mal sehen, ob sie jetzt glauben, daß wir gegangen sind«, sagte er.

Die Flotte bestand aus acht Champanes verschiedener Größe und einem Extraboot für ihn und sein Gefolge, mit einem Steuermann am Heck und acht Männern, die das Boot mit Rudern aus Gujakholz vorwärts bewegten. Im Unterschied zu den üblichen Champanes, die im Mittelteil ein Palmendach für die Fracht hatten, war auf diesem ein Segeltuchzelt aufgeschlagen, um eine Hängematte im Schatten anbringen zu können. Innen war das Zelt mit Kattun bespannt und mit Strohmatten ausgelegt, und man hatte vier Fenster ausgeschnitten, um mehr Licht und Luft hereinzulassen. Sie hatten ihm einen kleinen Tisch zum Schreiben oder Kartenspielen hineingestellt, ein Regal für die Bücher und einen irdenen Krug mit einem Steinfilter. Der Verantwortliche für die Flotte, ausgewählt unter den besten des Flusses, hieß Casildo Santos, war vormals Hauptmann des Bataillons der Gardeschützen gewesen, hatte eine Donnerstimme, eine Piratenklappe über dem linken Auge und eine eher verwegene Auffassung von seinem Amt.

Der Mai war der erste günstige Monat für die Dampfer des Kommodore Elbers, doch waren diese günstigen Monate nicht die besten für die Champanes. Die tödliche Hitze, die biblischen Unwetter, die trügerischen Strömungen, die Bedrohung durch wilde Tiere und Ungeziefer in der Nacht, alles schien sich gegen das Wohlergehen der Passagiere verschworen zu haben. Eine zusätzliche Qual für jemanden, den schlechte Gesundheit empfindlich gemacht hatte, war der Gestank der Streifen gesalzenen Fleischs sowie der Räucherfische, die man versehentlich am Dach des Präsidentenboots aufgehängt hatte und die er, als er sie beim Einschiffen entdeckte, sofort entfernen ließ. Kapitän Santos war nun klar, daß der General nicht einmal den Geruch von Nahrung ertragen konnte, und er schickte daher das Proviantboot, auf dem auch Käfige mit lebenden Hühnern und Schweine mitgeführt wurden, an das Ende der Flotte. Vom ersten Tag der Flußfahrt an, als der General mit großem Genuß zwei Teller Brei aus jungem Mais hintereinander verspeist hatte, war ausgemacht, daß er die Fahrt über nichts anderes essen würde.

»Das schmeckt wie von der Zauberhand Fernanda VII. zubereitet«, sagte er.

So war es. Seine Privatköchin der letzten Jahre, Fernanda Barriga aus Quito, die er Fernanda VII. nannte, wenn sie ihn zwang, etwas zu essen, was er nicht wollte, war ohne sein Wissen an Bord gekommen. Sie war eine gutmütige Indianerin, dick und schwatzhaft, deren größte Tugend nicht in der Schmackhaftigkeit ihrer Küche lag, sondern in ihrem Instinkt dafür, wie der General bei Tisch zufriedenzustellen war. Er hatte verfügt, daß sie in Santa Fe bei Manuela Sáenz, zu deren Hauspersonal sie gehörte, bleiben sollte, doch General Carreño ließ von Guaduas aus dringend nach ihr schicken, nachdem José Palacios ihm besorgt mitgeteilt hatte, der General habe seit dem Vortag der Abreise keine vollständige Mahlzeit mehr zu sich genommen. Sie war am frühen Morgen in Honda angekommen, und man ließ sie heimlich auf das Proviantboot steigen, um dann eine günstige Gelegenheit abzuwarten. Die ergab sich schneller als erwartet durch seine Freude an dem Brei aus jungem Mais, der, seitdem er gesundheitlich verfiel, sein Lieblingsgericht war.

Der erste Tag auf dem Fluß hätte der letzte sein können. Um zwei Uhr mittags wurde es Nacht, das Wasser schäumte auf, Donner und Blitze ließen die Erde beben, und es sah so aus, als könnten die Ruderer nicht verhindern, daß die Boote an den Klippen zerschellten. Der General beobachtete unter dem Zeltdach das Rettungsmanöver, das Kapitän Santos, dessen nautisches Genie einem solchen Zwischenfall nicht gewachsen schien, schreiend leitete. Erst schaute er neugierig zu, dann mit einer nicht mehr bezähmbaren Unruhe, und merkte dann im Augenblick höchster Gefahr, daß der Kapitän ein falsches Kommando gegeben hatte. Da ließ er sich von seinem Instinkt fortreißen, bahnte sich einen Weg durch Wind und Regen und konterkarierte kurz vor dem Abgrund den Befehl des Kapitäns.

»Nicht da lang!« schrie er. »Rechts rüber, nach rechts, verflucht!«

Die Ruderer reagierten auf die brüchige, doch noch

immer von einer unabweislichen Autorität erfüllte Stimme, und ohne sich dessen bewußt zu sein, übernahm er das Kommando, bis die Gefahr überwunden war. José Palacios eilte herbei, um ihm eine Decke über die Schultern zu legen. Wilson und Ibarra stützten ihn auf seinem Posten. Kapitän Santos verzog sich im Bewußtsein, wieder einmal Backbord und Steuerbord verwechselt zu haben, und wartete mit soldatischer Demut, bis der General ihn aufsuchte und seinen flackernden Blick sah.
»Sie müssen entschuldigen, Kapitän«, sagte er.
Doch er war nicht mit sich im reinen. Als sie für die erste Nachtruhe an einer Sandbank angelegt hatten, erzählte er am Feuer Geschichten von unvergessenen Schiffsunglücken. Er erzählte, daß sein Bruder Juan Vicente, Fernandos Vater, auf der Rückfahrt von Washington, wo er eine Ladung Waffen und Munition für die erste Republik eingekauft hatte, bei einem Schiffbruch ertrunken sei. Er erzählte, daß ihn beinahe das gleiche Schicksal ereilt hätte, als ihm beim Durchqueren des Arauca bei Hochwasser das Pferd zwischen den Beinen krepiert war und ihn, da sich sein Stiefel im Steigbügel verfangen hatte, zusammenbrechend mitgeschleift hatte, bis es seinem Führer gelang, die Riemen durchzuschneiden. Er erzählte, daß er auf dem Weg nach Angostura, kurz nachdem er die Unabhängigkeit Neugranadas gefestigt hatte, in den Stromschnellen des Orinoko ein gekentertes Boot gesehen habe und einen unbekannten Offizier, der ans Ufer

schwamm. Man sagte ihm, das sei der General Sucre. Er hatte verärgert erwidert: »Es gibt keinen General Sucre.« Es war tatsächlich Antonio José de Sucre gewesen, der kurz zuvor zum General des Befreiungsheers befördert worden war und mit dem ihn seitdem eine innige Freundschaft verband.
»Ich wußte von dieser Begegnung«, sagte General Carreño, »aber nicht vom Umstand des Kenterns.«
»Vielleicht verwechsle ich es auch mit dem ersten Schiffbruch, den Sucre erlitt, als er, von Morillo verfolgt, aus Cartagena floh und, weiß Gott wie, fast vierundzwanzig Stunden im Wasser trieb«, sagte er. Und fügte abdriftend hinzu: »Ich versuche ja nur, Kapitän Santos meine Dreistigkeit von heute nachmittag irgendwie verständlich zu machen.«
Im Morgengrauen, als alle schliefen, erschauerte der Urwald von einem Lied ohne Begleitung, das nur aus tiefer Seele kommen konnte. Der General fuhr in der Hängematte zusammen. »Das ist Iturbide«, murmelte José Palacios im Dunkeln. Er hatte es kaum gesagt, als eine barsche Kommandostimme das Lied unterbrach.
Agustín de Iturbide war der älteste Sohn eines mexikanischen Generals des Unabhängigkeitskrieges, der sich selbst zum Kaiser seines Landes ernannt hatte und das nicht länger als ein Jahr war. Der General empfand eine besondere Zuneigung für Agustín, seitdem er ihn zum ersten Mal gesehen hatte, in Habachtstellung, bebend und unfähig, vor Ergriffenheit das Zittern seiner Hände zu beherr-

schen, stand er doch vor dem Idol seiner Kindheit. Damals war Iturbide zweiundzwanzig Jahre alt. Er war noch nicht siebzehn gewesen, als sein Vater in einem staubigen und hitzeglühenden Dorf der mexikanischen Provinz erschossen wurde, wenige Stunden nachdem er aus dem Exil zurückgekehrt war, ohne zu wissen, daß er in Abwesenheit gerichtet und wegen Hochverrats zum Tode verurteilt worden war.
Drei Dinge berührten den General vom ersten Tag an. Das eine war Agustíns goldene, mit Edelsteinen besetzte Uhr, die ihm sein Vater vor der Erschießung hatte schicken lassen und die er nun um den Hals trug, damit keiner daran zweifeln könne, daß er sie hoch in Ehren hielt. Das andere war die Unschuld, mit der er ihm erzählte, sein Vater, der sich als armer Mann verkleidet hatte, um von der Hafenwache nicht erkannt zu werden, habe sich durch die Eleganz verraten, mit der er zu Pferd saß. Das dritte war Agustíns Art zu singen.
Die mexikanische Regierung hatte seinem Eintritt in das kolumbianische Heer alle möglichen Hindernisse in den Weg gelegt, weil Iturbides Ausbildung in der Kriegskunst Teil einer vom General geförderten monarchistischen Verschwörung sein könnte, um ihn mit der angemaßten Legitimation des Thronerben zum Kaiser von Mexiko zu krönen. Der General nahm das Risiko eines schweren diplomatischen Konflikts in Kauf, als er den jungen Agustín nicht nur in seinem militärischen Rang ins Heer

aufnahm, sondern ihn auch zu seinem Adjutanten ernannte. Agustín erwies sich des Vertrauens würdig, war aber keinen Tag glücklich und überlebte die Ungewißheit nur dank seiner Gewohnheit zu singen.
Als ihn nun jemand im Urwald des Magdalena zum Schweigen brachte, stand der General aus seiner Hängematte auf, wickelte sich in eine Decke und ging durch das von den Wachfeuern erleuchtete Lager, um ihm Gesellschaft zu leisten. Er fand ihn am Ufer, dort saß er und sah auf den vorüberströmenden Fluß.
»Singen Sie weiter, Hauptmann«, sagte er.
Er setzte sich neben ihn und begleitete ihn, wenn er den Text des Liedes kannte, mit seiner schwachen Stimme. Nie hatte er jemanden mit so viel Herz singen hören, und er konnte sich auch an niemanden erinnern, der so tieftraurig war und dennoch so viel Glück um sich verbreitete. Iturbide, Fernando und Andrés waren zusammen auf der Militärakademie in Georgetown gewesen und ein Dreiergespann, das jugendlichen Elan in das Leben des Generals brachte, dessen Umgang in der Öde der Feldquartiere verarmt war.
Agustín und der General sangen weiter, bis das Gezeter der Tiere im Urwald die schlafenden Kaimane vom Ufer verscheuchte und das Wasser wie von einem Beben aufwallte. Der General blieb am Boden sitzen, betäubt von dem schrecklichen Erwachen der ganzen Natur, bis am Horizont ein oran-

gefarbener Streifen erschien und es Licht wurde. Dann stützte er sich auf Iturbides Schulter und stand auf.
»Danke, Hauptmann«, sagte er. »Zehn Männer, die so singen wie Sie, und wir könnten die Welt retten.«
»Ach, General«, seufzte Iturbide. »Was gäbe ich dafür, daß meine Mutter Sie hörte.«
Am zweiten Tag der Flußfahrt sahen sie gut bestellte Haciendas mit blauen Wiesen und wunderbaren Pferden, die frei umhergaloppierten, dann aber begann der Urwald, und alles erschien nah und gleichförmig. Schon zuvor hatten sie Flöße aus riesigen Baumstämmen passiert, die von den Holzfällern am Flußlauf zum Verkauf nach Cartagena de Indias gebracht wurden. Sie waren so langsam, daß sie unbewegt in der Strömung zu liegen schienen, ganze Familien mit Kindern und Tieren fuhren darauf, nur durch schmale Palmdächer vor der Sonne geschützt. An manchen Flußbiegungen waren schon die ersten Verwüstungen im Urwald zu sehen, die Mannschaften der Dampfschiffe hatten dort gerodet, um die Kessel zu füttern.
»Die Fische werden lernen müssen, auf dem Land zu gehen, denn das Wasser wird ausgehen«, sagte er.
Die Hitze wurde während des Tages unerträglich, und der Lärm der Affen und Vögel steigerte sich ins Irrwitzige, doch die Nächte waren verschwiegen und kühl. Die Kaimane blieben stundenlang unbeweglich auf den Sandbänken liegen, die Rachen geöffnet, um Schmetterlinge zu fangen. Neben ver-

lassenen Anwesen lagen die Maisfelder, Hunde, nur Haut und Knochen, verbellten die vorbeiziehenden Schiffe, selbst auf den unbesiedelten Rodungen gab es Tapirfallen und Fischernetze, die in der Sonne trockneten, doch war kein menschliches Wesen zu sehen.

Nach so vielen Jahren der Kriege, der bittern Regierungsgeschäfte, der faden Liebschaften war die Muße spürbar wie ein Schmerz. Das bißchen Leben, mit dem der General morgens aufwachte, verging ihm beim Sinnieren in der Hängematte. Die Korrespondenz war mit der sofortigen Antwort an Präsident Caycedo aufgearbeitet, doch er überbrückte die Zeit mit dem Diktieren von Ablenkungsbriefen. An den ersten Tagen las Fernando ihm die Klatschchroniken aus Lima zu Ende vor, für etwas Neues konnte er seine Konzentration aber nicht mehr gewinnen.

Es war sein letztes vollständig gelesenes Buch. Er war ein Leser von unerschütterlicher Gier gewesen, sowohl in Pausen der Schlacht wie beim Ruhen nach der Liebe, allerdings ohne Ordnung oder Methode. Er las zu jeder Tageszeit, bei dem gerade vorhandenen Licht, mal unter Bäumen wandelnd, mal auf dem Pferd unter äquatorialer Sonne, mal in dämmrigen Kutschen, die auf dem Steinpflaster rüttelten, mal in der Hängematte schaukelnd, während er gleichzeitig einen Brief diktierte. Ein Buchhändler in Lima hatte über die Anzahl und Vielfalt der Werke gestaunt, die der General aus einem Gesamtkatalog ausgewählt hatte, in dem von den griechischen Philosophen bis zu einer Abhandlung über Wahrsagerei alles mögliche aufgeführt war. In seiner Jugend hatte er unter dem Einfluß seines Lehrers Simón Rodríguez die Romantiker gelesen, und die verschlang er auch weiterhin, als lese er in sich selbst, in seinem idealistischen, exaltierten Wesen. Es waren leidenschaftliche Leseerlebnisse, die ihn für den Rest seines Lebens prägten. Am Ende hatte er alles gelesen, was ihm in die Hände gefallen war, und er hatte nicht einen Lieblingsschriftsteller, sondern viele aus verschiedenen Lebensphasen. Die Regale in den vielen Häusern, in denen er gelebt hatte, waren immer zum Bersten voll, und die Schlafzimmer und Gänge verwandelten sich in Engpässe zwischen Bücherstößen und Bergen heimatloser Dokumente, die sich in seiner Nähe vermehrten und ihn auf der Suche nach dem Frieden der Archive erbarmungslos verfolgten. Er schaffte es nie, alles zu lesen, was er besaß. Wenn er aus einer Stadt fortzog, ließ er seine Bücher in der Obhut der vertrauenswürdigsten Freunde zurück, auch wenn er sich nie wieder darum kümmern sollte. Das Kriegsleben zwang ihn dazu, von Bolivien bis Venezuela eine über vierhundert Meilen lange Spur aus Büchern und Papieren hinter sich zu lassen.

Schon bevor seine Augen schwach wurden, ließ er sich von seinen Schreibern vorlesen und las schließlich nur noch auf diese Art, weil ihn Brillen störten. Aber sein Interesse für das, was er las, nahm gleichzeitig ab, und wie immer schob er es auf eine Ursache, die nicht in seiner Macht lag.

»Es gibt eben immer weniger gute Bücher«, sagte er. José Palacios war der einzige, der in der Lethargie dieser Reise keine Anzeichen von Überdruß zeigte, auch die Hitze und die Unbequemlichkeit konnten seinen guten Manieren und der Akkuratesse seiner Kleidung nichts anhaben, noch minderten sie seinen Diensteifer. Er war sechs Jahre jünger als der General, in dessen Elternhaus er als Sklave geboren war, Folge eines Fehltritts von einer Afrikanerin und einem Spanier, von dem er das karottenfarbene Haar, die Sommersprossen auf Gesicht und Händen und die wasserblauen Augen hatte. Trotz seiner angeborenen Genügsamkeit hatte er die reichhaltigste und teuerste Garderobe im Gefolge. Sein ganzes Leben hatte er an der Seite des Generals verbracht: zwei Verbannungen, sämtliche Feldzüge und alle seine Schlachten immer in der vordersten Linie, immer in Zivil, da er sich nie das Recht zugestand, eine Militäruniform zu tragen.

Das Schlimmste an der Reise war die erzwungene Bewegungslosigkeit. Eines Nachmittags war der General so verzweifelt darüber, nur den engen Raum des Segeltuchzelts abschreiten zu können, daß er anlegen ließ, um etwas zu gehen. Im hartgetrockneten Schlamm sahen sie Spuren, die von einem Vogel zu stammen schienen, der so groß wie ein Ñandú und mindestens so schwer wie ein Ochse sein mußte. Die Ruderer fanden das nicht außergewöhnlich, da, wie sie sagten, durch jene öde Gegend Menschen streiften, die so dick wie ein Ceiba-Baum waren, aber Kämme und Krallen wie ein Hahn hatten. Er spottete über die Legende, wie er über alles spottete, was irgendeinen übernatürlichen Anstrich hatte, dehnte aber den Spaziergang länger als vorgesehen aus, so daß sie schließlich dort kampieren mußten, obwohl der Kapitän und auch die Adjutanten dagegen waren, weil sie den Ort für ungesund und gefährlich hielten. Er blieb die Nacht über wach, von Hitze und Mückenschwärmen gequält, die durch das stickige Gewebe des Moskitonetzes zu dringen schienen, und wie gebannt von dem schaurigen Brüllen des Pumas, das sie die ganze Nacht über in Atem hielt. Gegen zwei Uhr morgens ging er zu den Soldaten, die an den Feuern wachten, um sich mit ihnen zu unterhalten. Erst bei Tagesanbruch, als er die weiten, vom ersten Sonnenlicht vergoldeten Sümpfe betrachtete, gab er die Hoffnung auf, die ihn wach gehalten hatte.

»Nun ja«, sagte er, »wir werden wohl aufbrechen müssen, ohne die Bekanntschaft der Freunde mit den Hahnenkrallen gemacht zu haben.«

In dem Augenblick, als sie ablegten, sprang ein schwarzer Hund ins Boot, räudig, mager und mit einem steifen Lauf. Die beiden Hunde des Generals griffen ihn an, doch der Invalide verteidigte sich mit selbstmörderischer Wildheit und ergab sich selbst dann nicht, als er in Blut gebadet und sein Hals zerfetzt war. Der General ordnete an, ihn zu behal-

ten, und José Palacios kümmerte sich um ihn, wie er es schon so oft bei so vielen Straßenhunden getan hatte.
Am selben Tag nahmen sie einen Deutschen an Bord, der auf einer Sandinsel ausgesetzt worden war, weil er einen seiner Ruderer mit dem Stock mißhandelt hatte. Als er an Bord kam, stellte er sich als Astronom und Botaniker vor, im Gespräch wurde jedoch klar, daß er weder von dem einen noch von dem anderen Gebiet etwas verstand. Dafür hatte er mit eigenen Augen die Menschen mit den Hühnerkrallen gesehen und war entschlossen, einen von ihnen lebend zu fangen, um ihn in Europa in einem Käfig auszustellen, als Kuriosität nur vergleichbar mit der amerikanischen Spinnenfrau, die ein Jahrhundert zuvor in den Häfen Andalusiens soviel Aufsehen erregt hatte.
»Nehmen Sie doch mich«, sagte der General, »ich versichere Ihnen, Sie werden mehr Geld machen, wenn Sie mich in einen Käfig stecken und als den größten Trottel der Geschichte ausstellen.«
Zu Anfang hatte er ihn für einen sympathischen Aufschneider gehalten, änderte jedoch seine Meinung, als der Teutone anfing, ungehörige Witze über das verschämte Päderastentum des Freiherrn Alexander von Humboldt zu erzählen. »Wir hätten ihn doch auf der Sandbank lassen sollen«, sagte der General zu José Palacios. Am Nachmittag begegneten sie dem Postkanu, das flußaufwärts fuhr, und der General bot seine ganze Überredungskunst auf,

bis der Postbote die Säcke mit der Amtspost öffnete und ihm seine Briefe aushändigte. Zuletzt bat er ihn um den Gefallen, den Deutschen bis zum Hafen von Nare mitzunehmen, und der Postbote willigte ein, obwohl das Kanu überladen war. An jenem Abend, als Fernando ihm die Briefe vorlas, brummte der General:
»Dieser Hurensohn könnte froh sein, wenn er ein Haar auf Humboldts Kopf wäre.«
Schon bevor sie den Deutschen an Bord nahmen, hatte er an den Baron denken müssen, er konnte sich nämlich nicht vorstellen, wie jener in dieser Wildnis hatte überleben können. Er hatte ihn in seinen Pariser Jahren kennengelernt, als Humboldt gerade von seiner Reise durch die Äquinoktialländer zurückgekehrt war. Ebenso wie Intelligenz und Weisheit überraschte ihn an dem Mann der Glanz einer Schönheit, die er bei einer Frau noch nie gesehen hatte. Am wenigstens überzeugte ihn noch Humboldts Gewißheit, daß die spanischen Kolonien reif für die Unabhängigkeit seien. Das hatte dieser so gesagt, ohne ein Zögern in der Stimme, als es ihm selbst noch nicht einmal bei einer sonntäglichen Träumerei in den Sinn gekommen war.
»Es fehlt nur der richtige Mann«, hatte Humboldt zu ihm gesagt.
Der General erzählte das viele Jahre später José Palacios, als er sich in Cuzco vermutlich über alle Welt erhoben sah, hatte die Geschichte doch gerade bewiesen, daß er der richtige Mann war. Er erzählte

es niemandem sonst, wann immer aber die Sprache auf den Baron kam, nützte er die Gelegenheit, dessen Weitsicht Tribut zu zollen:

»Humboldt hat mir die Augen geöffnet.«

Zum vierten Mal fuhr er nun auf dem Magdalena, und er konnte sich des Gefühls nicht erwehren, Schritt für Schritt sein Leben aufzuheben. Im Jahr 1813 hatte er den Fluß zum ersten Mal befahren, er war damals Oberst der Milizen, im eigenen Land besiegt, und kam aus seinem Exil in Curaçao nach Cartagena, um Mittel für die Weiterführung des Krieges aufzutreiben. Neugranada war in autonome Bezirke aufgeteilt, die Sache der Unabhängigkeit verlor wegen der harten Repressionen der Spanier beim Volk an Zustimmung, und der endgültige Sieg schien immer ungewisser. Bei der dritten Reise an Bord eines Dampfboots, wie er es nannte, war das Werk der Befreiung bereits vollendet, doch sein fast manischer Traum von der kontinentalen Integration zerfiel allmählich. Auf dieser seiner letzten Reise war der Traum schon zunichte, überlebte jedoch in einem einzigen Satz zusammengefaßt, den er nicht müde wurde zu wiederholen: »Unsere Feinde werden immer im Vorteil sein, solange wir Amerika nicht unter einer Regierung vereinigen.«

Von den vielen Erinnerungen, die er mit José Palacios teilte, gehörte die an die erste Reise zu den aufregendsten, als sie mit zweihundert unzulänglich bewaffneten Männern den Krieg zur Befreiung des Flusses führten. Nach zwanzig Tagen war kein einziger monarchistischer Spanier am Lauf des Magdalena übriggeblieben. Wie sehr sich die Dinge geändert hatten, merkte auch José Palacios am vierten Reisetag, als sie am Rande der Dörfer die Schlangen von Frauen sahen, die auf die Boote warteten. »Da stehen die Witwen«, sagte er. Der General schaute hinaus und sah sie, schwarz gekleidet, wie nachdenkliche Raben unter der sengenden Sonne am Ufer aufgereiht, warten, und sei es nur auf einen Gruß aus Barmherzigkeit. General Diego Ibarra, der Bruder von Andrés, pflegte zu sagen, daß der General zwar nie einen Sohn gehabt habe, dafür aber Vater und Mutter aller Witwen der Nation sei. Sie folgten ihm überallhin, und er hielt sie mit herzlichen Worten am Leben, die wahre Trosterklärungen waren. Dennoch war er mit den Gedanken mehr bei sich als bei ihnen, als er vor den Flußdörfern die Reihen trauernder Frauen sah.

»Jetzt sind wir die Witwen«, sagte er. »Wir sind die Waisen, die Versehrten, die Parias der Unabhängigkeit.«

Sie legten bis Mompox bei keiner Siedlung mehr an, Puerto Real ausgenommen, das Ocañas Zugang zum Magdalena war. Dort trafen sie auf den venezolanischen General José Laurencio Silva, der seinen Auftrag, die rebellischen Grenadiere bis zur Landesgrenze zu begleiten, erfüllt hatte und sich nun dem Gefolge anschloß.

Der General blieb bis nachts an Bord und ging dann an Land, um in dem improvisierten Feldquartier zu schlafen. Bis dahin empfing er auf dem Boot jene, die ihn sprechen wollten, die wartenden Witwen, die Geschädigten und Hilfsbedürftigen aus allen Kriegen. Er erinnerte sich an fast alle mit erstaunlicher Deutlichkeit. Die dort geblieben waren, siechten im Elend dahin, andere hatten sich neue Kriege gesucht, um zu überleben, oder schlugen sich wie unzählige aus dem Befreiungsheer Entlassene im ganzen Staatsgebiet als Wegelagerer durch. Einer von ihnen faßte, was alle empfanden, in einen Satz: »Wir haben nun die Unabhängigkeit, General, aber jetzt sagen Sie uns, was wir damit anfangen sollen.« In der Euphorie des Sieges hatte er ihnen beigebracht, ihm so, frei heraus, die Wahrheit zu sagen. Die Wahrheit hatte aber jetzt den Besitzer gewechselt.

»Die Unabhängigkeit, das war einfach ein Krieg, der gewonnen werden mußte«, sagte er zu ihnen. »Die großen Opfer hätten danach kommen müssen, um aus diesen Völkern ein einziges Vaterland zu schaffen.«

»Wir haben nichts als Opfer gebracht, mein General«, sagten sie.

Er nahm keinen Deut zurück:

»Es sind noch nicht genug«, sagte er. »Die Einheit hat keinen Preis.«

Als er in jener Nacht in dem Lagerschuppen umherwandelte, wo man ihm die Hängematte zum Schlafen aufgehängt hatte, sah er eine Frau, die sich im Vorbeigehen nach ihm umdrehte. Er war erstaunt,

daß sie nicht darüber staunte, daß er nackt war. Er hörte sogar die Worte des Lieds, das sie leise vor sich hinsang: *»Sag, es ist nie zu spät, aus Liebe zu sterben.«* Der Hausaufseher wachte unter dem Vordach des Eingangs.
»Ist hier irgendeine Frau?« fragte ihn der General.
Der Mann war sich sicher.
»Keine, die Eurer Exzellenz würdig wäre«, sagte er.
»Und eine, die meiner Exzellenz nicht würdig wäre?«
»Auch nicht«, sagte der Aufseher. »Es gibt im Umkreis einer Meile keine Frau.«
Der General war so sicher, sie gesehen zu haben, daß er sie bis spät im ganzen Haus suchte. Er bestand darauf, daß seine Adjutanten nachforschten, und verzögerte am nächsten Morgen den Aufbruch um mehr als eine Stunde, bis er sich mit der gleichen Antwort geschlagen geben mußte: Es war niemand da. Es wurde nicht mehr davon gesprochen. Aber immer, wenn es ihm auf dem Rest der Reise einfiel, kam er darauf zurück. José Palacios sollte ihn um viele Jahre überleben und hatte also reichlich Zeit, sein Leben mit ihm durchzugehen, bis auch das nichtigste Detail ans Licht gekommen war. Das einzige, was er nie klären konnte, war, ob die Vision in jener Nacht von Puerto Real ein Traum, eine Halluzination oder eine Erscheinung gewesen war.
Niemand dachte mehr an den Hund, den sie aus dem Dorf mitgenommen hatten, er lief irgendwo

herum und erholte sich von seinen Verletzungen, bis dem Fourier auffiel, daß er keinen Namen hatte. Sie hatten ihn gebadet und mit Säuglingspuder parfümiert, aber nichts half, sein verkommenes Aussehen zu verbessern oder den Gestank der Räude zu mildern. Der General schöpfte gerade frische Luft am Bug des Bootes, als José Palacios das Tier heranzerrte.
»Wie sollen wir ihn nennen?« fragte er.
Der General überlegte nicht einmal.
»Bolívar«, sagte er.

Ein Kanonenboot, das im Hafen vertäut lag, legte ab, sobald die Meldung kam, daß sich eine Flottille Champanes näherte. José Palacios sichtete es durch die Zeltfenster und beugte sich über die Hängematte, in der mit geschlossenen Augen der General lag.
»Herr«, sagte er, »wir sind in Mompox.«
»Gottes Erde«, sagte der General, ohne die Augen zu öffnen.
Während der Reise flußabwärts war der Strom breiter und mächtiger geworden, wie eine endlose Lagune, und die Hitze war so dicht, daß man sie mit Händen greifen konnte. Der General hatte ohne Bitternis auf die plötzlichen Tagesanbrüche und die wilden Abenddämmerungen, um derentwillen er in den ersten Tagen lange am Bug des Bootes verweilt war, verzichtet und sich der Mutlosigkeit überlassen. Er diktierte keine Briefe mehr, las nicht und stellte seinen Begleitern keine Frage, die irgendein Interesse am Leben hätte erkennen lassen. Selbst während der heißesten Siestas warf er sich eine Decke über und blieb lange mit geschlossenen Augen in der Hängematte liegen. José Palacios fürchtete, er habe ihn nicht gehört, und rief ihn noch einmal an, wieder antwortete er, ohne die Augen zu öffnen.

»Mompox existiert nicht«, sagte er. »Wir träumen zuweilen von dieser Stadt, aber sie existiert nicht.«
»Ich kann zumindest bezeugen, daß der Turm von Santa Bárbara existiert«, sagte José Palacios. »Ich sehe ihn von hier aus.«
Der General öffnete die gequälten Augen, richtete sich in der Hängematte auf und sah im Aluminiumlicht des Mittags die ersten Dächer der altehrwürdigen und sorgenreichen Stadt Mompox, die im Krieg heruntergekommen, von den Wirren der Republik verdorben, durch die Pocken dezimiert war. In jener Epoche begann der Fluß mit unwandelbarer Geringschätzung seinen Lauf zu ändern, und er sollte die Stadt noch vor Ende des Jahrhunderts ganz verlassen haben. Von dem Damm aus Quadersteinen, den die kolonialen Bürgermeister mit peninsularem Starrsinn nach den Verheerungen jeder Flut wieder aufgebaut hatten, waren nur noch die verstreuten Trümmer auf einem Geröllstrand übriggeblieben.
Das Kriegsschiff näherte sich den Booten, und ein schwarzer Offizier, der noch die Uniform der vizeköniglichen Polizei trug, richtete die Kanone auf sie. Kapitän Casildo Santos schrie ihm gerade noch zu: »Mach keinen Unsinn, Schwarzer!«
Die Ruderer hielten jäh inne, die Boote waren der Strömung ausgeliefert. Die Grenadiere der Eskorte zielten mit ihren Gewehren auf das Kanonenboot und warteten auf Befehle. Der Offizier blieb unbeeindruckt.

»Pässe!« schrie er. »Im Namen des Gesetzes!«
Erst dann sah er die arme Seele, die unter dem Zeltdach auftauchte, sah, wie die erschöpfte Hand, von der jedoch eine unerbittliche Autorität ausging, den Soldaten befahl, die Waffen zu senken. Mit schwacher Stimme rief der General dem Offizier zu:
»Auch wenn Sie es mir nicht glauben, Hauptmann, ich habe keinen Paß.«
Der Offizier wußte nicht, wer das war. Als Fernando es ihm sagte, sprang er mitsamt Waffen ins Wasser und stürmte an Land, dann am Ufer weiter, um dem Volk die gute Nachricht zu bringen. Das Kanonenboot eskortierte mit schlagender Schiffsglocke die Champanes bis zum Hafen. Noch bevor hinter der letzten Biegung des Flusses die ganze Stadt zu sehen war, läuteten die Glocken der acht Kirchen Sturm.
Santa Cruz de Mompox war während der Kolonialzeit der Umschlagplatz für den Handel zwischen der Karibikküste und dem Binnenland gewesen, und das war die Quelle ihres Wohlstands. Als der Sturmwind der Freiheit aufkam, hatte sich diese Bastion der kreolischen Aristokratie als erste dazu bekannt. Von Spanien zurückerobert, war Mompox vom General persönlich wieder befreit worden. Die Stadt bestand aus nur drei Straßen parallel zum Fluß, breit, gerade, staubig, einstöckige Häuser mit großen Fenstern standen dort, und zwei Grafen und drei Marquis waren darin reich

geworden. Der gute Ruf der örtlichen Goldschmiedekunst hatte die Umwälzungen der Republik überdauert.
Diesmal kam der General derart ernüchtert über seinen eigenen Ruhm und voreingenommen gegen die Welt dort an, daß er überrascht war, am Hafen von einer Menschenmenge erwartet zu werden. In aller Eile zog er die Hose aus Baumwollsamt und die Schaftstiefel an, warf sich, trotz der Hitze, den Poncho über und setzte statt der Schlafmütze den breitkrempigen Hut auf, mit dem er sich von Honda verabschiedet hatte.
In der Kirche La Concepción fand ein Begräbnis mit allem Pomp statt. Alle zivilen und kirchlichen Amtsträger, die Kongregationen und Schulen, die beste Gesellschaft in Trauergala waren bei der Seelenmesse, verloren aber beim Lärm der Glocken die Contenance, da sie annahmen, es sei Feueralarm. Doch der Schutzmann, der aufgeregt hereingestürmt war und gerade dem Bürgermeister etwas ins Ohr geflüstert hatte, rief allen laut zu:
»Der Präsident ist am Hafen!«
Denn viele wußten noch nicht, daß er das nicht mehr war. Am Montag war ein Postboot vorbeigekommen, das die Gerüchte aus Honda in den Siedlungen am Fluß verbreitet, aber nichts endgültig geklärt hatte. So gestaltete sich der spontane Empfang durch den Irrtum noch herzlicher, und sogar die trauernde Familie hatte Verständnis dafür, daß die meisten Trauergäste die Kirche verließen und

sich zum Hafenkai aufmachten. Die Totenfeier war unterbrochen, und nur die engsten Freunde begleiteten den Sarg dann bei knallendem Feuerwerk und Glockengeläut zum Friedhof.

Der Fluß führte wegen der geringen Regenfälle im Mai noch wenig Wasser, so daß sie einen Damm aus Schutt erklimmen mußten, um bis zur Hafenanlage zu gelangen. Der General wies jemanden grob zurück, der ihn tragen wollte, und stützte sich beim Hinaufsteigen auf den Arm von Hauptmann Ibarra. Er stockte vor jedem Schritt und hielt sich nur mit Mühe aufrecht, doch es gelang ihm, mit aller Würde anzukommen.

Am Hafenkai begrüßte er die Amtsträger mit einem energischen Händedruck, der für seine körperliche Verfassung und seine kleinen Hände unerwartet kraftvoll war. Jene, die ihn bei seinem letzten Besuch in Mompox gesehen hatten, mochten ihrer Erinnerung nicht trauen. Er wirkte so alt wie sein eigener Vater, mit dem bißchen Atem, das ihm geblieben war, konnte er sich aber noch verbitten, daß man über ihn verfüge. Er schlug die Karfreitagssänfte aus, die man für ihn bereithielt, und willigte ein, zu Fuß zur Kirche La Concepción zu gehen. Schließlich mußte er aber doch auf das Maultier des Bürgermeisters steigen, das dieser, als er ihn in solch siechem Zustand von Bord gehen sah, eilends hatte satteln lassen.

José Palacios hatte am Hafen viele von schwärenden Pocken gefleckte Gesichter gesehen. Diese Krankheit war in den Dörfern am Unterlauf des Magdalena nach wie vor endemisch und war seit dem großen Sterben, das während des Feldzugs am Fluß unter den Befreiungstruppen einsetzte, von den Patrioten mehr gefürchtet worden als die Spanier. Angesichts der Tatsache, daß es kein Ende mit den Pocken nahm, hatte der General inzwischen dafür gesorgt, daß ein durchreisender französischer Naturforscher dort länger verweilte und die Bevölkerung immunisierte, indem er mit dem Sekret, das die Viehpocken absonderten, die Menschen impfte. Es gab aber daraufhin so viele Todesfälle, daß am Ende niemand mehr etwas von der Medizin, »wie sie die Kuh verschreibt«, wissen wollte, ja viele Mütter ihre Kinder lieber den Gefahren der Ansteckung als denen der Vorbeugung aussetzten. Nach den offiziellen Berichten, die dem General zugingen, mußte er jedoch glauben, man sei dabei, die Geißel der Pocken zu besiegen. Als José Palacios ihn auf die vielen gefleckten Gesichter in der Menge aufmerksam machte, reagierte er daher eher verdrossen als überrascht.

»Das wird immer so bleiben, solange die Subalternen lügen, um sich uns gefällig zu erweisen.«

Er ließ sich bei denen, die ihn am Hafen empfingen, seine Bitterkeit nicht anmerken. Er gab ihnen einen kurzen Überblick über die Vorfälle um seinen Rücktritt sowie über die wirre Lage in Santa Fe und legte ihnen ans Herz, die neue Regierung daher einhellig zu unterstützen. »Es gibt keine Alternative«, sagte er, »Einigkeit oder Anarchie.« Er sagte, für ihn gäbe es keine Rückkehr, nicht so sehr deshalb, weil er nun Linderung für seine körperlichen Gebrechen suche, die, wie man sehen könne, vielfältig und bösartig seien, sondern weil er sich von den vielen Sorgen, die ihm fremdes Leid bereite, erholen müsse. Er sagte aber nicht, wann er gehen würde, noch wohin, und wiederholte zusammenhanglos, daß er von der Regierung noch nicht den Paß bekommen habe, um das Land zu verlassen. Er dankte ihnen für die zwanzig glorreichen Jahre, die Mompox ihm geschenkt habe, und bat sie inständig, man möge ihn mit keinem weiteren Titel als dem eines Bürgers auszeichnen.

Die Kirche La Concepción war immer noch mit Trauerflor geschmückt, und in der Luft hing der Duft von den Blumen und Kerzen der Trauerfeier, als die Menge zu einem improvisierten Tedeum hereinbrach. José Palacios saß auf der Bank für das Gefolge und bemerkte, daß der General auf seinem Platz sich nicht wohl fühlte. Der Bürgermeister neben ihm, ein unerschütterlicher Mestize mit einer schönen Löwenmähne, war hingegen ganz auf sich selbst bezogen. Fernanda, verwitwete Benjumea, eine Frau, deren kreolische Schönheit am Hof von Madrid Verheerungen verursacht hatte, lieh dem General ihren Fächer aus Sandelholz, damit er das stickige Ritual überstehe. Er bewegte ihn ohne Hoffnung, gerade nur wegen

des tröstlichen Duftes, bis ihm das Atmen in der Hitze schwer wurde. Er murmelte ins Ohr des Bürgermeisters:
»Glauben Sie mir, diese Strafe habe ich nicht verdient.«
»Die Liebe der Völker hat ihren Preis, Exzellenz«, sagte der Bürgermeister.
»Leider ist das hier nicht Liebe, sondern Sensationslust«, sagte er.
Nach dem Tedeum verabschiedete er sich mit einer Verbeugung von der Witwe Benjumea und gab ihr den Fächer zurück. Sie machte den Versuch, ihm den Fächer erneut zu geben:
»Machen Sie mir die Ehre und behalten sie ihn als Erinnerung an jemanden, der Sie sehr liebt«, sagte sie.
»Das Traurige ist, Señora, daß mir zum Erinnern nicht mehr viel Zeit bleibt«, sagte er.
Der Gemeindepfarrer bestand darauf, ihn mit dem Pallium für die Osterwoche vor der Sonnenglut zu schützen, als sie von der Kirche La Concepción zum Colegio de San Pedro Apóstol gingen, einem zweistöckigen Gebäude mit einem Klosterkreuzgang voller Farne und Federnelken, hinter dem ein lichter Nutzgarten mit Obstbäumen lag. In den Arkadengängen war es in jenen Monaten wegen der ungesunden Luftschwaden vom Fluß selbst nachts nicht auszuhalten, die Räume aber, die an die große Halle anschlossen, waren, geschützt von dickem Mauerwerk, stets in herbstliches Dämmerlicht getaucht.

José Palacios war vorausgegangen, um alles herzurichten. In das Schlafzimmer mit seinen rauhen, eben erst mit breitem Pinsel gekalkten Wänden kam durch das einzige Fenster mit grünen Läden, das zum Nutzgarten hinausging, nur wenig Licht. José Palacios ließ das Bett umstellen, damit der General das Fenster zum Garten am Fuß- und nicht am Kopfende hatte und so an den Bäumen die gelben Guayaven sehen und ihren Duft genießen konnte.

Der General kam am Arm von Fernando herein, zusammen mit dem Gemeindepfarrer von La Concepción, der auch Rektor der Schule war. Sobald er über die Schwelle getreten war, lehnte der General sich an die Wand, überwältigt vom Geruch der Guayaven, die in einer Schale auf dem Fensterbrett lagen und mit ihrem starken Duft den ganzen Raum füllten. So blieb er stehen, die Augen geschlossen, und sog den Weihrauch alter Erlebnisse ein, die ihm das Herz bewegten, bis ihm die Luft ausging. Dann betrachtete er das Zimmer, so gründlich und aufmerksam, als wäre ihm jeder Gegenstand eine Offenbarung. Außer dem Himmelbett gab es eine Kommode aus Mahagoni, einen Nachttisch, ebenfalls aus Mahagoni, mit einer Marmorplatte und einen mit rotem Samt bezogenen Sessel. An der Wand neben dem Fenster hing eine achteckige Uhr mit römischen Ziffern, die sieben Minuten nach eins stehengeblieben war.

»Endlich etwas, das gleichgeblieben ist!« sagte der General.

Der Gemeindepfarrer staunte:
»Verzeihung, Exzellenz, aber soweit ich mich erinnern kann, sind Sie noch nie hier gewesen.«
Auch José Palacios war erstaunt, denn sie hatten dieses Haus nie zuvor betreten, doch der General bestand mit so vielen zutreffenden Einzelheiten auf seinen Erinnerungen, daß alle verblüfft waren. Schließlich versuchte er, sie mit seiner gewohnten Ironie zu beruhigen.
»Vielleicht war es in einer früheren Inkarnation«, sagte er. »In einer Stadt, in der wir gerade einen Exkommunizierten unter dem Pallium gehen sahen, ist letztlich alles möglich.«
Kurz darauf brach ein Unwetter mit Wasser und Donner herein. Es war, als hätte die Stadt Schiffbruch erlitten. Der General nützte die Gelegenheit, um sich von der Begrüßung zu erholen, und genoß den Geruch der Guayaven, während er angekleidet im schattigen Zimmer lag und so tat, als schliefe er, und dann tatsächlich in der erquickenden Ruhe nach der Sintflut einschlief. José Palacios merkte es daran, daß der General in der genauen Diktion und dem klaren Timbre seiner Jugend sprach, wozu er nur noch in seinen Träumen zurückfand. Er sprach von Caracas, einer Stadt in Ruinen, die nicht mehr die seine war, deren Mauern mit feindseligen Pamphleten bedeckt waren und in deren Straßen sich eine Sturzflut von Menschenkot ergoß. José Palacios saß in einer Ecke des Zimmers, fast unsichtbar im Sessel, und wachte darüber, daß keinesfalls jemandem,

der nicht zum Gefolge gehörte, die Vertraulichkeiten des Traums zu Ohren kamen. Er gab Oberst Wilson durch die halbgeöffnete Tür ein Zeichen, und der schickte die Wachsoldaten fort, die im Garten umherschlenderten.

»Hier liebt uns niemand, und in Caracas gehorcht uns niemand«, sagte der schlafende General. »Das wär's.«

Er redete weiter, ein Psalter bitterer Klagen, Reste eines zerstörten Ruhms, die der Wind des Todes in Fetzen davontrug. Nach fast einer Stunde der Fieberphantasien wurde er von einem Tumult auf dem Gang und dem metallischen Klang einer hochfahrenden Stimme geweckt. Er gab jäh einen Schnarcher von sich und sagte, ohne die Augen zu öffnen, mit der ausdruckslosen Stimme des Wachen:

»Was zum Teufel ist da los?«

Es war General Lorenzo Cárcamo, Veteran der Unabhängigkeitskriege, ein Mann von schroffer Gemütsart und einem geradezu wahnwitzigen persönlichen Wagemut, der sich mit Gewalt vor der für die Audienz festgelegten Uhrzeit Eintritt in das Schlafzimmer zu verschaffen suchte. Er hatte Oberst Wilson überrannt, nachdem er einen Leutnant der Grenadiere mit dem Säbel geschlagen hatte, und beugte sich erst der zeitlosen Macht des Pfarrers, der ihn höflich in das angrenzende Arbeitszimmer führte. Von Wilson informiert, brüllte der General verärgert:

»Sagen Sie Cárcamo, ich bin gestorben! Einfach so, ich bin gestorben!«
Oberst Wilson ging in das Arbeitszimmer, um dem lärmenden Cárcamo entgegenzutreten, der sich für diese Gelegenheit in seine Paradeuniform geworfen und mit einem Arrangement von Kriegsorden geschmückt hatte. Doch da war dessen Hochmut schon zusammengebrochen, und seine Augen schwammen in Tränen.
»Nein, Wilson, geben Sie mir die Botschaft nicht«, sagte er, »ich habe sie schon gehört.«
Als der General die Augen öffnete, fiel ihm auf, daß die Wanduhr immer noch sieben Minuten nach eins zeigte. José Palacios zog sie auf, stellte sie nach Gefühl und vergewisserte sich dann auf seinen beiden Taschenuhren: Es war die richtige Uhrzeit. Kurz darauf kam Fernanda Barriga herein und versuchte, den General dazu zu bewegen, einen Teller geschmortes Gemüse zu essen. Er lehnte es ab, obgleich er seit dem Vortag nichts mehr gegessen hatte, ordnete jedoch an, den Teller in das Arbeitszimmer zu stellen, um während der Audienz essen zu können. Inzwischen gab er der Versuchung nach, eine der vielen Guayaven aus der Schale zu nehmen. Er berauschte sich einen Augenblick lang an dem Duft, biß gierig in die Frucht, kaute mit kindlicher Wonne, schmeckte mit dem ganzen Mund und schluckte das Fruchtfleisch nach und nach mit einem langen Seufzer der Erinnerung hinunter. Dann setzte er sich in die Hängematte, klemmte die

Schale mit den Guayaven zwischen die Beine und machte sich daran, alle Früchte zu essen, fast ohne sich Zeit fürs Atmen zu lassen. José Palacios überraschte ihn bei der vorletzten Guayave.
»Wir werden sterben!« sagte er zu ihm.
Der General ahmte ihn gutgelaunt nach:
»Nicht mehr als bisher.«
Um Punkt halb vier, wie vorgesehen, ordnete er an, die Besucher jeweils zu zweit in das Arbeitszimmer eintreten zu lassen, weil er auf die Weise mit dem einen schnell zu einem Ende kommen konnte, indem er ihm deutlich machte, daß er sich dem anderen widmen mußte. Doktor Nicasio del Valle, der als einer der ersten eintrat, sah ihn mit dem Rücken zu einem hellen Fenster sitzen, von dem man das ganze Gut bis hin zu den dampfenden Sümpfen überblicken konnte. Er hatte den Teller mit dem Gemüsegericht in der Hand, den Fernanda Barriga ihm gebracht hatte, kostete aber nicht einmal davon, weil er von den Guayaven schon eine Magenverstimmung spürte. Doktor del Valle faßte später seinen Eindruck von dem Gespräch kurz und grob zusammen: »Der Mann pfeift aus dem letzten Loch.« Alle, die zur Audienz kamen, äußerten auf ihre Weise den gleichen Eindruck. Doch selbst jenen, die über seine Schwäche erschüttert waren, mangelte es an Barmherzigkeit, sie bedrängten ihn, er möge in die Nachbardörfer kommen, bei Kindstaufen Pate stehen, öffentliche Bauten einweihen oder sich von dem Elend überzeugen, in dem sie

wegen des Schlendrians der Regierung leben mußten.

Nach einer Stunde hatten sich Übelkeit und Leibschmerzen derart verschlimmert, daß er die Audienz abbrechen mußte, trotz seines Wunsches, jeden, der seit dem Morgen wartete, anzuhören. Im Hof war kaum noch Platz für die Kälber, Ziegen, Hühner und das Wild jeglicher Art, alles Geschenke, die man ihm mitgebracht hatte. Die Grenadiere der Leibwache mußten einschreiten, um einen Aufruhr zu verhindern, aber am Abend war die Ordnung wiederhergestellt, dank eines weiteren Regengusses, der wie gerufen kam, die Luft verbesserte und die Stille vertiefte.

Obwohl der General so etwas ausdrücklich abgelehnt hatte, war für vier Uhr nachmittags in einem Nachbarhaus ein Festessen vorbereitet worden. Es wurde jedoch ohne ihn abgehalten, da ihn die Blähkraft der Guayaven bis gut elf Uhr nachts in einen Ausnahmezustand versetzte. Er blieb in seiner Hängematte, von bohrenden Schmerzen und wohlriechenden Blähungen gequält, und hatte das Gefühl, die Seele schwämme ihm in ätzendem Wasser davon. Der Pfarrer brachte ihm eine Arznei, die der Hausapotheker bereitet hatte. Der General wies ihn ab. »Wenn ich durch ein Brechmittel die Macht verloren habe, bin ich beim nächsten Gift reif für den Kaplan«, meinte er. Er überließ sich seinem Schicksal, zitterte vom eisigen Schweiß seines Gebeins und hatte keinen anderen Trost als die

Saitenmusik, die vereinzelte Windstöße von dem Bankett ohne ihn herübertrugen. Nach und nach versiegte der Sturzbach aus seinem Unterleib, der Schmerz ging vorüber, die Musik hörte auf, und er schwebte im Nichts.

Sein vorangegangener Aufenthalt in Mompox wäre beinahe sein letzter geworden. Er war auf dem Rückweg von Caracas gewesen, wo ihm dank der Magie seiner Person eine notdürftige Versöhnung mit General José Antonio Páez gelungen war, der jedoch nicht daran dachte, seinen separatistischen Traum aufzugeben. Die Feindschaft mit Santander war bereits allgemein bekannt, sie ging so weit, daß der General sich weigerte, dessen Briefe zu empfangen, denn er traute weder dem Gemüt noch dem Charakter des Mannes. »Sparen Sie sich die Mühe, sich mein Freund zu nennen«, schrieb er ihm. Unmittelbarer Anlaß für die Feindseligkeit der Santanderisten war eine voreilige Ansprache des Generals an die Bewohner von Caracas gewesen, in der er, ohne es lang abzuwägen, gesagt hatte, bei all seinen Handlungen habe ihn immer der Gedanke an die Freiheit und den Ruhm von Caracas geleitet. Bei seiner Rückkehr nach Neugranada versuchte er das mit einem ausgewogenen Satz an die Adresse von Cartagena und Mompox zurechtzurücken: »Caracas hat mir das Leben geschenkt, ihr den Ruhm.« Doch die Rhetorik dieses Ausspruchs klang hohl und reichte nicht aus, um der Demagogie der Santanderisten den Wind aus den Segeln zu nehmen.

Um den endgültigen Zerfall zu verhindern, machte sich der General mit einer Truppe auf den Rückweg nach Santa Fe und hoffte, daß sich ihm auf dem Weg weitere Corps anschlössen, um wieder einmal mit seinen Integrationsbemühungen zu beginnen. Er sagte, es gehe nun für ihn um die Entscheidung, aber das hatte er auch gesagt, als er ausgezogen war, um den Abfall Venezuelas zu verhindern. Bei etwas genauerem Nachdenken hätte er erkennen müssen, daß es seit zwanzig Jahren keinen Augenblick in seinem Leben gegeben hatte, der nicht entscheidend gewesen wäre. »Die ganze Kirche, das ganze Heer, die überwältigende Mehrheit der Nation standen hinter mir«, schrieb er später in Erinnerung an jene Tage. Doch trotz dieser Vorteile habe sich immer wieder gezeigt, daß, sobald er den Süden verließ, um in den Norden zu marschieren oder umgekehrt, das Land, dem er den Rücken wandte, verlorenging und neue Bürgerkriege es ruinierten. Das war sein Schicksal.

Die Presse der Santanderisten versäumte keine Gelegenheit, die militärischen Niederlagen seinen nächtlichen Ausschweifungen zuzuschreiben. Unter vielen anderen Verleumdungen, die darauf zielten, seinen Ruhm zu schmälern, wurde in jenen Tagen in Santa Fe veröffentlicht, daß nicht er, sondern General Santander Kommandeur in der Schlacht von Boyacá gewesen sei, mit der am 7. August 1819 um sieben Uhr morgens die

Unabhängigkeit besiegelt worden war, während er sich mit einer verrufenen Dame der vizeköniglichen Gesellschaft in Tunja vergnügt hätte.
Die Presse der Santanderisten war allerdings nicht die einzige, die an seine nächtlichen Eskapaden erinnerte, um ihn zu diskreditieren. Noch vor dem endgültigen Sieg hieß es, es seien mindestens drei Schlachten nur deshalb verloren worden, weil er nicht dort, wo er hätte sein sollen, gewesen war, sondern statt dessen im Bett einer Frau. Während eines früheren Besuchs des Generals in Mompox war eine Karawane von Frauen unterschiedlichen Alters und diverser Hautfarben durch die Hauptstraße gezogen, und die Luft war erfüllt gewesen von einem sündigen Parfum. Sie ritten im Amazonensitz, trugen Sonnenschirme aus bedrucktem Chintz und Kleider aus wunderschöner Seide, wie sie noch nie in der Stadt gesehen worden waren. Niemand widersprach der Vermutung, daß es sich um die Konkubinen des Generals handelte, die ihm vorausreisten. Eine falsche Vermutung wie so viele andere, aber seine Feldserails gehörten zu den Salonmärchen, die ihn über den Tod hinaus verfolgten.
Diese Methode, Informationen zu verzerren, war nicht neu. Im Krieg gegen Spanien hatte der General sie selbst angewandt, als er Santander befahl, falsche Nachrichten drucken zu lassen, um die spanischen Befehlshaber irrezuführen. Als er dann nach Neugründung der Republik Santander vorwarf, er miß-

brauche die Presse, antwortete der ihm mit seinem unvergleichlichen Sarkasmus:
»Wir haben einen guten Lehrer gehabt, Exzellenz.«
»Einen schlechten Lehrer«, erwiderte der General, »Sie werden sich daran erinnern, wie die Nachrichten, die wir erfunden haben, sich gegen uns wendeten.«
Er reagierte so empfindlich auf alles, ganz gleich ob falsch oder richtig, was über ihn gesagt wurde, daß er eine Verleumdung nie verwand und noch bis zur Stunde seines Todes darum kämpfte, sie zu widerlegen. Dennoch nahm er sich deshalb kaum in acht. Wie schon bei anderen Gelegenheiten hatte er bei seinem letzten Aufenthalt in Mompox seinen Ruhm für eine Frau aufs Spiel gesetzt.
Sie hieß Josefa Sagrario, gehörte einer alten Mompoxer Familie an und war, in eine Franziskanerkutte gehüllt und von José Palacios mit dem Losungswort »Gottes Erde« ausgestattet, an den sieben Wachposten vorbei zu ihm gelangt. Sie war so weiß, daß ihr Körper sichtbar in der Dunkelheit leuchtete. In jener Nacht war es ihr sogar gelungen, das Wunder ihrer Schönheit mit ihrem Schmuck zu übertreffen, denn sie hatte an der Vorder- und Rückseite ihres Kleides einen wunderbaren Panzer befestigt, ein Werk einheimischer Goldschmiedekunst. Er wollte sie dann auf den Armen zur Hängematte tragen, konnte sie aber kaum hochheben, so schwer wog das Gold. Als der Tag nach einer zügellosen Nacht anbrach, spürte sie den Schrecken der Vergänglich-

keit und flehte ihn an, doch eine Nacht länger in der Stadt zu bleiben.

Es war ein enormes Risiko, da Santander den geheimen Zuträgern des Generals zufolge eine Verschwörung vorbereitet hatte, um ihn zu entmachten und Kolumbien aufzuteilen. Doch er blieb, und nicht nur eine Nacht. Er blieb zehn Nächte, und sie waren so glücklich, daß beide am Ende glaubten, einander mehr zu lieben als je ein Paar auf dieser Welt.

Sie ließ ihr Gold zurück. »Für deine Kriege«, sagte sie. Er gebrauchte es nicht, er hatte Skrupel, weil das Vermögen im Bett verdient und damit nicht redlich erworben war. Er ließ es in der Obhut eines Freundes und vergaß es. Bei diesem letzten Besuch in Mompox ließ der General nach seinem Guayavenanfall die Truhe öffnen, um festzustellen, was darin war, und da erst tauchte das Gold mit Namen und Datum in seinem Gedächtnis auf.

Es war ein wundersamer Anblick: Josefa Sagrarios Goldpanzer, aus den verschiedensten kostbaren Schmiedearbeiten zusammengesetzt und insgesamt dreißig Pfund schwer. In der Truhe befand sich außerdem eine Schachtel mit 23 Gabeln, 24 Messern, 24 Löffeln, 23 Kaffeelöffeln, einer kleinen Zuckerzange, alles aus Gold, und dazu noch anderes wertvolles Hausgerät, das er ebenfalls bei verschiedenen Gelegenheiten zur Aufbewahrung zurückgelassen und dann vergessen hatte. Da eine märchenhafte Unordnung unter den Besitztümern des Generals

herrschte, konnten solche Funde an den unvorhergesehensten Orten niemanden mehr überraschen. Er gab Anweisung, das Besteck zu seinen Sachen zu packen und den Koffer mit dem Gold an seine Besitzerin zurückzugeben. Er war dann aber sprachlos, als der Pfarrer und Rektor von San Pedro Apóstol ihm mitteilte, Josefa Sagrario lebe in Italien in der Verbannung, weil sie gegen die Sicherheit des Staates konspiriert habe.
»Natürlich, das geht auf Santanders Kappe«, sagte der General.
»Nein, General«, sagte der Pfarrer, »Sie selbst haben sie im Drunter und Drüber des Jahres 28 verbannt, ohne es zu merken.«
Er ließ die Truhe, wo sie war, bis sich die Angelegenheit geklärt hätte, und machte sich keine weiteren Gedanken über die Verbannung. Denn er war sicher, wie er José Palacios sagte, daß Josefa Sagrario mit dem Haufen seiner verbannten Feinde zurückkommen würde, sobald er selbst die Küste von Cartagena aus der Sicht verloren hätte.
»Casandro packt bestimmt schon die Koffer«, sagte er.
In der Tat kehrten viele Verbannte in die Heimat zurück, sobald sie erfuhren, daß er die Reise nach Europa angetreten hatte. General Santander aber, der ein Mann der bedachtsamen Überlegungen und unergründlichen Entscheidungen war, gehörte zu den letzten. Die Nachricht vom Rücktritt versetzte ihn in Alarmbereitschaft, aber er machte keine

Anstalten zurückzukehren, beschleunigte auch nicht die Reisen durch die Länder Europas, die er, seit er im vergangenen Oktober in Hamburg von Bord gegangen war, von Wißbegier getrieben unternahm. Am 2. März 1831, er war gerade in Florenz, las er im *Journal du Commerce*, daß der General gestorben sei. Dennoch trat er seine langsame Rückreise erst sechs Monate später an, als eine neue Regierung ihn militärisch wieder in Rang und Ehren gesetzt und der Kongreß ihn in Abwesenheit zum Präsidenten der Republik gewählt hatte.

Bevor sie von Mompox abfuhren, machte der General einen Versöhnungsbesuch bei seinem alten Kriegskameraden Lorenzo Cárcamo. Erst da erfuhr er, daß Cárcamo schwer krank war und nur, um ihn zu begrüßen, am Nachmittag zuvor aufgestanden war. Obwohl sein Körper von der Krankheit angegriffen war, mußte er seine Kraft noch zügeln, er redete donnernd, während er mit dem Kissen einen Tränenbach auffing, der ihm unabhängig von seiner Gemütsverfassung aus den Augen floß.

Gemeinsam klagten sie über ihre Leiden, trauerten über die Leichtfertigkeit der Völker und den Undank des Sieges und ereiferten sich über Santander, der stets ein Thema für die beiden war. Selten war der General so freimütig gewesen. Lorenzo Cárcamo war während des Feldzugs von 1813 Zeuge eines heftigen Zusammenstoßes zwischen dem General und Santander gewesen, als dieser den Befehl verweigerte, über die Grenze in Venezuela einzumarschieren und das Land ein zweites Mal zu befreien. General Cárcamo meinte immer noch, dies sei der Ursprung einer heimlichen Verbitterung gewesen, die der Lauf der Geschichte nur verstärkt hätte.

Der General hingegen glaubte, das sei nicht das Ende, sondern der Anfang einer großen Freundschaft gewesen. Es stimme auch nicht, daß der Ursprung des Zwistes, die General Páez verliehenen Privilegien gewesen waren oder die unselige Verfassung von Bolivien oder die kaiserliche Machtfülle, die der General in Peru angenommen hatte, oder daß er in Kolumbien von der Präsidentschaft und einem Senatssitz auf Lebenszeit geträumt habe, und auch nicht die absoluten Vollmachten, die er sich nach der Konvention von Ocaña hatte geben lassen. Nein, es waren weder diese noch manch andere Gründe, die zu dem furchtbaren, sich im Laufe der Jahre verschärfenden Groll führten, der schließlich in dem Attentat vom 25. September gipfelte. »Der wahre Grund ist, daß Santander sich nie mit dem Gedanken befreunden konnte, daß dieser Kontinent ein einziges Land sein sollte«, sagte der General. »Die Einheit Amerikas war für ihn eine Nummer zu groß.« Er sah Lorenzo Cárcamo an, der auf dem Bett lag wie auf dem letzten Schlachtfeld eines von jeher verlorenen Krieges, und beendete den Besuch. »Natürlich erübrigt sich das alles nach dem Tod der Verstorbenen«, sagte er.

Lorenzo Cárcamo sah ihn aufstehen, traurig und

glanzlos, und erkannte, daß der General, wie er selbst, an den Erinnerungen schwerer als an den Jahren trug. Als er die Hand des Generals in der seinen hielt, bemerkte er außerdem, daß sie beide Fieber hatten, und er fragte sich, wessen Tod ein Wiedersehen verhindern würde.
»Die Welt ist verdorben, alter Simón«, sagte Lorenzo Cárcamo.
»Sie ist uns verdorben worden«, sagte der General. »Und jetzt bleibt nichts anderes übrig, als noch einmal von vorne anzufangen.«
»Und genau das werden wir tun«, sagte Lorenzo Cárcamo.
»Ich nicht«, sagte der General. »Mich kann man nur noch in die Müllkiste werfen.«
Lorenzo Cárcamo gab ihm zum Andenken zwei Pistolen in einem kostbaren Etui aus karminroter Atlasseide. Er wußte, daß der General nichts für Feuerwaffen übrig hatte und daß er, wenn er sich einmal selbst in den Kampf gestürzt hatte, dem Degen vertraut hatte. Doch diese Pistolen hatten den Gefühlswert, bei einem Duell in Liebessachen erfolgreich gebraucht worden zu sein, und der General nahm sie gerührt entgegen. Wenige Tage später erreichte ihn in Turbaco die Nachricht, daß General Cárcamo gestorben war.
Die Reise ging unter guten Vorzeichen am späten Sonntagnachmittag, dem 21. Mai, weiter. Stärker von der günstigen Strömung als von den Ruderern vorangetrieben, ließen die Boote die Schieferklippen

und die Spiegelungen der Sandbänke hinter sich. Die Flöße aus Baumstämmen, die ihnen nun zahlreicher begegneten, schienen schneller geworden zu sein. Im Gegensatz zu jenen, die sie in den ersten Tagen gesehen hatten, waren diese mit Aufbauten versehen, kleine Traumhäuschen mit Blumentöpfen, in den Fenstern trocknete Wäsche, es gab Hühnerställe aus Maschendraht, Milchkühe waren dabei und schwächliche Kinder, die den Booten noch lange, nachdem sie vorüber waren, zuwinkten. Die ganze Nacht über fuhren sie durch ein Sternenbekken. Bei Tagesanbruch sichteten sie im Glanz des ersten Sonnenlichts die Siedlung Zambrano.
Am Hafen, unter der riesigen Ceiba, erwartete sie Don Cástulo Campillo, El Nene genannt, der in seinem Haus zu Ehren des Generals einen karibischen Sancocho hatte zubereiten lassen. Diese Einladung war von der Legende inspiriert, daß der General bei seinem ersten Besuch in Zambrano in einer einfachen Gastwirtschaft an den Hafenklippen zu Mittag gegessen und gesagt hatte, schon wegen des köstlichen karibischen Eintopfs müsse er einmal im Jahr wiederkommen. Die Besitzerin der Gastwirtschaft war von der Bedeutung des Gastes so beeindruckt gewesen, daß sie jemanden ausschickte, um in dem vornehmen Haus der Campillos Teller und Besteck auszuleihen. Der General erinnerte sich kaum an Einzelheiten dieser Begebenheit, und weder er noch José Palacios waren sich sicher, ob der Küsten-Sancocho dasselbe war wie der fette

Fleischeintopf aus Venezuela. General Carreño meinte jedoch, es sei das gleiche und sie hätten ihn in der Tat in der Hafenwirtschaft gegessen, allerdings nicht während des Feldzugs am Fluß, sondern vor drei Jahren, als sie mit dem Flußdampfer dagewesen seien. Der General, den die Lecks in seinem Gedächtnis immer mehr beunruhigten, übernahm diese Aussage mit Demut.

Das Mittagessen für die Grenadiere der Garde fand im Hof des Herrenhauses der Campillos unter großen Mandelbäumen statt und wurde auf Bohlentischen, auf denen statt Decken Bananenblätter lagen, serviert. Eine prächtige Tafel war auf der Terrasse zum Innenhof streng nach englischer Sitte für den General, seine Offiziere und die wenigen Gäste gedeckt. Die Hausherrin erklärte, sie seien um vier Uhr früh von der Nachricht aus Mompox überrascht worden und hätten kaum noch Zeit gehabt, das beste Rind ihrer Weiden zu opfern. Dort lag es, in saftige Stücke geschnitten und auf lebhaftem Feuer in viel Wasser zusammen mit allem gekocht, was der Gemüsegarten hergab.

Die Nachricht, daß ein unangekündigtes Willkommensessen auf ihn wartete, hatte dem General die Laune vergällt, und José Palacios mußte alle seine Vermittlungskünste einsetzen, bis er sich bereit erklärte, überhaupt von Bord zu gehen. Die freundliche Atmosphäre des Festes versöhnte ihn. Er lobte zu Recht den guten Geschmack des Hauses und die Sanftmut der Töchter, die bescheiden und zuvorkommend und mit einer Gewandtheit alten Stils am Ehrentisch bedienten. Er lobte über alles die Reinheit des Porzellans und den Klang des Silbers mit dem Wappen irgendeines Hauses, dem die neuen Zeiten zum Verhängnis geworden waren, aber er aß mit seinem eigenen Besteck.

Die einzige Mißstimmung verursachte ein Franzose, der bei den Campillos Zuflucht gefunden hatte und mit dem unstillbaren Verlangen zu dem Essen kam, sein universelles Wissen von den Rätseln des dies- und jenseitigen Lebens vor solch berühmten Gästen unter Beweis zu stellen. Er hatte bei einem Schiffbruch alles verloren und okkupierte seit fast einem Jahr mit seinen Adjutanten und Dienstboten das halbe Haus, während er auf ungewisse Hilfe wartete, die ihm aus New Orleans zukommen sollte. José Palacios erfuhr, daß er Diocles Atlantique hieß, konnte jedoch nicht feststellen, welche Wissenschaft er betrieb, noch zu welchem Zwecke er in Neugranada war. Nackt und mit einem Dreizack in der Hand hätte er Neptun geglichen, und er genoß im ganzen Dorf den Ruf, grob und schlampig zu sein. Das bevorstehende Mittagessen mit dem General hatte ihn jedoch so aufgerüttelt, daß er nun frischgebadet und mit sauberen Nägeln bei Tisch erschien und sich trotz der Bruthitze im Mai wie für einen Pariser Salon im Winter gekleidet hatte, blaue Jacke mit goldenen Knöpfen und gestreifte Beinkleider der alten Directoire-Mode.

Schon nach der ersten Begrüßung gab er in sauberem Spanisch einen enzyklopädischen Vortrag zum besten. Er erzählte, daß einer seiner ehemaligen Mitschüler an der Primarschule von Grenoble soeben nach vierzehn schlaflosen Jahren die ägyptischen Hieroglyphen entziffert habe. Daß der Mais nicht aus Mexiko, sondern aus einer Region in Mesopotamien stamme, wo man Fossilien gefunden habe, die vor der Ankunft von Kolumbus auf den Antillen zu datieren seien. Daß die Assyrer experimentelle Beweise für den Einfluß der Gestirne auf Krankheiten erbracht hätten. Daß die Griechen bis 400 vor Christi keine Katzen gekannt hätten, eine neuerschienene Enzyklopädie aber das Gegenteil behaupte. Während er ohne Unterlaß über diese und viele andere Dinge salbaderte, legte er nur notgedrungen Pausen ein, um über den Mangel an Kultur in der hiesigen Küche zu lamentieren.

Der General, der ihm gegenübersaß, lieh ihm nur die allernötigste höfliche Aufmerksamkeit, er hob den Blick nicht vom Teller und tat so, als esse er mehr, als er aß. Der Franzose versuchte von vornherein, mit ihm in der eigenen Sprache zu reden, und der General erwiderte ihm aus Anstand ebenso, fiel aber sogleich ins Spanische zurück. José Laurencio Silva staunte über seine Geduld an diesem Tag, wußte er doch, wie sehr den General die Selbstherrlichkeit der Europäer in Rage versetzte.

Der Franzose wandte sich lautstark an die verschiedenen Gäste, selbst an weit entfernt Sitzende, doch war klar, daß ihm nur an der Aufmerksamkeit des

Generals gelegen war. Plötzlich, vom Hahn auf den Esel kommend, wie er sagte, fragte er ihn direkt, welche Regierungsform für die neuen Republiken letztendlich die beste sei. Ohne den Blick vom Teller zu heben, fragte der General zurück:
»Was meinen Sie denn?«
»Ich meine, das Beispiel Bonapartes ist nicht nur für uns, sondern für die ganze Welt von Nutzen«, sagte der Franzose.
»Ich bezweifle nicht, daß Sie das glauben«, sagte der General mit unverhohlener Ironie. »Die Europäer meinen, nur das, was Europa erfindet, sei gut für das Universum und alles andere verabscheuenswert.«
»Meines Wissens haben Sie, Exzellenz, eine monarchische Lösung gefördert«, sagte der Franzose.
Der General blickte zum ersten Mal auf. »Dann sollten Sie mit ihrem Wissen einpacken«, sagte er. »Meine Stirn wird nie von einer Krone entehrt werden.« Er wies mit dem Finger auf die Gruppe seiner Adjutanten und schloß:
»Dafür habe ich Iturbide, der erinnert mich daran.«
»Apropos«, sagte der Franzose, »die Erklärung, die Sie nach der Erschießung des Kaisers abgegeben haben, hat den europäischen Monarchisten sehr viel Mut gemacht.«
»Ich rücke von dem, was ich damals gesagt habe, kein Jota ab«, sagte der General. »Ich staune darüber, daß ein gewöhnlicher Mann wie Iturbide so außergewöhnliche Dinge getan hat, aber Gott bewahre mich vor seinem Schicksal, wie er mich vor

seiner Karriere bewahrt hat, auch wenn ich weiß, daß er mich nicht vor dem gleichen Undank bewahren wird.«
Er bemühte sich sogleich, seine Schroffheit abzumildern, und erklärte, die Initiative, ein monarchistisches Regime in den neuen Republiken einzuführen, sei von General José Antonio Páez ausgegangen. Von allerlei zwielichtigen Interessen begünstigt, habe sich die Idee ausgebreitet, und selbst er habe im Rahmen einer Präsidentschaft auf Lebenszeit daran gedacht, aber nur als letzte Möglichkeit, die Einheit Amerikas um jeden Preis zu erreichen und zu bewahren. Bald habe er jedoch den darin liegenden Widersinn erkannt.
»Mit dem Föderalismus geht es mir umgekehrt«, schloß er. »Er scheint mir für unsere Länder zu perfekt, setzt er doch Tugenden und Gaben voraus, die hoch über den unseren stehen.«
»Wie auch immer«, sagte der Franzose, »nicht die Systeme, sondern ihre Exzesse machen die Geschichte unmenschlich.«
»Dieses Gerede kennen wir bereits auswendig«, sagte der General. »Das ist im Grunde genau der Unsinn von Benjamin Constant, dem größten Opportunisten Europas, erst war er gegen die Revolution, dann für die Revolution, er hat gegen Napoleon gekämpft und ist dann sein Hofschranze geworden, er legt sich als Republikaner ins Bett und steht als Monarchist wieder auf oder umgekehrt und wirft sich jetzt kraft europäischer

Präpotenz als absoluter Verweser unserer Wahrheit auf.«
»Constants Argumente gegen die Tyrannei sind äußerst luzide«, sagte der Franzose.
»Monsieur Constant ist, wie alle Franzosen, ein Fanatiker der absoluten Ideen«, sagte der General. »Das einzig Luzide in dieser Polemik stammt von Abbé Pradt, der darauf hingewiesen hat, daß Politik davon abhängt, wo und wann sie gemacht wird. Während des Kriegs auf Leben und Tod habe ich selbst den Befehl gegeben, an einem einzigen Tag achthundert spanische Gefangene, die Kranken im Hospital von La Guayra eingeschlossen, zu exekutieren. Heute würde ich bei gleichen Voraussetzungen ohne ein Zittern in der Stimme den Befehl wiederholen, und die Europäer hätten nicht die moralische Autorität, mir das vorzuwerfen, denn wenn eine Geschichte mit Blut, Niedertracht und Ungerechtigkeit getränkt ist, dann die Geschichte Europas.«
Je tiefer er in das Problem eindrang, desto mehr schürte er die eigene Wut inmitten eines großen Schweigens, das, wie es schien, das ganze Dorf ergriffen hatte. Der Franzose war bedrückt und versuchte, ihn zu unterbrechen, doch der General brachte ihn mit einer Handbewegung zum Schweigen. Er erinnerte an die grauenhaften Blutbäder der europäischen Geschichte. In der Bartholomäusnacht gab es in zehn Stunden mehr als zweitausend Tote. In der Blüte der Renaissance hatten zwölftau-

send Söldner der kaiserlichen Heere Rom geplündert und verwüstet und achttausend seiner Einwohner über die Klinge springen lassen. Und die Apotheose: Iwan IV., Zar aller Reußen, zu Recht der Schreckliche genannt, hatte die gesamte Bevölkerung der Städte zwischen Moskau und Nowgorod ausgelöscht und die zwanzigtausend Einwohner Nowgorods bei einem einzigen Überfall massakrieren lassen, auf den bloßen Verdacht hin, es gäbe eine Verschwörung gegen ihn.
»Also seid nicht mehr so freundlich, uns zu sagen, was wir zu tun haben«, schloß er. »Versucht uns nicht beizubringen, wie wir sein sollen, geht nicht davon aus, daß wir euch gleichen müssen, und erwartet nicht, daß wir in zwanzig Jahren all das richtig machen, was ihr in zweitausend Jahren falsch gemacht habt.«
Er legte das Besteck gekreuzt auf den Teller und richtete zum ersten Mal seine flammenden Augen auf den Franzosen:
»Laßt uns bitteschön, verflucht noch mal, in Ruhe unser Mittelalter durchmachen!«
Erneut packte ihn der Husten, und er bekam keine Luft. Sobald er ihn niedergerungen hatte, war jedoch aller Zorn verflogen. Er wandte sich Nene Campillo zu und zeichnete ihn mit seinem besten Lächeln aus.
»Verzeihen Sie, mein lieber Freund«, sagte er zu ihm. »Solche Tiraden hat ein denkwürdiges Essen wie dieses nicht verdient.«

Oberst Wilson erzählte diese Episode einem Chronisten der Zeit, der sich aber nicht die Mühe machte, sie festzuhalten. »Der arme General ist ein abgeschlossener Fall«, sagte er. Im Grunde war das die Überzeugung aller, die ihn auf seiner letzten Reise sahen, und vielleicht hinterließ deshalb niemand ein schriftliches Zeugnis. Selbst einige seiner Begleiter meinten mittlerweile, der General werde nicht in die Geschichte eingehen.

Nach Zambrano war der Urwald nicht mehr ganz so dicht, und die Dörfer wurden fröhlicher und bunter, in einigen gab es sogar ohne jeden Anlaß Straßenmusik. Der General ließ sich in seine Hängematte fallen und versuchte, bei einer friedlichen Siesta die Dreistigkeiten des Franzosen zu verdauen, aber es fiel ihm nicht leicht. Er beschäftigte sich weiter mit ihm, jammerte José Palacios vor, er habe nicht zur rechten Zeit die richtigen Worte und die unschlagbaren Argumente gefunden, die ihm erst jetzt in der Einsamkeit der Hängematte einfielen, wo der Gegner außer Reichweite war. Als der Abend kam, ging es ihm jedoch besser, und er gab General Carreño Anweisung, die Regierung zu benachrichtigen, damit dem ins Unglück geratenen Franzosen geholfen werde.

Durch die Nähe des Meeres angeregt, die sich immer stärker im Sehnen der Natur offenbarte, ließen die meisten Offiziere ihrer angeborenen guten Laune freien Lauf und halfen den Ruderern, benutzten ihre Bajonette als Harpunen und jagten

Kaimane, machten sich die einfachsten Arbeiten schwerer und leiteten so mit Galeerenfron die überschüssigen Energien ab. José Laurencio Silva dagegen schlief so oft es ging tagsüber und arbeitete bei Nacht, wegen seiner alten Angst, vom grauen Star blind zu werden, wie es mehreren Verwandten mütterlicherseits widerfahren war. Er stand im Finstern auf, weil er lernen wollte, ein nützlicher Blinder zu sein. In der Schlaflosigkeit der Feldlager hatte der General ihn oft bei seiner Handwerksarbeit gehört, wie er die Baumstämme zu Brettern zersägte, sie selbst hobelte, die Teile zusammenfügte und die Hammerschläge dämpfte, um fremde Träume nicht zu stören. Am nächsten Tag bei Sonnenlicht mochte man kaum glauben, daß solche Schreinerkunstwerke im Dunkeln entstanden waren. In der Nacht von Puerto Real blieb José Laurencio Silva gerade noch Zeit, die Parole zu rufen, als ein Wachposten auf ihn schießen wollte, weil er glaubte, jemand versuche, in der Dunkelheit zur Hängematte des Generals zu schleichen.
Die Fahrt verlief nun schneller und ruhiger. Den einzigen Zwischenfall verursachte ein Dampfschiff des Kommodore Elbers, das in entgegengesetzter Richtung vorbeischnaubte, mit seiner Bugwelle alle Champanes gefährdete und das Proviantboot zum Kentern brachte. Unterhalb der Reling war in großen Lettern der Name des Schiffs zu lesen: *El Libertador*. Der General betrachtete ihn nachdenklich, bis die Gefahr vorüber und das Schiff außer

Sicht war. »Der Befreier«, murmelte er. Und dann, als schlage er eine neue Seite auf, sagte er zu sich: »Wenn ich denke, daß ich das bin!«
Die Nacht über blieb er wach in der Hängematte liegen, während die Ruderer darin wetteiferten, die Stimmen des Urwalds zu erraten: Kapuzineraffen, Papageien, die Anaconda. Zusammenhanglos erzählte plötzlich einer, die Campillos hätten aus Angst, die Schwindsucht zu bekommen, das englische Porzellan, die böhmischen Gläser und die holländischen Tischtücher im Hof vergraben.
Es war das erste Mal, daß der General diese landläufige Diagnose hörte, obwohl sie in der Flußregion und bald auch an der ganzen Küste verbreitet wurde. José Palacios merkte, daß der General getroffen war, weil er aufhörte, sich in der Hängematte zu wiegen. Nach langem Grübeln sagte er: »Ich habe mit meinem eigenen Besteck gegessen.«
Am nächsten Tag legten sie bei dem Dorf Tenerife an, um den beim Kentern verlorengegangenen Proviant zu ersetzen. Der General blieb inkognito an Bord, schickte aber Wilson aus, er solle sich nach einem französischen Kaufmann mit dem Namen Lenoit oder Lenoir erkundigen, dessen Tochter etwa dreißig Jahre alt sein müßte. Da die Nachforschungen in Tenerife erfolglos blieben, ließ er sie auf die Nachbarsiedlungen Guáitaro, Salamina und El Piñón ausdehnen, bis er sich davon überzeugt hatte, daß die Legende in keiner Weise von der Wirklichkeit bestätigt wurde.

Sein Interesse war verständlich, da ihn jahrelang, von Caracas bis Lima, das tückische Gemurmel verfolgt hatte, zwischen ihm und Anita Lenoit habe es, als er bei dem Feldzug am Fluß durch Tenerife gekommen sei, eine verrückte und verbotene Leidenschaft gegeben. Es beunruhigte ihn, auch wenn er nichts tun konnte, um es zu widerlegen. Erstens, weil auch gegen seinen Vater, Oberst Juan Vicente Bolívar, beim Bischof von San Mateo mehrere Verfahren und Protokolle wegen angeblicher Vergewaltigung Voll- und Minderjähriger anhängig gewesen waren sowie wegen seines schlechten Verhältnisses zu vielen anderen Frauen, bei denen er das jus primae noctis begierig in Anspruch genommen hatte. Und zweitens, weil er während der Flußkampagne nur zwei Tage, zu kurz für eine solch flammende Liebe, in Tenerife geblieben war. Die Legende jedoch lebte fort, auf dem Friedhof von Tenerife gab es später sogar ein Grab mit dem Gedenkstein von Señorita Anne Lenoit, das bis zum Ende des Jahrhunderts eine Pilgerstätte für Verliebte war.

Für die Gefolgsleute des Generals waren die Beschwerden, die José María Carreño im Armstumpf fühlte, Anlaß zu freundlichem Spott. Er spürte die Bewegungen der Hand, das Tastgefühl der Finger und bei schlechtem Wetter Schmerzen in den Knochen, die er nicht mehr hatte. Er hatte sich genügend Sinn für Humor bewahrt, um über sich selbst zu lachen. Sorgen machte er sich hingegen

über seine Angewohnheit, im Schlaf Fragen zu beantworten. Er ließ sich, ohne die Hemmungen, die er im Wachzustand hatte, auf Gespräche jeglicher Art ein, offenbarte Pläne und Enttäuschungen, die er sonst zweifellos für sich behalten hätte, und einmal wurde er sogar grundlos beschuldigt, im Schlaf ein militärisches Geheimnis preisgegeben zu haben. In der letzten Nacht auf dem Fluß hörte José Palacios, der neben der Hängematte des Generals wachte, wie Carreño am Bug des Bootes sagte: »Siebentausendachthundertzweiundachtzig.«
»Über was reden wir?« fragte ihn José Palacios.
»Über die Sterne«, sagte Carreño.
Der General öffnete die Augen, er war überzeugt davon, daß Carreño im Schlaf sprach, und richtete sich in der Hängematte auf, um durch das Fenster in die Nacht zu sehen. Sie war unermeßlich und strahlend, und die klaren Sterne ließen keinen freien Raum am Himmel.
»Es müssen etwa zehnmal so viele sein«, bemerkte der General.
»Es sind so viele, wie ich gesagt habe«, behauptete Carreño, »dazu noch zwei Sternschnuppen, die vorbeikamen, während ich zählte.«
Da verließ der General die Hängematte und sah, wie Carreño, der am Bug auf dem Rücken lag, den nackten Oberkörper von verschlungenen Narben überzogen, die Sterne mit dem Armstumpf zählte. So war er nach der Schlacht von Cerritos Blancos in Venezuela aufgefunden worden: rot von Blut und

halb zerfetzt; man hatte ihn im Glauben, er sei tot, im Schlamm liegen gelassen. Er hatte vierzehn Säbelhiebe abbekommen, ein paar davon in den Unterarm, der ihm abgenommen werden mußte. Später trug er in verschiedenen Schlachten weitere Blessuren davon. Doch sein Mut blieb ungebrochen, und er lernte, die linke Hand so geschickt zu gebrauchen, daß er nicht nur für seine harte Waffenführung, sondern auch für seine erlesene Kalligraphie berühmt wurde.

»Nicht einmal die Sterne sind gegen den Verfall des Lebens gefeit«, sagte Carreño. »Es gibt jetzt weniger als vor achtzehn Jahren.«

»Du bist verrückt«, sagte der General.

»Nein«, sagte Carreño. »Ich bin alt, aber ich will es mir nicht eingestehen.«

»Ich bin acht lange Jahre älter als du«, sagte der General.

»Ich zähle für jede meiner Wunden zwei Jahre dazu«, sagte Carreño. »Also bin ich der älteste von allen.«

»Wenn es danach ginge, müßte José Laurencio Silva der Älteste sein«, sagte der General. »Sechs Schußverletzungen, sieben mit der Lanze, zwei durch Pfeile.«

Carreño nahm es falsch auf, in seiner Antwort lag Gift versteckt:

»Und Sie wären der Jüngste: nicht eine Schramme.«

Es war nicht das erste Mal, daß der General diese Tatsache wie einen Tadel zu hören bekam. Carreño

schien er es aber nicht übelzunehmen, da dessen Freundschaft schon die härtesten Proben bestanden hatte. Er setzte sich neben ihn und half ihm dabei, die Sterne im Fluß zu betrachten. Als Carreño nach einer langen Pause wieder zu sprechen begann, lag er schon im Abgrund des Schlafs.
»Ich will nicht wahrhaben, daß mit dieser Reise das Leben zu Ende geht«, sagte er.
»Das Leben geht nicht nur mit dem Tod zu Ende«, sagte der General. »Es gibt noch andere Möglichkeiten, sogar würdigere.«
Carreño weigerte sich, dem beizustimmen.
»Wir müßten etwas tun«, sagte er. »Und sei es, in *cariaquito morado* zu baden. Und nicht wir allein: das ganze Befreiungsheer.«
Bei seiner zweiten Reise nach Paris hatte der General noch nichts von den *cariaquito-morado*-Bädern gehört. Die Blüten der Wandelröschen waren in seinem Land dafür bekannt, das Unglück zu bannen. Doktor Aimé Bonpland, ein Mitarbeiter Humboldts, hatte ihm mit einem gefährlichen wissenschaftlichen Ernst von diesen wundersamen Pflanzen erzählt. Zur gleichen Zeit lernte der General einen ehrwürdigen Magistrat des französischen Gerichtshofs kennen, der in Caracas seine Jugend verbracht hatte und nun häufig mit seiner schönen Mähne und dem Apostelbart, beide von den Entschlackungsbädern maulbeerfarben getönt, in den literarischen Salons von Paris auftauchte.
Der General lachte über alles, was nach Aberglau-

ben oder übernatürlichem Blendwerk aussah, und über jeden Kult, der nicht mit dem Rationalismus seines Lehrmeisters Simón Rodríguez zu vereinbaren war. Damals war er gerade zwanzig geworden, erst kürzlich verwitwet und reich; die Krönung von Napoleon Bonaparte hatte ihn überwältigt, er war Freimaurer geworden und rezitierte auswendig seine Lieblingspassagen aus Rousseaus *Emile* und *Nouvelle Heloïse,* den beiden Büchern, die ihm lange Zeit die teuersten waren, und er war zu Fuß, den Rucksack auf dem Rücken, mit seinem Lehrer als Führer fast durch ganz Europa gereist. Auf einem der Hügel, den Blick auf das ihnen zu Füßen liegende Rom, hatte Don Simón Rodríguez eine seiner hochtrabenden Prophezeiungen über das Schicksal Amerikas verkündet. Er selbst hatte es klarer gesehen:
»Diese eingebildeten Neuankömmlinge kann man nur mit Fußtritten aus Venezuela jagen«, sagte er. »Und ich schwöre Ihnen, ich werde es tun.«
Als er, endlich volljährig, über sein Erbe verfügen konnte, begann er das Leben zu führen, das ihm die Tollheit der Zeit und sein feuriges Temperament abverlangten. In drei Monaten gab er hundertfünfzigtausend Francs aus. Er hatte die teuersten Zimmer im teuersten Hotel von Paris, zwei Diener in Livree, einen türkischen Kutscher und eine Kalesche mit weißen Pferden und für jede Gelegenheit eine andere Geliebte, sei es an seinem Stammtisch im Café Procope oder auf den Bällen in Montmartre

oder in seiner Privatloge in der Oper, und allen, die es glauben wollten, erzählte er, daß er in einer schlechten Nacht dreitausend Pesos beim Roulette verloren hatte.

Zurück in Caracas hielt er sich auch weiterhin noch mehr an Rousseau als an sein eigenes Herz und las immer wieder mit verschämter Leidenschaft die *Nouvelle Heloïse* in einem Exemplar, das ihm langsam in den Händen zerfiel. Kurz vor dem Attentat vom 25. September jedoch, als er seinen römischen Schwur schon mehr als erfüllt hatte, unterbrach er Manuela Sáenz beim zehnten Wiederlesen des *Emile*, weil er das Buch abscheulich fand. »Nirgends habe ich mich so gelangweilt wie in Paris im Jahre vier«, sagte er diesmal zu ihr. Als er aber dort gewesen war, hatte er sich nicht nur für glücklich, sondern sogar für den glücklichsten auf Erden gehalten, ohne sein Schicksal mit dem vielversprechenden Wasser des *cariaquito morado* eingefärbt zu haben.

Sechsundzwanzig Jahre später, von der Magie des Flusses in Bann geschlagen, todkrank und besiegt, fragte er sich vielleicht, ob ihm der Mut fehle, die Origano- und Salbeiblätter und die bitteren Orangen von José Palacios' Entspannungsbädern zum Teufel zu wünschen und Carreños Rat zu folgen, mitsamt seinen Bettlerheeren, seinen nutzlosen Siegen, seinen denkwürdigen Fehlern, mit dem ganzen Vaterland tief in einen rettenden Ozean aus *cariaquito morado* einzutauchen.

Es war eine Nacht der weiten Stille wie in den gewaltigen Flußmündungen der Llanos, und der Hall trug vertrauliche Gespräche über mehrere Meilen hinweg. Christoph Kolumbus hatte einen Augenblick wie diesen erlebt und in sein Logbuch geschrieben: »Die ganze Nacht über habe ich die Vögel fliegen gehört.« Denn nach neunundsechzig Tagen Seefahrt war das Land nah. Auch der General hörte die Vögel. Etwa um acht Uhr, Carreño schlief noch, begannen sie vorbeizufliegen, und eine Stunde später waren so viele über seinem Kopf, daß der Wind ihrer Flügel stärker war als der Wind. Wenig später schwammen riesige Fische, die sich zwischen den Sternen am Grund verirrt hatten, unter den Booten hindurch, und von Nordosten wehten die ersten Böen der Fäulnis herüber. Man mußte sie nicht sehen, um die unerbittliche Macht zu erkennen, die den Herzen jenes seltsame Gefühl der Freiheit eingab. »Gott der Armen!« seufzte der General. »Wir kommen an.« Und so war es. Denn dort lag das Meer, und auf der anderen Seite des Meeres lag die Welt.

Er war also wieder in Turbaco. In demselben Haus mit dämmrigen Gemächern, breiten Türbögen und tiefen Fenstern, durch die man auf die gekieste Plaza und zum klösterlichen Innenhof hinaussehen konnte, wo er einst zwischen Orangenbäumen den Geist von Don Antonio Caballero y Góngora, Erzbischof und Vizekönig von Neugranada, hatte wandeln sehen, der dort in Mondnächten von seinen vielen Sünden und untilgbaren Schulden Erleichterung suchte. Anders als an der sonst feuchtheißen Küste war das Klima in Turbaco, das hoch über dem Meer lag, frisch und gesund, und an den Bächen standen, mit Wurzeln wie Tentakeln, gewaltige Lorbeerbäume, in deren Schatten sich die Soldaten zur Mittagsruhe legten.

Zwei Nächte zuvor hatten sie Barranca Nueva, den ersehnten Endpunkt der Flußreise, erreicht und mußten dort in einem stinkenden Schuppen aus Lehm und Rohrgestänge zwischen aufgehäuften Reissäcken und ungegerbten Häuten übernachten, weil weder eine Unterkunft für sie reserviert worden war, noch die Maultiere bereitstanden, die sie beizeiten bestellt hatten. Der General kam daher mitgenommen und durchgeschwitzt in Turbaco an, sehnte sich nach Schlaf, war aber nicht müde.

Sie hatten noch nicht fertig abgeladen, als die Nachricht von seiner Ankunft ihnen in das nur sechs Meilen entfernte Cartagena de Indias vorausgeeilt war, wo General Mariano Montilla, Generalintendant und Militärkommandant der Provinz, für den kommenden Tag einen öffentlichen Empfang vorbereitet hatte. Doch dem General war nicht nach verfrühten Festen zumute. Diejenigen, die am Camino Real im gnadenlosen Nieselregen auf ihn warteten, begrüßte er herzlich wie alte Bekannte, bat sie aber mit ebensolcher Offenheit darum, ihn allein zu lassen.

Es ging ihm in Wirklichkeit noch schlechter, als seine Mißstimmung erkennen ließ, obgleich er bemüht war, das zu verbergen, aber selbst sein Gefolge beobachtete Tag für Tag den unaufhaltsamen Abbau. Er konnte beim besten Willen nicht mehr. Seine Hautfarbe war von bleichem Grün in tödliches Gelb übergegangen. Er hatte Fieber und immerfort Kopfschmerzen. Der Gemeindepfarrer bot an, einen Arzt zu holen, doch er widersetzte sich: »Wenn ich auf meine Ärzte gehört hätte, läge ich schon viele Jahre im Grab.« Bei der Ankunft hatte er noch am nächsten Tag nach Cartagena weiterreisen wollen, im Laufe des Vormittags jedoch erfahren, daß kein Schiff nach Europa im Hafen lag und auch sein Paß nicht mit der letzten Post eingetroffen war. Er beschloß daher, drei Tage zu bleiben und auszuruhen. Seine Offiziere begrüßten das, nicht nur in Hinblick auf sein körperliches Wohl, sondern auch, weil die ersten heimlichen

Berichte über die Situation in Venezuela nicht gerade zuträglich für sein Gemüt waren.
Er konnte jedoch nicht verhindern, daß auch weiterhin Raketen abgefeuert wurden, bis das Pulver ausging, und ganz in der Nähe eine Dudelsackkapelle aufgestellt wurde, die bis spät in die Nacht spielte. Aus dem nahegelegenen Sumpfgebiet Marialabaja wurde außerdem eine Tanzgruppe schwarzer Männer und Frauen herbeigeschafft, die wie europäische Höflinge aus dem 16. Jahrhundert gekleidet waren und mit afrikanischem Geschick spanische Salontänze parodierten. Man hatte diese Gruppe für ihn geholt, weil er bei seinem letzten Besuch so viel Gefallen an ihr gefunden hatte, daß er sie mehrmals hatte kommen lassen, jetzt aber schaute er sie sich nicht einmal an.
»Schafft mir dieses Spektakel vom Hals«, sagte er.
Der Vizekönig Caballero y Góngora hatte das Haus erbaut und etwa drei Jahre darin gewohnt, und das gespenstische Echo in den Gemächern wurde dem Zauber zugeschrieben, der seine unerlöste Seele in Bann hielt. Der General wollte nicht wieder in das Schlafzimmer, das er beim vorigen Mal bewohnt und als ein Alptraumzimmer in Erinnerung behalten hatte, weil er dort jede Nacht von einer Frau mit leuchtendem Haar geträumt hatte, die ihm ein rotes Band um den Hals knüpfte, bis er davon aufwachte, und das wieder und wieder bis zum Morgengrauen. Er ließ daher die Hängematte an den Ringen im Salon aufhängen und schlief dort eine Weile, ohne

zu träumen. Es goß in Strömen, und eine Gruppe Kinder drängte sich auf der Straße vor den Fenstern, um ihn schlafen zu sehen. Ein Junge weckte ihn mit dem gedämpften Ruf: »Bolívar, Bolívar!« Er suchte ihn im Fiebernebel, und der Junge fragte:
»Liebst du mich?«
Der General nickte mit einem unsicheren Lächeln, befahl aber dann, man möge die Hühner verscheuchen, die ständig im Haus herumspazierten, die Kinder wegschicken und die Fenster schließen. Dann schlief er wieder ein. Als er aufwachte, regnete es noch immer, und José Palacios richtete gerade das Moskitonetz für die Hängematte her.
»Ich habe geträumt, daß ein Junge von der Straße durchs Fenster seltsame Fragen stellte«, sagte der General.
Er war bereit, eine Tasse Heiltee zu sich zu nehmen, die erste in vierundzwanzig Stunden, schaffte es aber nicht, sie auszutrinken. Von einer Ohnmacht umfangen, sank er in die Hängematte zurück und blieb dann lange Zeit in abendlicher Meditation versunken, den Blick auf die Fledermäuse geheftet, die aufgereiht an den Dachbalken hingen. Schließlich seufzte er:
»Wir sind reif für ein Armenbegräbnis.«
Er war gegenüber den ehemaligen Offizieren und einfachen Soldaten des Befreiungsheers, die ihm im Laufe der Flußreise von ihrem Mißgeschick erzählt hatten, so freigebig gewesen, daß er in Turbaco nur noch ein Viertel von seinem Reisegeld übrig hatte.

Es mußte erst geklärt werden, ob die Provinzregierung in ihrer geplünderten Kasse genug Geld flüssig hatte, um den Wechsel zu decken, oder ob es wenigstens die Möglichkeit gab, ihn bei einem Börsenmakler einzutauschen. Für eine erste Unterbringung in Europa konnte er mit der Dankbarkeit Englands rechnen, dem er so manchen Gefallen erwiesen hatte. »Die Engländer mögen mich«, pflegte er zu sagen. Um seiner Erinnerungen würdig mit Anstand zu überleben, Dienstboten sowie ein kleines Gefolge unterhalten zu können, rechnete er mit dem illusionären Verkauf der Minen von Aroa. Wenn er aber wirklich abreisen wollte, brauchte er sofort Geld für Passagen und Überfahrt für sich und sein Gefolge, und sein Bargeld reichte nicht aus, um daran auch nur zu denken. Aber das hätte noch gefehlt, daß er auf seine unendliche Fähigkeit, sich Hoffnungen zu machen, gerade dann verzichtet hätte, als sie ihm besonders zupaß kam. Im Gegenteil. Obwohl er vor Fieber und Kopfweh Glühwürmchen sah, wo keine waren, überwand er die Schläfrigkeit, die ihm die Sinne trübte, und diktierte Fernando drei Briefe.

Der erste war eine Antwort seines Herzens auf Marschall Sucres Abschiedsbrief; seine Krankheit erwähnte er darin nicht, obgleich er das sonst zu tun pflegte, wenn er, wie an jenem Nachmittag, Mitgefühl bitter nötig hatte. Der zweite Brief war an Don Juan de Dios Amador, den Präfekten von Cartagena; er bat ihn eindringlich darum, den Wechsel über achttausend Pesos auf die Provinzkasse einzulösen. »Ich bin arm und benötige dieses Geld für meine Abreise«, schrieb er. Die Bitte war erfolgreich, binnen vier Tagen bekam er eine günstige Antwort, und Fernando begab sich nach Cartagena, um das Geld abzuholen. Der dritte Brief war an den kolumbianischen Gesandten in London, den Dichter José Fernández Madrid, den er bat, einen Wechsel zugunsten von Sir Robert Wilson und einen weiteren zugunsten des englischen Professors José Lancaster auszuzahlen, dem man zwanzigtausend Pesos für die Einführung seines neuartigen Systems genossenschaftlicher Erziehung in Caracas schuldig geblieben war. »Ich stehe mit meiner Ehre dafür ein«, schrieb er. Denn er vertraute darauf, daß sein alter Gerichtsstreit inzwischen entschieden und die Minen bereits verkauft sein würden. Eine unnötige Mühe: Als der Brief in London ankam, war der Gesandte Fernández Madrid gestorben.

José Palacios gab den Offizieren, die sich beim Kartenspiel in der Innengalerie schreiend herumstritten, ein Zeichen zu schweigen, sie stritten aber flüsternd weiter, bis es von der nahen Kirche elf schlug. Kurz darauf verstummten die Dudelsäcke und Trommeln auf dem Volksfest, eine Brise vom fernen Meer trug die dunklen Gewitterwolken davon, die sich nach dem Sturzregen am Nachmittag wieder zusammengezogen hatten, und der Vollmond leuchtete über dem Patio mit den Orangenbäumen.

José Palacios ließ den General, der seit dem frühen Abend in seiner Hängematte im Fieberdelirium lag, keinen Augenblick aus den Augen. Er bereitete ihm den üblichen Gesundheitstee und einen Sennesblätter-Einlauf und wartete darauf, daß jemand mit größerer Autorität den Mut aufbrächte, ihm einen Arzt zu empfehlen, doch niemand tat es. In der Morgendämmerung nickte er dann für eine knappe Stunde ein.

An diesem Tag kam General Mariano Montilla mit ein paar ausgewählten Freunden aus Cartagena zu Besuch. Die »drei Juanes« der Bolivaristen waren dabei: Juan García del Río, Juan de Francisco Martín und Juan de Dios Amador. Die drei waren entsetzt angesichts jener elenden Gestalt, die versuchte, aus der Hängematte aufzustehen, und nicht genügend Luft hatte, sie alle zu umarmen. Sie hatten ihn bei dem *Vortrefflichen Kongreß*, dem sie angehört hatten, erlebt, und konnten es nicht fassen, daß er in so kurzer Zeit derart abgebaut hatte. Man sah die Knochen unter der Haut, und es gelang ihm nicht, seinen Blick auf etwas zu fixieren. Er mußte sich seines heißen übelriechenden Atems bewußt sein, denn er bemühte sich, nur aus der Distanz und fast im Profil zu sprechen. Am meisten waren sie aber darüber erschüttert, daß er ganz offensichtlich geschrumpft war. Als General Montilla ihn umarmte, kam es ihm sogar so vor, als reiche er ihm nur bis zur Taille.

Er wog achtundachtzig Pfund und bei seinem Tod

noch zehn Pfund weniger. Offiziell war er 1.65 Meter groß, die ärztlichen Daten stimmten allerdings nicht immer mit denen in den Militärakten überein, auf dem Autopsietisch maß er dann jedenfalls vier Zentimeter weniger. Seine Füße und Hände waren im Verhältnis zum Körper besonders klein und schienen ebenfalls geschrumpft zu sein. José Palacios war aufgefallen, daß er die Hosen fast bis zur Brust hochgezogen trug und die Manschetten des Hemdes einmal umschlagen mußte. Der General bemerkte die Verwunderung seiner Gäste, und räumte ein, daß ihm seit Januar seine alten Stiefel, Größe 35 nach französischem Maß, zu groß seien. General Montilla, der für witzige Bemerkungen auch bei den unpassendsten Gelegenheiten berühmt war, machte der Sentimentalität ein Ende.
»Wichtig ist nur, daß Eure Exzellenz uns nicht auch innerlich schrumpft.«
Wie gewöhnlich unterstrich er seinen Einfall mit einer Lachsalve. Der General antwortete ihm mit dem Lächeln eines alten Spießgesellen und wechselte das Thema. Das Wetter hatte sich gebessert, und man hätte sich gut im Freien unterhalten können, dennoch empfing er seinen Besuch lieber in der Hängematte sitzend, in eben dem Raum, wo er auch geschlafen hatte.
Beherrschendes Thema war die Lage der Nation. Die Bolivaristen in Cartagena weigerten sich, die neue Verfassung und die gewählten Amtsträger anzuerkennen, mit dem Argument, die Studenten,

die mit Santander sympathisierten, hätten unerlaubten Druck auf den Kongreß ausgeübt. Das treue Militär habe sich dagegen auf Befehl des Generals zurückgehalten, und der Klerus auf dem Lande, der ihn unterstützte, habe keine Gelegenheit gehabt, tätig zu werden. General Francisco Carmona, der eine Garnison in Cartagena kommandierte und treu zu Bolívars Sache stand, war drauf und dran gewesen, zur Rebellion aufzurufen, und drohte noch immer damit. Der General bat Montilla, ihm Carmona herzuschicken; er wollte versuchen, ihn zu beschwichtigen. Sodann wandte er sich an alle, ohne einen bestimmten anzusehen, und lieferte ihnen eine drastische Einschätzung der neuen Regierung:
»Mosquera ist eine Schamlocke und Caycedo ein Zuckerbäcker, und beide sind von den Knaben des Colegio San Bartolomé eingeschüchtert.«
Das hieß in der karibischen Umgangssprache, daß der Präsident ein Schwächling und der Vizepräsident ein Opportunist war, der sein Fähnchen nach dem Wind hängte. Mit der Galligkeit seiner schlechtesten Zeiten fügte er noch hinzu, es sei nicht verwunderlich, daß beide einen Priester zum Bruder hätten. Dagegen hielt er die neue Verfassung für besser als erwartet, zu einem geschichtlichen Zeitpunkt, da weniger die Gefahr einer Wahlniederlage als vielmehr die eines Bürgerkriegs drohte, den Santander mit seinen Briefen aus Paris schürte. Der gewählte Präsident hatte von Popayán aus wiederholt zu Ordnung und Einigkeit aufgerufen, hatte

aber noch nicht gesagt, ob er das Präsidentenamt annahm.
»Er wartet darauf, daß Caycedo die Schmutzarbeit erledigt«, sagte der General.
»Mosquera müßte jetzt bereits in Santa Fe sein«, sagte Montilla. »Er hat Popayán am Montag verlassen.«
Der General wußte das nicht, war aber nicht überrascht. »Ihr werdet schon sehen, daß diesem aufgeblasenen Kürbis die Luft ausgeht, sobald er handeln muß«, sagte er. »Der taugt nicht einmal als Portier für eine Regierung.« Er hing lange seinen Gedanken nach und erlag der Trauer.
»Schade«, sagte er, »Sucre wäre der Mann gewesen.«
»Der würdigste der Generäle«, lächelte De Francisco.
Der Ausspruch war, trotz der Anstrengungen des Generals, seine Verbreitung zu verhindern, bereits im ganzen Land berühmt.
»Ein genialer Ausspruch von Urdaneta«, witzelte Montilla.
Der General überging die Zwischenbemerkung und wollte nun, mehr im Scherz als im Ernst, etwas über die Geheimnisse der Lokalpolitik erfahren. Montilla aber schuf mit einem Schlag wieder die feierliche Stimmung, die er selbst gerade durchbrochen hatte.
»Ich bitte um Vergebung, Exzellenz«, sagte er, »Sie wissen selbst am besten, wie sehr ich den Generalfeldmarschall verehre, aber er ist nicht der richtige Mann.« Und endete mit theatralischer Emphase:

»Der Mann sind Sie.«
Der General schnitt ihm das Wort ab:
»Ich existiere nicht.«
Dann nahm er den Gesprächsfaden wieder auf und erzählte, wie Marschall Sucre sich seiner Bitte, die Präsidentschaft von Kolumbien anzunehmen, entzogen hatte. »Er hat alles, um uns vor der Anarchie zu retten, doch er hat sich vom Gesang der Sirenen betören lassen«, sagte er. García del Río hingegen meinte, der wahre Grund sei, daß Sucre keinerlei Berufung zur Macht verspüre. Dem General erschien das kein unüberwindliches Hindernis. »In der langen Menschheitsgeschichte hat sich oft genug gezeigt, daß die Berufung ein legitimes Kind der Notwendigkeit ist«, sagte er. Auf jeden Fall waren das müßige Träumereien, wußte er doch selber am besten, daß der würdigste General der Republik inzwischen weniger vergänglichen Heerscharen als den seinen angehörte.
»Die wahre Macht liegt in der Kraft der Liebe«, sagte er und fügte listig hinzu: »Das hat Sucre selbst gesagt.«
Während der General in Turbaco über ihn sprach, brach Marschall Sucre von Santa Fe nach Quito auf, ernüchtert und allein, doch gesund und im Glanz seiner Jahre sowie im vollen Genuß seines Ruhms. Als letztes hatte er am Vortag heimlich eine bekannte Wahrsagerin im Egipto-Viertel aufgesucht, die ihm für mehrere seiner Feldzüge Rat erteilt und jetzt in den Karten gesehen hatte, daß

trotz der stürmischen Jahreszeit die Seewege nach wie vor die glücklichsten für ihn waren. Dem Generalfeldmarschall der Schlacht von Ayacucho erschienen sie jedoch zu langsam in seinem Liebesdrang, und er setzte sich gegen das weise Urteil der Karten den Gefahren des Landwegs aus.
»Da ist also nichts zu machen«, schloß der General. »Wir sind so beschissen dran, daß unsere beste Regierung die schlechteste ist.«
Er kannte seine Parteigänger am Ort. Sie waren als berühmte Helden mit zahlreichen Titeln aus dem Befreiungskrieg hervorgegangen, in der kleinen Politik aber waren sie ausgekochte Intriganten, kleine Pöstchenschieber, die sich zuweilen sogar mit Montilla gegen ihn verbündet hatten. Wie auch sonst hatte er jedoch nicht locker gelassen, bis es ihm gelungen war, sie für sich zu gewinnen. Nun bat er sie, selbst auf Kosten ihrer persönlichen Interessen, die Regierung zu unterstützen. Seine Argumente hatten wie gewöhnlich prophetischen Charakter: Morgen, wenn er nicht mehr da wäre, werde eben diese Regierung, für die er jetzt Unterstützung erbat, nach Santander rufen. Der werde ruhmbekränzt zurückkehren und den Schutt aller Träume wegfegen, das riesige und einzige Vaterland, sagte der General, das er in so vielen Jahren der Kriege und Opfer zusammengeschmiedet hatte, würde zerfallen, die Parteien sich gegenseitig zerfleischen, sein Name geschmäht und sein Werk im Andenken der Jahrhunderte verfälscht werden. Nichts davon

interessierte ihn aber in diesem Augenblick, wenn sich nur eine neue blutige Episode verhindern ließ. »Rebellionen sind wie die Wellen im Meer, eine folgt der anderen«, sagte er. »Deshalb habe ich auch nie etwas dafür übrig gehabt.« Und zur Überraschung seiner Gäste schloß er:
»Das geht so weit, daß ich dieser Tage sogar unsere Rebellion gegen die Spanier bedaure.«
General Montilla und seine Freunde spürten, das war das Ende. Bevor sie sich verabschiedeten, gab er ihnen noch eine Goldmedaille mit seinem Bildnis, und sie konnten sich des Gefühls nicht erwehren, daß es sich um ein posthumes Geschenk handelte. Als sie zur Tür gingen, sagte García del Río leise:
»Er sieht schon wie ein Toter aus.«
Der Satz, verstärkt und wiederholt vom Echo des Hauses, verfolgte den General die ganze Nacht über. Am nächsten Tag konnte General Francisco Carmona über sein gutes Aussehen jedoch nur Staunen. Er traf ihn im nach Orangenblüten duftenden Patio an, dort lag er in einer für ihn im nahen San Jacinto angefertigten und mit seinem Namen in Seidengarn verzierten Hängematte, die José Palacios zwischen die Orangenbäume gehängt hatte. Er hatte eben ein Bad genommen, und nun gab ihm das straff zurückgekämmte Haar und die ohne Hemd getragene blaue Feldjacke eine Aura von Unschuld. Während er sich sanft hin und her wiegte, diktierte er seinem Neffen Fernando einen empörten Brief an Präsident Caycedo. Auf General Carmona wirkte er

keineswegs so moribund, wie man ihm erzählt hatte, womöglich, weil er noch von einem seiner legendären Zornesausbrüche berauscht war.
Carmona war eine zu auffällige Erscheinung, um an irgendeinem Ort unbemerkt zu bleiben, der General schaute aber durch ihn hindurch, während er einen Satz gegen die Perfidie seiner Verleumder diktierte. Erst am Schluß wandte er sich dem Riesen zu, der sich in voller Größe vor der Hängematte aufgepflanzt hatte und ihn, ohne mit den Wimpern zu zucken, ansah. Ohne Begrüßung fragte er ihn:
»Und Sie halten mich auch für einen Unruhestifter?«
Einen feindseligen Empfang vorwegnehmend, fragte General Carmona mit einem Hauch von Arroganz zurück:
»Und woraus schließen Sie das, General?«
»Daraus, wo auch die es herhaben.«
Er reichte ihm ein paar Zeitungsausschnitte, die er gerade mit der Post aus Santa Fe bekommen hatte und in denen er wieder einmal beschuldigt wurde, heimlich die Grenadiere zur Rebellion angestiftet zu haben, um gegen die Entscheidung des Kongresses erneut an die Macht zu kommen. »Eine infame Schweinerei«, rief er. »Während ich meine Zeit damit verschwende, Einigkeit zu predigen, beschuldigen mich diese Frühgeburten der Verschwörung.« General Carmona las die Ausschnitte und war enttäuscht.

»Nun, ich habe nicht nur geglaubt, daß das stimmt, sondern war auch sehr zufrieden darüber«, sagte er.
»Das kann ich mir denken«, sagte der General.
Er zeigte keine Anzeichen von Verärgerung, bat ihn nur, so lange zu warten, bis er den Brief zu Ende diktiert hätte, in dem er noch einmal um die amtliche Ausreiseerlaubnis bat. Als er fertig war, hatte er seine Ruhe wiedergewonnen, ebenso blitzartig und leicht, wie er sie beim Lesen der Zeitungen verloren hatte. Er stand ohne Hilfe auf und hakte sich bei General Carmona ein, um mit ihm um die Zisterne herum zu spazieren.
Das Licht war goldenes Mehl, nach drei Regentagen fiel es durch das Laub der Orangenbäume und versetzte die Vögel zwischen den Blüten in Aufregung. Der General hörte ihnen einen Augenblick lang aufmerksam zu, nahm sie in seine Seele auf und seufzte fast: »Immerhin, sie singen noch.« Dann belehrte er General Carmona darüber, warum die Vögel auf den Antillen im April schöner singen als im Juli, und zog ihn dann sofort übergangslos in seine Angelegenheiten hinein. In knapp zehn Minuten hatte er ihn davon überzeugt, die Autorität der neuen Regierung bedingungslos anzuerkennen. Danach begleitete er ihn zur Tür und ging dann in sein Schlafzimmer, um eigenhändig an Manuela Sáenz zu schreiben, die sich immer noch darüber beklagte, daß die Regierung ihre Post behindere.
Mittags aß er kaum etwas von dem Brei aus jungem Mais, den ihm Fernanda Barriga, während er

schrieb, ins Schlafzimmer brachte. Zur Siestazeit bat er Fernando, weiter aus einem Buch über chinesische Pflanzenkunde vorzulesen, das sie in der vergangenen Nacht begonnen hatten. Bald darauf kam José Palacios mit dem Origanowasser für das heiße Bad herein und fand Fernando schlafend im Sessel vor, das aufgeschlagene Buch auf dem Schoß. Der General lag wach in der Hängematte und legte Schweigen gebietend den Zeigefinger auf die Lippen. Zum ersten Mal seit zwei Wochen hatte er kein Fieber.
So ließ er der Zeit die Zügel und blieb von einer Post zur nächsten neunundzwanzig Tage in Turbaco. Er war bereits zweimal dort gewesen, die heilsame Wirkung des Ortes hatte er aber erst beim zweiten Mal richtig schätzen gelernt, auf dem Rückweg von Caracas nach Santa Fe, um dort die separatistischen Pläne Santanders zu vereiteln. Die Lebensart des Dorfes war ihm gut bekommen, und statt der vorgesehenen zwei Nächte war er zehn Tage dort geblieben. Es waren mit patriotischen Festen erfüllte Tage gewesen. Zum Schluß gab es, trotz seiner Aversion gegen Stierkämpfe, eine großartige *corraleja,* und er selbst hatte sich mit einer Jungkuh gemessen, die ihm die Manta aus den Händen riß und die Menge erschreckt aufschreien ließ. Nun, bei seinem dritten Besuch, hatte sich sein erbärmliches Los erfüllt, und die verstreichenden Tage bestätigten es ihm bis zur Verzweiflung. Es regnete häufiger und trostloser, und das Leben bestand nur noch aus Warten auf

neue mißliche Nachrichten. Eines Nachts hörte José Palacios ihn mit mitternächtlicher Hellsicht in der Hängematte stöhnen:
»Weiß der Himmel, wo Sucre ist!«
General Montilla war noch zweimal gekommen und hatte ihn in weit besserer Verfassung als am ersten Tag angetroffen. Mehr noch: Es sah so aus, als finde der General nach und nach zu seinem alten Schwung zurück, vor allem, weil er so hartnäckig bemängelte, daß die beim letzten Besuch eingegangene Verpflichtung, Cartagena werde die neue Verfassung bestätigen und die Regierung anerkennen, noch nicht eingelöst war. General Montilla ließ sich schnell eine Entschuldigung einfallen: Sie wollten erst abwarten, ob Joaquín Mosquera das Präsidentenamt annehme.
»Ihr steht besser da, wenn ihr ihm zuvorkommt«, sagte der General.
Beim nächsten Besuch forderte er das noch energischer, denn er kannte Montilla von Kindesbeinen an und wußte daher, daß der Widerstand, den dieser anderen anlastete, sein eigener sein mußte. Es verband sie nicht nur eine Freundschaft des Standes und Berufs, sondern ihr ganzes Leben. In einer bestimmten Epoche war ihre Beziehung abgekühlt, so weit, daß sie nicht mehr miteinander sprachen. Montilla hatte den General in Mompox militärisch nicht entlastet, und das in einem der gefährlichsten Momente des Krieges, woraufhin der General ihn beschuldigte, die Moral der Truppe zu zersetzen

und verantwortlich für alle Kalamitäten zu sein. Montilla reagierte heftig, forderte ihn sogar zum Duell, blieb aber trotz aller persönlichen Verbitterung im Dienst der Unabhängigkeit.

Er hatte an der Militärakademie von Madrid Mathematik und Philosophie studiert und dem Garde du Corps von König Fernando VII. bis zu dem Tage angehört, da erste Nachrichten von der Selbstbefreiung Venezuelas eintrafen. Er war ein guter Verschwörer in Mexiko gewesen, in Curaçao ein guter Waffenschmuggler und überall ein guter Kämpfer, seit er mit siebzehn Jahren die ersten Verletzungen erlitten hatte. Im Jahr 1821 säuberte er die Küstenregion von Riohacha bis Panama von den Spaniern und eroberte Cartagena gegen ein größeres und besser bewaffnetes Heer. Daraufhin bot er dem General mit einer stolzen Geste die Versöhnung an: Er schickte ihm die goldenen Schlüssel der Stadt, und der General sandte sie ihm mit der Beförderungsurkunde zum Brigadegeneral und dem Befehl zurück, die Regierung der Küstenregion zu übernehmen. Er war als Regierungshaupt nicht beliebt, obgleich er seine Exzesse durch Humor zu mildern pflegte. Sein Haus war das schönste der Stadt, seine Hacienda in Aguas Vivas gehörte zu den begehrtesten der Provinz, und das Volk fragte ihn in Wandsprüchen, woher er das Geld für solche Käufe nehme. Doch er hielt sich, auch noch nach acht Jahren harter und einsamer Machtausübung, und hatte sich dabei zu

einem listigen Politiker entwickelt, gegen den schwer anzukommen war.
Auf jedes Drängen des Generals antwortete Montilla mit einem neuen Argument. Schließlich sprach er dann doch einmal unverblümt die Wahrheit aus: Die Bolivaristen in Cartagena seien entschlossen, weder den Eid auf eine Kompromißverfassung zu leisten noch eine schwächliche Regierung anzuerkennen, die nicht aus der Übereinstimmung, sondern aus der Zwietracht aller hervorgegangen sei. Diese Haltung war für die dortige Lokalpolitik bezeichnend, deren Eigenbrödelei die Ursache wahrer historischer Tragödien gewesen war. »Und die Cartagener haben auch Grund dazu, wenn Sie, Exzellenz, der liberalste von allen, uns jenen ausliefern, die den Titel Liberale usurpiert haben, um Ihr Lebenswerk zu vernichten«, sagte Montilla. Der einzige Weg, das in Ordnung zu bringen, sei, daß der General im Lande blieb, um den Zerfall zu verhindern.
»Gut, wenn das so ist, dann lassen Sie Carmona noch einmal kommen, und wir überreden ihn gemeinsam zum Aufstand«, erwiderte der General mit dem ihm eigenen Sarkasmus. »Das wird nicht so blutig wie der Bürgerkrieg, den die Cartagener mit ihrer Aufsässigkeit entfesseln werden.«
Bevor er sich von Montilla verabschiedete, hatte er sich jedoch wieder gefaßt und bat ihn, den Stab seiner Parteigänger nach Turbaco zu bringen, damit man die Unstimmigkeiten ausräumen könne. Dar-

auf wartete er noch, als General Carreño mit dem Gerücht kam, Joaquín Mosquera habe die Präsidentschaft angetreten. Der General schlug sich an die Stirn.
»Arsch und Zwirn!« rief er. »Und wenn man ihn leibhaftig vorführt, das glaube ich nicht.«
General Montilla bestätigte noch am gleichen Nachmittag die Nachricht, er kam durch einen Sturzregen mit Böen aus wechselnden Richtungen, der Bäume entwurzelte, das halbe Dorf zerschlug, die Viehzäune am Haus umwarf und ertrunkene Tiere davonschwemmte. Das Unwetter nahm jedoch auch der schlechten Nachricht die Kraft. Die militärische Eskorte, die im Überdruß der leeren Tage dahingedämmert hatte, verhinderte noch größeres Unheil. Montilla warf sich einen Regenumhang über und leitete die Rettungsaktion. Der General blieb in seine Decke gewickelt im Schaukelstuhl am Fenster sitzen, er atmete ruhig und betrachtete nachdenklich die schlammige Sturzflut, in der die Trümmer des Unheils davongerissen wurden. Diese karibischen Ungewitter waren ihm seit seiner Kindheit vertraut. Während die Truppe sich bemühte, die Ordnung im Haus wiederherzustellen, sagte er jedoch zu José Palacios, derartiges habe er noch nie gesehen. Als endlich wieder Ruhe eingekehrt war, kam Montilla triefend und bis zu den Knien voller Schlamm in den Salon. Der General bestand unbeirrt auf seinem Anliegen.
»Also gut, Montilla«, sagte er, »jetzt ist Mosquera

Präsident, und Cartagena hat ihn immer noch nicht anerkannt.«

Aber auch Montilla ließ sich von einem Unwetter nicht aus dem Konzept bringen.

»Wenn Eure Exzellenz in Cartagena wäre, ginge alles leichter«, sagte er.

»Das könnte man als Einmischung meinerseits verstehen«, sagte der General, »und ich möchte da keinerlei Rolle spielen. Mehr noch: Ich werde mich nicht von hier wegbewegen, solange diese Angelegenheit nicht bereinigt ist.«

An jenem Abend schrieb er einen Anstandsbrief an General Mosquera. »Soeben habe ich nicht ohne Überraschung erfahren, daß Sie das Amt des Staatspräsidenten angenommen haben, worüber ich mich, sowohl für das Land als auch für mich selbst, freue. Doch für Sie muß ich es jetzt und in Zukunft bedauern.« Er schloß den Brief mit einem hinterhältigen Postscriptum: »Da ich meinen Paß noch nicht erhalten habe, bin ich noch nicht abgereist, werde das aber tun, sobald er da ist.«

Am Sonntag kam General Daniel Florencio O'Leary nach Turbaco, um sich dem Gefolge anzuschließen. Er war ein prominentes Mitglied der Britischen Legion und lange Zeit Adjutant und zweisprachiger Schreiber des Generals gewesen. Montilla, besser gelaunt denn je, hatte ihn von Cartagena herbegleitet, und beide verbrachten mit dem General einen freundschaftlichen Nachmittag unter den Orangenbäumen. Nach einem langen

Gespräch mit O'Leary über dessen militärische Mission, stellte der General wieder einmal die alte Behelfsfrage:
»Und was redet man dort?«
»Daß es nicht wahr ist, daß Sie abreisen«, sagte O'Leary.
»Aha«, sagte der General. »Und warum das?«
»Weil Manuelita dableibt.«
Der General entgegnete mit entwaffnender Offenheit:
»Aber sie ist doch immer dageblieben!«
O'Leary war ein enger Freund von Manuela Sáenz und wußte, daß der General recht hatte. Tatsächlich blieb sie immer zurück, wenn auch nicht aus eigenem Antrieb, sondern weil der General sie mit irgendeiner Ausrede zurückließ, ein gewagter Kraftakt, um sich den Zwängen einer formalisierten Liebe zu entziehen. »Ich werde mich nie wieder verlieben«, hatte er José Palacios einmal gestanden, dem einzigen Menschen, dem gegenüber er sich solche Vertraulichkeiten je erlaubte. »Es ist, als habe man zwei Seelen in der Brust.« Manuela setzte ihren Willen mit einer unmäßigen Entschlossenheit und ohne Rücksicht auf Anstandsregeln durch, doch je mehr sie ihn zu unterwerfen suchte, desto stärker wurde das Verlangen des Generals, sich von den Ketten zu befreien. Es war eine Liebe der ständigen Fluchten. Als er nach den ersten zwei Wochen der Ausschweifung von Quito nach Guayaquil reisen mußte, um General José de San Martín, den Befreier

vom Río de la Plata, zu treffen, blieb sie zurück und mußte sich fragen, was denn das für ein Liebhaber sei, der das Mahl mitten beim Essen verließ. Er hatte versprochen, ihr jeden Tag, von jedem Ort aus zu schreiben und ihr mit seinem wunden Herz zu schwören, daß er sie mehr liebte als je sonst eine auf der Welt. Er schrieb ihr tatsächlich, manchmal sogar eigenhändig, aber er schickte die Briefe nicht ab. Inzwischen fand er Trost bei einer vielfachen Romanze mit den fünf unzertrennlichen Frauen des Matriarchats der Garaycoa, ohne daß ihm selbst je klar wurde, welcher von ihnen er den Vorzug gegeben hätte, der sechsundfünfzigjährigen Großmutter, der achtunddreißigjährigen Tochter oder einer der drei blühenden Enkelinnen. Als seine Mission in Guayaquil beendet war, entkam er ihnen allen mit Schwüren von ewiger Liebe und baldiger Rückkehr und kehrte nach Quito zurück, um erneut im Treibsand von Manuela Sáenz zu versinken.

Zu Beginn des nächsten Jahres zog er wieder ohne sie fort, um die Befreiung Perus zu vollenden, der letzte Einsatz für seinen Traum. Manuela wartete vier Monate, als aber die eintreffenden Briefe dann nicht nur, wie häufig, von Juan José Santana, dem Privatsekretär des Generals, geschrieben, sondern auch von ihm erdacht und gefühlt waren, bestieg sie sofort ein Schiff nach Lima. Sie traf den General in dem Lusthaus La Magdalena an, er war vom Kongreß mit diktatorialen Vollmachten ausgestattet worden und umlagert von schönen und kühnen

Frauen des neuen republikanischen Hofs. In der Residenz des Präsidenten herrschte ein derartiges Drunter und Drüber, daß ein Oberst der Lanzenreiter eines Mitternachts ausgezogen war, weil er bei dem Liebesgestöhne in den Alkoven nicht einschlafen konnte. Manuela aber befand sich nun auf einem Terrain, auf dem sie sich bestens auskannte. Sie war in Quito geboren, als heimliches Kind einer reichen kreolischen Gutsbesitzerin mit einem verheirateten Mann, und achtzehnjährig aus einem Fenster der Klosterschule gesprungen, um mit einem Offizier des königlichen Heeres durchzubrennen. Dennoch heiratete sie zwei Jahre später und mit jungfräulichen Orangenblüten bekränzt Doktor James Thorne aus Lima, einen nachsichtigen Arzt, der doppelt so alt war wie sie. Als sie bei der Verfolgung ihrer großen Liebe nach Peru zurückkehrte, brauchte sie also von niemandem Anleitung, um inmitten des Skandals ihr Lager aufzuschlagen.

O'Leary war in diesen Kriegen des Herzens ihr bester Adjutant gewesen. Manuela wohnte nicht in La Magdalena, kam aber, wann immer sie wollte, mit militärischen Ehren vorne durch das Eingangsportal. Sie war listig, unbeugsam, von unwiderstehlichem Charme, hatte ein Gespür für Macht und eine wohlerprobte Zähigkeit. Sie sprach dank ihres Mannes ein gutes Englisch, konnte sich auf Französisch verständigen und spielte auf die bigotte Art von Novizinnen das Klavichord. Ihre Schrift war schwer leserlich, ihre Syntax verworren, und sie konnte herzlich über ihre Horrographie, wie sie das nannte, lachen. Um sie in der Nähe zu haben, ernannte der General sie zur Kuratorin seiner Archive, so daß sie sich leicht zu jeder Zeit und an jedem Ort lieben konnten, umgeben vom Lärm der wilden Tiere aus dem Amazonas, die Manuela mit ihren Reizen domestiziert hatte.

Dennoch erreichte Manuela nicht, daß der General sie in seinem Stab mitnahm, als er sich zur Eroberung der unwegsamen Gebiete Perus aufmachte, die noch in der Gewalt der Spanier waren. Ohne seine Erlaubnis folgte sie ihm mit den Koffern einer First Lady, den Archivtruhen und ihrem Sklavinnentroß in einer Nachhut aus kolumbianischen Truppen, die sie wegen ihres Kasernenjargons ins Herz schlossen. Sie reiste dreihundert Meilen auf dem Maultier über die schwindelerregenden Grate der Anden, aber während dieser vier Monate gelang es ihr nur zweimal, die Nacht mit dem General zu verbringen, und einmal davon nur, weil sie ihn mit einer Selbstmorddrohung in Schrecken versetzt hatte. Es verging einige Zeit, bis sie entdeckte, daß er sich, während sie nicht an ihn herankam, mit Gelegenheitslieben vergnügte, die er auf dem Weg fand. Darunter auch Manuelita Madroño, eine einfache Mestizin, die mit ihren achtzehn Jahren seiner Schlaflosigkeit gnädig war.

Seit ihrer Rückkehr aus Quito hatte Manuela beschlossen, ihren Mann zu verlassen. Sie beschrieb ihn als faden Engländer, der ohne Lust liebte, ohne

Witz plauderte, gemächlich lief, mit Verbeugungen grüßte, sich vorsichtig setzte und erhob und nicht einmal über die eigenen Witze lachen konnte. Der General überredete sie jedoch, um keinen Preis die Vorteile des Ehestands aufzugeben, und sie beugte sich seinen Ratschlüssen.

Einen Monat nach dem Sieg von Ayacucho zog der General, bereits als Herr der halben Welt, in den Alto Peru, aus dem später die Republik Bolivien werden sollte. Manuela nahm er nicht mit, sondern stellte ihr gegenüber vor dem Abmarsch sogar die endgültige Trennung als ein Gebot der Staatsräson dar. »Wie ich sehe, kann uns nichts unter dem Vorzeichen der Unschuld und der Ehre vereinen«, schrieb er ihr. »In Zukunft wirst Du an der Seite Deines Mannes allein sein, und ich werde inmitten der Welt allein sein. Nur der Ruhm, uns selbst überwunden zu haben, wird unser Trost sein.« Es waren noch keine drei Monate vergangen, als er einen Brief erhielt, in dem Manuela ihm ankündigte, sie ginge mit ihrem Mann nach London. Die Nachricht überraschte ihn im Bett von Francisca Zubiaga de Gamarra, einer tapferen Soldatenfrau, Gattin eines Marschalls, der später Präsident der Republik wurde. Der General wartete nicht bis nach dem zweiten nächtlichen Liebesspiel, sondern schrieb Manuela sofort eine Antwort, die eher einem Kriegsbefehl glich: »Sagen Sie die Wahrheit und fahren Sie nirgendwohin.« Und den letzten

Satz unterstrich er: »*Ich liebe Sie voller Entschlossenheit.*« Sie gehorchte bereitwillig.

An eben dem Tag, da er sich erfüllte, begann der Traum des Generals zu zerbrechen. Er hatte Bolivien kaum gegründet und Peru institutionell neu organisiert, als er dringend nach Santa Fe zurückeilen mußte, um den ersten separatistischen Machenschaften von General Páez in Venezuela sowie den politischen Winkelzügen Santanders in Neugranada zu begegnen. Manuela brauchte diesmal mehr Zeit, bis sie durchgesetzt hatte, ihm folgen zu dürfen, und als er es schließlich erlaubte, war es ein Zigeunerzug, auf zwölf Maultiere verteilt die Koffer, dann die ewigen Sklavinnen, und außerdem elf Katzen, sechs Hunde, drei Kapuzineraffen, die in der Kunst höfischer Obszönitäten unterrichtet waren, ein dressierter Bär, der Nadeln einfädeln konnte, und neun Käfige mit Loris und Papageien, die dreisprachig gegen Santander wetterten.

Sie kam gerade noch rechtzeitig in Santa Fe an, um dem General in der bösen Nacht des 25. September das bißchen Leben, das ihm noch geblieben war, zu retten. Fünf Jahre waren vergangen, seit sie sich kennengelernt hatten, aber er war so hinfällig und unsicher, als seien es fünfzig gewesen, und Manuela schien es, als irre er qualvoll durch die Nebel der Einsamkeit. Er sollte wenig später erneut in den Süden ziehen, um die kolonialistischen Bestrebungen Perus gegenüber Quito und Guayaquil zu zügeln, doch da war jede Anstrengung schon zwecklos. Manuela blieb in Santa Fe, sie hatte keinerlei Verlangen, ihm zu folgen, wußte sie doch, daß ihrem ewig Fliehenden kein Fluchtort mehr offenstand.

O'Leary wies in seinen Memoiren darauf hin, daß der General nie so freimütig von seinen heimlichen Liebschaften gesprochen hatte wie an jenem Sonntagnachmittag in Turbaco. Montilla hatte das, wie er Jahre später in einem persönlichen Brief schrieb, für ein untrügliches Symptom des Alters gehalten. Von der guten Laune und der vertraulichen Offenheit des Generals angeregt, gab Montilla der Versuchung nach, ihn freundschaftlich zu provozieren.

»Blieb denn nur Manuela zurück?« fragte er.

»Alle blieben zurück«, sagte der General ernst.

»Manuela aber mehr als alle anderen.«

Montilla zwinkerte O'Leary zu und sagte:

»Beichten Sie, General: Wie viele sind es gewesen?«

Der General wich aus.

»Weit weniger, als Sie annehmen.«

Am Abend dann, als der General das heiße Bad nahm, wollte José Palacios etwaige Zweifel zerstreuen. »Nach meiner Rechnung sind es fünfunddreißig«, sagte er. »Ohne die Eintagslieben zu zählen, natürlich.« Die Zahl stimmte mit der Schätzung des Generals überein, er hatte sie aber vor den Gästen nicht nennen wollen.

»O'Leary ist ein großartiger Mann, ein großartiger Soldat und ein treuer Freund, aber er notiert alles«,

erklärte er. »Und es gibt nichts Gefährlicheres als ein schriftliches Gedächtnis.«
Am nächsten Tag führte er mit O'Leary ein langes Gespräch unter vier Augen, bei dem er sich über die Lage im Grenzland informierte, und bat ihn dann, nach Cartagena zu reisen, mit dem förmlichen Auftrag, ihn über den Schiffsverkehr nach Europa auf dem laufenden zu halten. Die eigentliche Mission aber war, ihm über geheime Einzelheiten der Lokalpolitik zu berichten. O'Leary kam gerade noch rechtzeitig an. Am Sonnabend dem 12. Juni legte der Kongreß von Cartagena den Eid auf die neue Verfassung ab und erkannte die gewählten Amsträger an. Montilla sandte dem General zusammen mit dieser Nachricht eine unmißverständliche Botschaft:
»Wir warten auf Sie.«
Montilla wartete noch, als ihn das Gerücht, der General sei gestorben, aus dem Bett springen ließ. Er nahm sich nicht einmal Zeit, die Meldung zu überprüfen, und ritt in gestrecktem Galopp nach Turbaco, wo er den General in bester Verfassung beim Mittagessen mit dem französischen Grafen Raigecourt antraf, der mit dem Vorschlag gekommen war, gemeinsam mit dem englischen Postschiff, das in der nächsten Woche in Cartagena eintreffen sollte, nach Europa zu fahren. Es war der Höhepunkt eines erfreulichen Tages. Der General hatte beschlossen, seinem schlechten körperlichen Zustand mit moralischer Widerstandskraft zu

begegnen, und niemand hätte leugnen können, daß es ihm gelungen war. Er war früh aufgestanden, zur Melkzeit durch die Pferche gegangen, hatte das Quartier der Grenadiere besucht, sich bei ihnen über ihre Lebensbedingungen informiert und mit nachdrücklichen Befehlen eine Verbesserung angeordnet. Auf dem Rückweg machte er bei einer Schenke am Markt halt, trank einen Kaffee und nahm die Tasse mit, um sich die Demütigung, daß man sie zerschlug, zu ersparen. Er war auf dem Weg nach Hause, als ihm hinter einer Straßenecke Kinder auflauerten, die gerade aus der Schule gekommen waren und nun den Takt klatschend riefen: »*Der Befreier lebe hoch! Der Befreier lebe hoch!*« Er war verstört und hätte nicht gewußt, was tun, wenn ihm die Kinder nicht selbst den Weg freigemacht hätten.

Im Haus fand er den Grafen Raigecourt vor, der unangemeldet in Begleitung der schönsten, elegantesten und stolzesten Frau gekommen war, die der General je gesehen hatte. Sie trug Reitkleidung, obwohl sie in Wirklichkeit in einer von einem Esel gezogenen Kalesche gekommen waren. Alles, was sie über ihre Identität enthüllte, war, daß sie Camille hieß und aus Martinique stammte. Der Graf fügte dem nichts hinzu, im Laufe des Tages wurde aber überdeutlich, daß er vor Liebe verrückt nach ihr war.

Die bloße Gegenwart von Camille gab dem General den Schwung alter Zeiten zurück, und er befahl, eilends ein Galaessen vorzubereiten. Obwohl der

Graf ein korrektes Spanisch sprach, wurde die Konversation auf französisch, der Sprache Camilles, geführt. Als sie sagte, sie sei in Trois-Ilets geboren, machte er eine enthusiastische Geste, und seine matten Augen blitzten einen Augenblick auf.
»Ach«, sagte er, »der Geburtsort von Josephine!«
Sie lachte.
»Ich bitte Sie, Exzellenz, ich hätte eine intelligentere Bemerkung als die aller anderen erwartet.«
Er war verletzt und verteidigte sich mit einer lyrischen Beschwörung der Zuckerrohrplantage La Pagerie, dem Geburtshaus der Kaiserin Marie Josèphe von Frankreich, das sich schon Meilen im voraus mit den weiten Rohrfeldern ankündige, dem Kauderwelsch der Vögel und dem heißen Geruch aus den Destillierkolben. Sie staunte darüber, daß der General das alles so gut kannte.
»In Wahrheit bin ich weder dort noch an sonst einem Ort auf Martinique je gewesen«, sagte er.
»*Et alors?*« fragte sie.
»Ich habe mich jahrelang lernend darauf vorbereitet«, sagte der General, »ich wußte eben, ich würde es eines Tages brauchen, um die schönste Frau dieser Inseln damit zu erfreuen.«
Er sprach in einem fort, mit brüchiger Stimme, doch viel Eloquenz. Er trug eine Hose aus bedrucktem Baumwollstoff, eine Atlasjacke und rote Stoffschuhe. Ihr fiel der Hauch von Kölnisch Wasser auf, der im Eßzimmer hing. Er bekannte, das sei eine seiner Schwächen, seine Feinde hätten ihn sogar

beschuldigt, achttausend Pesos aus dem Staatssäckel für Kölnisch Wasser ausgegeben zu haben. Er sah ebenso hinfällig wie am Tag zuvor aus, aber nur an der Sparsamkeit seiner Bewegungen zeigte sich die Schwere seines Leidens.

Allein unter Männern konnte der General wie der gewöhnlichste Viehdieb fluchen, doch es genügte die Gegenwart einer Frau, und schon verfeinerten sich seine Manieren und seine Sprache bis zur Affektiertheit. Er selbst entkorkte, kostete und kredenzte einen edlen Burgunderwein, den der Graf ohne Scham als samtiges Streicheln beschrieb. Der Kaffee wurde gerade gereicht, als Iturbide dem General etwas ins Ohr flüsterte. Er hörte ernst zu, warf sich aber dann herzlich lachend in seinem Sessel zurück.

»Hören Sie sich das bitte einmal an«, sagte er, »aus Cartagena ist eine Delegation eingetroffen, die zu meinem Begräbnis kommt.«

Er ließ sie eintreten. Montilla und seinen Begleitern blieb nichts anderes übrig, als das Spiel mitzumachen. Die Adjutanten ließen Dudelsackspieler aus San Jacinto holen, die seit dem vergangenen Abend in der Gegend waren, und eine Gruppe alter Männer und Frauen tanzte zu Ehren der Gäste Cumbia. Camille staunte über die Eleganz dieses aus Afrika stammenden Volkstanzes und wollte ihn erlernen. Der General hatte den Ruf eines großen Tänzers, und einige der Gäste erinnerten daran, daß er bei seinem letzten Aufenthalt meisterhaft Cumbia getanzt hatte. Aber als Camille ihn aufforderte,

lehnte er diese Ehre ab. »Drei Jahre sind eine lange Zeit«, sagte er lächelnd. Nach zwei, drei Erklärungen tanzte sie allein. In einer Pause der Musik hörten sie plötzlich Beifallsrufe, eine ganze Reihe von donnernden Explosionen und Schüsse aus Feuerwaffen. Camille erschrak.
Der Graf sagte in allem Ernst:
»Eine Revolution, verdammt!«
»Sie ahnen ja gar nicht, wie gut die uns täte«, sagte der General lachend. »Bedauerlicherweise ist das nur ein Hahnenkampf.«
Ohne weiter nachzudenken, trank er seinen Kaffee aus und lud sie alle mit einer ausholenden Handbewegung zum Hahnenkampf ein.
»Sie kommen mit mir, Montilla, damit Sie sehen, wie tot ich bin«, sagte er.
So kam es, daß er um zwei Uhr nachmittags in Begleitung einer großen Gruppe, die Graf Raigecourt anführte, zum Hahnenkampf ging. In der reinen Männergesellschaft dort achtete jedoch niemand auf ihn, alle aber auf Camille. Keiner wollte glauben, daß diese blendend aussehende Frau an einem Ort, wo der Eintritt für Frauen verboten war, nicht eine seiner vielen Geliebten war. Vor allem, als es hieß, sie sei mit dem Grafen gekommen, denn es war bekannt, daß der General, um die Wahrheit zu vertuschen, seine heimlichen Geliebten von anderen Männern begleiten ließ.
Der zweite Kampf war grauenhaft. Ein roter Hahn stach seinem Gegner mit einigen gezielten Sporen-

hieben die Augen aus. Der blinde Hahn gab jedoch nicht auf. Er wütete gegen den anderen, bis er ihm schließlich den Kopf abriß, den mit dem Schnabel zerhackte und verschlang.
»So blutig hätte ich mir das Fest nie vorgestellt«, sagte Camille. »Aber ich bin begeistert.«
Der General erklärte ihr, daß es noch wilder zugehe, wenn in die Luft geschossen werde und man die Hähne mit obszönen Rufen anstachele, daß aber die Zuschauer an diesem Nachmittag durch die Gegenwart einer Dame gehemmt seien, und einer so schönen obendrein. Er sah ihr tief in die Augen und sagte: »Also sind Sie schuld.« Sie lachte amüsiert: »Sie sind schuld, Exzellenz, weil Sie dieses Land so viele Jahre regiert, aber kein Gesetz erlassen haben, das die Männer dazu verpflichtet, sich immer gleich zu benehmen, egal, ob nun Frauen dabei sind oder nicht.«
Er begann, den Boden unter den Füßen zu verlieren. »Ich bitte Sie, nennen Sie mich nicht Exzellenz«, sagte er. »Es genügt mir, gerecht zu sein.«
Als José Palacios am Abend den General in das wirkungslose Badewasser gleiten ließ, sagte er zu ihm: »Das ist die schönste Frau, die wir je gesehen haben.« Der General öffnete die Augen nicht.
»Sie ist abscheulich«, sagte er.
Der Besuch des Hahnenkampfs war nach allgemeiner Ansicht ein inszenierter Auftritt, um den über seine Krankheit umlaufenden Versionen zu begegnen, die in den letzten Tagen so bedenklich geklun-

gen hatten, daß dann niemand das Gerücht, er sei gestorben, in Zweifel zog. Der Auftritt tat seine Wirkung, die Post aus Cartagena streute nun in alle Richtungen die Nachricht aus, daß es ihm gutging, und seine Anhänger feierten sie, eher trotzig als jubelnd, mit öffentlichen Festen.

Dem General war es gelungen, selbst seinen eigenen Körper zu täuschen, auch in den folgenden Tagen war er wohlauf und setzte sich sogar wieder zu seinen Adjutanten an den Spieltisch, die mit endlosen Partien die Langeweile totschlugen. Andrés Ibarra, der jüngste und fröhlichste unter ihnen, der sich auch noch eine romantische Vorstellung vom Krieg bewahrt hatte, schrieb in jenen Tagen an eine Freundin in Quito: »Ich ziehe den Tod in Deinen Armen diesem Frieden ohne Dich vor.« Sie spielten Tag und Nacht, mal in das Rätsel der Karten versunken, mal laut streitend, und immer von den Schnaken gepeinigt, die sie in dieser regnerischen Zeit sogar mitten am Tag anfielen, trotz der Feuer aus Stallmist, die von den diensthabenden Ordonnanzen ständig am Brennen gehalten wurden. Der General hatte seit der schlimmen Nacht in Guaduas nicht wieder gespielt, weil der unerfreuliche Zwischenfall mit Wilson einen bitteren Nachgeschmack hinterlassen hatte, den er aus seinem Herzen tilgen wollte, von der Hängematte aus hörte er aber ihre Rufe, ihre Vertraulichkeiten, ihre nostalgischen Erinnerungen an den Krieg inmitten eines sich entziehenden Friedens. Eines Nachts, als er im Haus

herumlief, konnte er der Versuchung nicht widerstehen, im Korridor haltzumachen. Denen, die ihn kommen sahen, gab er ein Zeichen zu schweigen und näherte sich Andrés Ibarra von hinten. Er legte ihm die Hände wie Raubvogelklauen auf die Schultern und fragte:
»Sagen Sie mal, Vetter, finden Sie auch, daß ich wie ein Toter aussehe?«
Ibarra, der an solche Umgangsformen gewöhnt war, drehte sich nicht nach ihm um.
»Ich nicht, mein General«, sagte er.
»Dann sind Sie blind oder lügen«, sagte er.
»Oder kehre Ihnen den Rücken zu«, sagte Ibarra.
Der General interessierte sich für das Spiel, setzte sich und spielte schließlich mit. Es war für alle wie eine Rückkehr zur Normalität, und nicht nur in dieser Nacht, sondern auch in den folgenden. »So lange, bis der Paß kommt«, wie der General sagte. José Palacios erklärte ihm jedoch erneut, daß trotz des Kartenrituals, trotz seiner persönlichen Fürsorge, trotz seiner selbst, den Offizieren des Gefolges das ziellose Hin und Her auf den Sack gehe.
Niemand war besorgter um das Wohlergehen seiner Offiziere als der General, er kümmerte sich um ihren alltäglichen Kleinkram und ihre Zukunftsaussichten, wenn die Probleme aber nicht zu beheben waren, dann fand er die Lösung im Selbstbetrug. Seit dem Zwischenfall mit Wilson und dann später auf dem Fluß hatte er sich zuweilen von seinen Schmerzen befreit, um sich ihnen zu widmen. Wil-

sons Verhalten war unfaßlich gewesen, nur eine sehr ernste Enttäuschung konnte ihn zu einer derart groben Reaktion veranlaßt haben. »Er ist ein ebenso guter Soldat wie sein Vater«, hatte der General gesagt, als er ihn in Junín kämpfen sah. »Und bescheidener«, hatte er hinzugefügt, als Wilson die Beförderung zum Oberst ausschlug, die Marschall Sucre ihm nach der Schlacht von Tarqui zuerkannte und die er selbst ihn dann anzunehmen zwang.

Die Lebensweise, die er ihnen allen, im Krieg wie im Frieden, abverlangte, bedeutete nicht nur heroische Disziplin, sondern auch eine Loyalität, die fast hellseherische Gaben erforderte. Sie waren Männer des Krieges, doch nicht der Kaserne, denn sie hatten so viel gekämpft, daß ihnen kaum Zeit für das Lagerleben geblieben war. Es gab unter ihnen Menschen aller Art, doch der enge Kreis jener, die zusammen mit dem General die Unabhängigkeit durchgesetzt hatten, war die Elite der kreolischen Aristokratie und in den Prinzenschulen erzogen worden. Sie hatten ihr Leben kämpfend verbracht, von einem Ort zum anderen, fern von zu Hause, von ihren Frauen, ihren Kindern, fern von allem, und die Notwendigkeit hatte sie zu Politikern und Regierenden gemacht. Mit Ausnahme von Iturbide und den europäischen Adjutanten waren alle Venezolaner und fast alle mit dem General blutsverwandt oder verschwägert: Fernando, José Laurencio, die Ibarras, Briceño Méndez. Die Bande des

Bluts oder der Klasse bestimmten sie und hielten sie zusammen.

Einer war anders: José Laurencio Silva, Sohn der Hebamme aus dem Dorf El Tinaco in den Llanos und eines Flußfischers. Er hatte vom Vater und von der Mutter die dunkle Hautfarbe, gehörte zu der mindergeachteten Klasse der Mulatten, war aber vom General mit Felicia, einer seiner Nichten, verheiratet worden. Silva begann seine Karriere sechzehnjährig als freiwilliger Rekrut im Befreiungsheer, beschloß sie achtundfünfzigjährig als kommandierender General und trug aus zweiundfünfzig militärischen Aktionen bei fast allen Feldzügen für die Unabhängigkeit mehr als fünfzehn schwere und zahllose leichte Verletzungen davon. Den einzigen Ärger, den ihm seine Hautfarbe einbrachte, war, einmal auf einem Galaball von einer Dame der örtlichen Aristokratie abgewiesen zu werden. Woraufhin der General darum gebeten hatte, den Walzer noch einmal zu spielen, und ihn dann mit ihm tanzte.

General O'Leary war genau das Gegenteil: blond, groß, von stolzer Erscheinung, die durch seine florentinischen Uniformen noch betont wurde. Er war mit achtzehn Jahren als Fähnrich der Roten Husaren nach Venezuela gekommen und hatte, in fast allen Schlachten der Unabhängigkeitskriege kämpfend, sämtliche militärischen Ränge durchlaufen. Wie alle hatte auch er seine Stunde der Ungnade erlebt, als er, von dem General ausgeschickt, im

Streit zwischen José Antonio Páez und Santander zu vermitteln, letzterem recht gegeben hatte, statt eine Versöhnungsformel zu finden. Der General grüßte ihn nicht mehr und überließ ihn, bis der Zorn verraucht war, vierzehn Monate lang seinem Schicksal.

Die persönlichen Verdienste jedes einzelnen standen außer Frage. Schlimm war nur, daß dem General nie bewußt wurde, daß er ihnen gegenüber eine Machtbastion innehatte, die um so uneinnehmbarer war, je zugänglicher und wohltätiger er selbst sich glaubte. Nachdem José Palacios ihm aber in jener Nacht die Augen für den Seelenzustand seiner Leute geöffnet hatte, spielte er von gleich zu gleich mit ihnen, verlor gerne, bis die Offiziere schließlich von sich aus ihren Herzen Luft machten.

Es wurde klar, daß sie keine alten Enttäuschungen mit sich herumschleppten. Das Gefühl der Niederlage, das sich ihrer auch dann bemächtigte, wenn sie einen Krieg gewonnen hatten, störte sie nicht. Die Langsamkeit, mit der er sie beförderte, damit es nicht nach Bevorzugung aussähe, die Entwurzelung durch das unstete Leben, auch die Zufälligkeit ihrer Gelegenheitsliebschaften störten sie nicht. Der militärische Sold war wegen der jämmerlichen Steuereinnahmen im Lande auf ein Drittel herabgesetzt und wurde auch dann nur mit drei Monaten Verspätung und in Staatsbons ausgezahlt, deren Konvertierbarkeit nicht gewährleistet war und die sie mit Verlust an die Börsenmakler verkaufen mußten. Das störte sie aber nicht, wie es sie auch nicht störte, daß der General die Tür hinter sich zugeworfen hatte und der Widerhall in der ganzen Welt zu hören war oder daß er sie der Willkür seiner Feinde auslieferte. Nichts von alledem: Der Ruhm gehörte anderen. Was sie aber nicht ertragen konnten, war dieses Gefühl der Ungewißheit, das er ihnen einflößte, seit er beschlossen hatte, die Macht abzugeben, eine Ungewißheit, die immer unerträglicher wurde, je länger und je schleppender sich diese sinnlose Reise ins Nirgendwo dahinzog.

Der General fühlte sich in jener Nacht so zufrieden, daß er, während er sein Bad nahm, zu José Palacios sagte, nicht der kleinste Schatten stehe zwischen ihm und seinen Offizieren. Diese hatten jedoch den Eindruck, daß es ihnen nicht gelungen war, dem General ein Gefühl der Dankbarkeit oder der Schuld einzuflößen, sie hatten vielmehr Mißtrauen gesät.

Vor allem José María Carreño glaubte das. Seit dem nächtlichen Gespräch auf dem Boot gab er sich unwirsch und nährte unwissentlich das Gerücht, daß er Kontakt zu den Separatisten in Venezuela hielt. Oder daß er sich, wie man damals sagte, zum Kleinkrämer entwickelte. Vier Jahre zuvor hatte der General ihn aus seinem Herzen verbannt, ebenso wie O'Leary, wie Montilla, wie Briceño, wie Santana und viele andere, allein wegen des Verdachts, daß sie auf Kosten des Heeres populär werden wollten. Wie damals ließ der General ihn auch jetzt

überwachen, er schnüffelte ihm nach und lieh, um einen Lichtstrahl in die Finsternis seiner eigenen Zweifel zu bringen, jedem Klatsch, der gegen ihn vorgebracht wurde, sein Ohr.
Eines Nachts hörte er Carreño im Nebenzimmer sagen, ob wach oder im Schlaf erfuhr der General nie, es sei legitim, für das Wohl des Vaterlandes bis zum Verrat zu gehen. Danach nahm er ihn am Arm, führte ihn in den Hof und unterwarf ihn, mit einem gezielt eingesetzten Du, auf das er nur in Ausnahmesituationen zurückgriff, dem unwiderstehlichen Zauber seiner Überzeugungskraft. Carreño gestand ihm die Wahrheit. Es verbitterte ihn in der Tat, daß der General sein Werk dem Schicksal überließ, ohne sich weiter darum zu kümmern, daß alle verwaist zurückblieben. Aber seine Abtrünnigkeitspläne waren noch loyal. Ermüdet davon, auf dieser blinden Reise nach einem Hoffnungsschimmer Ausschau zu halten, unfähig, ohne Seele weiterzuleben, hatte er beschlossen, nach Venezuela zu fliehen und sich dort an die Spitze einer bewaffneten Bewegung für die Einheit zu stellen.
»Es fällt mir nichts Würdigeres ein«, schloß er.
»Glaubst du etwa, daß sie dich in Venezuela besser behandeln?« fragte der General.
Carreño wagte nicht, das zu bejahen.
»Nun gut, aber dort ist wenigstens das Vaterland«, sagte er.
»Sei kein Trottel«, sagte der General. »Für uns ist

Amerika das Vaterland, und ganz Amerika ist nicht zu retten.«
Er ließ ihn nichts mehr sagen. Er redete sehr lange auf ihn ein, schien ihm mit jedem Wort sein Herz zu öffnen, aber weder Carreño noch sonst einer war sich jemals sicher, ob das tatsächlich der Fall war. Zum Schluß gab er ihm einen kleinen Schlag auf die Schulter und ließ ihn im Dunkel zurück.
»Phantasier nicht mehr, Carreño«, sagte er zu ihm. »Das ist alles längst im Arsch.«

Am Mittwoch, dem 16. Juni, erhielt er die Mitteilung, daß die Regierung die ihm vom Kongreß auf Lebenszeit ausgesetzte Pension bewilligt hatte. Er bestätigte Präsident Mosquera den Empfang in einem förmlichen Brief, der nicht frei von Ironie war, und nachdem er fertig diktiert hatte, sagte er zu Fernando, den Pluralis majestatis und die ritualisierte Emphase von José Palacios nachahmend: »Wir sind reich.« Am Dienstag, dem 22., erhielt er den Paß mit der Ausreisegenehmigung, schwenkte ihn in der Luft und sagte: »Wir sind frei.« Zwei Tage später, er hatte in der Hängematte eine Stunde schlecht geschlafen und wachte gerade auf, da sagte er die Augen öffnend: »Wir sind traurig.« Woraufhin er beschloß, den bewölkten und kühlen Tag zu nutzen und nach Cartagena zu reisen. Sein einziger genauerer Befehl war, daß die Offiziere seines Gefolges in Zivil und unbewaffnet reisen sollten. Er gab keine Erklärung, kein Zeichen, woraus seine Gründe ersichtlich geworden wären, und er nahm sich auch nicht die Zeit, sich von irgend jemandem zu verabschieden. Sie brachen auf, sobald die Leibgarde bereit war, und ließen das Gepäck für später beim Rest des Trupps.
Auf seinen Reisen pflegte der General gelegentlich haltzumachen, um sich nach den Problemen der

Leute, die ihm unterwegs begegneten, zu erkundigen. Er fragte nach allem: nach dem Alter der Kinder, unter welchen Krankheiten sie litten, nach dem Stand ihrer Geschäfte, was sie über dies und jenes dächten. Diesmal sagte er kein Wort, änderte nicht die Gangart, hustete nicht, zeigte keine Anzeichen von Müdigkeit und lebte den ganzen Tag von einem Glas Portwein. Gegen vier Uhr nachmittags zeichnete sich am Horizont das alte Kloster auf dem Berg La Popa ab. Es war die Zeit der Bittprozessionen, und man sah von der Landstraße aus die Schlangen der Pilger wie Ameisen den steilen Bergpfad hinaufklettern. Kurz darauf sahen sie in der Ferne die ewige dunkle Wolke der Hühnergeier, die über dem öffentlichen Markt und den Abwässern des Schlachthofes kreisten. Als die Stadtmauern in Sicht kamen, winkte der General José María Carreño zu sich. Dieser ritt heran und bot ihm nach Falknerart seinen kräftigen Armstumpf als Stütze. »Ich habe einen vertraulichen Auftrag für Sie«, sagte der General leise zu ihm. »Sobald wir angekommen sind, bringen Sie in Erfahrung, wo sich Sucre aufhält.« Er klopfte ihm wie üblich zum Abschied kurz auf die Schulter und schloß:
»Das bleibt natürlich unter uns.«
Eine vielköpfige Abordnung, von Montilla angeführt, erwartete sie auf dem Camino Real, und der General sah sich gezwungen, die Reise in der von einem Gespann munterer Maultiere gezogenen Karrosse zu beenden, die einst dem spanischen Gouver-

neur gehört hatte. Obgleich die Sonne schon zu sinken begann, schienen die Mangrovenstümpfe in der Hitze der die Stadt umgebenden toten Sümpfe zu kochen. Deren pestilenzialischer Hauch war noch unerträglicher als der des Wassers in der Bucht, das von all dem Blut und den Abfällen des Schlachthofes seit einem Jahrhundert vor sich hin faulte. Als sie durch die Puerta de la Media Luna in die Stadt einzogen, erhob sich vom offenen Markt ein Wirbel aufgescheuchter Hühnergeier. Es war noch etwas von der Panik des Vormittags zu spüren, als ein tollwütiger Hund mehrere Personen verschiedenen Alters gebissen hatte, darunter eine Weiße aus Kastilien, die sich da herumgetrieben hatte, wo sie es nicht sollte. Der Hund hatte auch einige Kinder aus dem Sklavenviertel gebissen, denen es aber gelungen war, ihn mit Steinwürfen zu töten. Der Kadaver hing an einem Baum vor dem Schultor. General Montilla ließ ihn verbrennen, nicht nur aus hygienischen Gründen, sondern auch um zu verhindern, daß der Versuch gemacht würde, den bösen Zauber mit afrikanischen Hexenkünsten zu bannen.

Die Bevölkerung innerhalb der Stadtmauern war nach einem dringenden Aufruf auf die Straßen geströmt. Seit der Junisonnenwende dehnten sich die Nachmittage und wurden durchsichtig, Blumengirlanden waren an den Balkonen aufgehängt worden, auf denen Frauen in Madrider Tracht standen, die Glocken der Kathedrale, die Regimentskapellen und die Kanonensalven dröhnten bis aufs Meer hinaus, doch nichts konnte das Elend mildern, das verborgen werden sollte. Der General winkte mit dem Hut aus dem altersschwachen Wagen, konnte aber nicht umhin, sich selbst in einem erbarmungswürdigen Licht zu sehen, wenn er diesen dürftigen Empfang mit seinem triumphalen Einzug in Caracas im August 1813 verglich, als er lorbeerbekränzt in einer von den sechs schönsten Jungfrauen der Stadt gezogenen Kutsche durch die weinende Menschenmenge gefahren war, die ihn an jenem Tag mit seinem Ruhmesnamen verewigt hatte: *El Libertador*. Caracas war damals noch ein abgelegenes Provinzdorf der Kolonie gewesen, häßlich, trist, flach, aber in der Erinnerung waren die Abende am Berg Ávila herzbewegend.

Jene Erfahrung damals und diese jetzt schienen nicht zu ein und demselben Leben zu gehören. Denn die vornehme und heroische Stadt Cartagena de Indias, die mehrmals Hauptstadt des Vizekönigtums gewesen war, tausendmal als eine der schönsten Städte der Welt besungen, war nur noch ein Schatten ihrer selbst. Sie hatte neun Belagerungen, vom Meer und von Land her, erlitten und war wiederholt von Piraten und Generälen geplündert worden. Durch nichts war sie jedoch so zerstört worden wie durch den Kampf um die Unabhängigkeit und die anschließenden Kriege unter den Parteien. Die reichen Familien aus der Epoche des Goldes waren geflohen. Die ehemaligen Sklaven

waren in einer nutzlosen Freiheit sich selbst überlassen, und aus den Adelspalästen, die vom Bettelvolk besetzt waren, schlüpften Ratten, groß wie Katzen, in den Dreck der Gosse. Der Gürtel aus uneinnehmbaren Bastionen, den der spanische König mit seinen Fernrohren von den Ausgucken seines Palastes hatte sehen wollen, war kaum noch zwischen dem Gestrüpp auszumachen. Das Geschäftsleben, das im siebzehnten Jahrhundert durch den Sklavenhandel blühte, war auf ein paar verfallene Läden reduziert. Es war nicht möglich, den Ruhm der Stadt mit dem Gestank der offenen Kloaken zu versöhnen. Der General seufzte Montilla ins Ohr:
»Wie teuer haben wir diese Scheißunabhängigkeit bezahlt!«
Montilla versammelte an diesem Abend die beste Gesellschaft der Stadt in seinem Herrenhaus an der Straße La Factoría, wo einst der Marquis von Valdehoyos sein Lotterleben geführt hatte und dessen Gemahlin durch Mehlschmuggel und Sklavenhandel zu Geld gekommen war. In den großen Häusern brannten Festlichter, aber der General machte sich nichts vor, er wußte, daß in der Karibik jeder Anlaß, selbst ein illustrer Todesfall, Grund für ein Volksvergnügen sein konnte. Es war, in der Tat, kein echtes Fest. Seit mehreren Tagen schon machten infame Schmähzettel die Runde, und die Gegenpartei hatte ihre Banden aufgehetzt, Fenster einzuschlagen und sich mit der Polizei zu prügeln. »Nur gut, daß kein heiles Glas mehr übrigbleibt«, sagte Mon-

tilla mit seinem gewohnten Humor, sehr wohl wissend, daß der Volkszorn sich mehr gegen ihn als gegen den General richtete. Er verstärkte die Gardegrenadiere mit örtlichen Truppen, ließ das Viertel absperren und verbot, seinem Gast von dem Kriegszustand auf den Straßen zu erzählen.

Graf Raigecourt kam an jenem Abend zum General, um ihm mitzuteilen, daß das englische Postschiff von den Kastellen bei Boca Chica aus gesichtet worden sei, daß er es aber nicht nehmen werde. Öffentlich gab der Graf als Grund an, daß er die Unendlichkeit des Ozeans nicht mit einer Gruppe von Frauen teilen wollte, die zusammengedrängt in der einzigen Kabine reisten. In Wahrheit aber war ihm klargeworden, daß der General, trotz des geselligen Mittagessens in Turbaco, trotz des Ausflugs zum Hahnenkampf, trotz allem, was er tat, um sich über seinen unglückseligen Gesundheitszustand hinwegzusetzen, nicht in der Verfassung war, die Reise anzutreten. Der Graf meinte, allenfalls der Wille des Generals, nicht aber sein Körper würde die Überfahrt durchstehen können, und er weigerte sich, dem Tod einen Gefallen zu tun. An jenem Abend aber konnten weder diese noch andere Gründe den General umstimmen.

Montilla gab sich nicht geschlagen. Früh verabschiedete er seine Gäste, damit der Kranke ausruhen könne, hielt ihn dann aber selbst noch eine ganze Weile auf dem Balkon zum Innengarten fest, während ein schwärmerisches junges Mädchen in einem

kaum sichtbaren Musselingewand für sie beide sieben Liebesromanzen auf der Harfe spielte. Die waren so schön und mit solcher Innigkeit gespielt, daß die beiden Militärs es nicht übers Herz brachten zu sprechen, bis die Meeresbrise die letzte Asche der Musik aus der Luft gefegt hatte. Eingelullt saß der General im Schaukelstuhl und ließ sich auf den Wellen der Musik treiben. Plötzlich durchfuhr ihn ein Schauer, und sehr leise, aber deutlich und wohlklingend sang er den ganzen Text des letzten Liedes. Am Ende wandte er sich der Harfnerin zu und murmelte Dankesworte, die ihm aus der Seele kamen, doch er sah dort nur noch die Harfe mit einer Girlande welken Lorbeers stehen. Da erinnerte er sich.
»In Honda sitzt ein Mann wegen gerechtfertigten Totschlags im Gefängnis«, sagte er.
Montillas Lachen kam seinem Witz zuvor:
»Und welche Farbe haben seine Hörner?«
Der General ging darüber hinweg und erklärte ihm den Fall in allen Einzelheiten, ausgenommen die private Vorgeschichte mit Miranda Lindsay in Jamaika. Montilla hatte eine Lösung parat.
»Er muß darum bitten, daß er aus Gesundheitsgründen hierher verlegt wird«, sagte er. »Wenn er erst einmal hier ist, kümmern wir uns um die Begnadigung.«
»Kann man das?« frage der General.
»Das kann man nicht«, sagte Montilla, »aber es wird gemacht.«

Der General schloß die Augen und achtete nicht auf den Lärm der Hunde, die plötzlich bellten, so daß Montilla glaubte, er sei erneut eingeschlafen. Nach tiefem Grübeln öffnete er wieder die Augen und schloß den Fall ab.

»Einverstanden«, sagte er. »Aber ich weiß von nichts.«

Erst dann nahm er das Gebell der Hunde wahr, das sich in konzentrischen Kreisen von innerhalb der Stadtmauern bis zu den entferntesten Sumpflagunen ausweitete, wo es Hunde gab, die darauf dressiert waren, nicht zu bellen, um ihre Besitzer nicht zu verraten. General Montilla erzählte ihm, daß man dabei sei, die Straßenhunde zu vergiften, um die Ausbreitung der Tollwut zu verhindern. Sie hatten nur zwei der im Sklavenviertel gebissenen Kinder aufgreifen können. Die anderen waren, wie immer, von ihren Eltern versteckt worden, damit sie unter der Obhut ihrer Götter stürben, oder waren, um mit Hexenkunst gerettet zu werden, in die Siedlungen flüchtiger Sklaven an den Sümpfen von Marialabaja gebracht worden, und so weit reichte der Arm der Regierung nicht.

Der General hatte nie versucht, diese dunklen Rituale zu unterbinden, das Vergiften von Hunden erschien ihm jedoch als des Menschen unwürdig. Er liebte die Hunde ebenso wie die Pferde und die Blumen. Als er zum ersten Mal ein Schiff nach Europa bestieg, nahm er ein Welpenpärchen bis nach Veracruz mit. Mehr als zehn Hunde hatte er dabei, als er von den venezolanischen Llanos aus die Anden überquerte, um an der Spitze von vierhundert barfüßigen Llaneros Neugranada zu befreien und die Republik Kolumbien zu gründen. Stets begleiteten die Hunde ihn in den Krieg. Nevado, der berühmteste, den der General seit seinen ersten Feldzügen bei sich hatte und der allein mit einer Brigade von zwanzig Bluthunden des spanischen Heers fertig geworden war, starb in der ersten Schlacht von Carabobo durch einen Lanzenstich. In Lima hatte Manuela Sáenz mehr Hunde gehabt, als sie versorgen konnte, dazu all die anderen Tieren, die sie auf dem Landsitz La Magdalena hielt. Jemand hatte dem General einmal gesagt, wenn ein Hund stürbe, müsse man ihn sogleich durch einen ähnlichen gleichen Namens ersetzen, um sich einbilden zu können, es sei derselbe. Der General war nicht der Meinung. Er hatte immer unterschiedliche Hunde gewollt, um sich an ihre Eigenart erinnern zu können, an die Sehnsucht in ihren Augen und ihr hechelndes Verlangen, und er wollte den Schmerz spüren, wenn sie starben. In der bösen Nacht des 25. September hatte er zu den Gefallenen auch die beiden Wachhunde zählen lassen, die von den Verschwörern niedergestochen worden waren. Jetzt, auf seiner letzten Reise, hatte er die beiden ihm verbliebenen Hunde dabei, dazu den wilden Köter, den sie am Fluß aufgelesen hatten. Montillas Bericht, allein am ersten Tag seien über fünfzig Hunde vergiftet

worden, zerstörte endgültig die Stimmung, in die ihn die Liebesharfe versetzt hatte.
Montilla bedauerte es aufrichtig und versprach ihm, es werde keine toten Hunde mehr auf der Straße geben. Das Versprechen beruhigte den General, nicht weil er glaubte, daß es gehalten würde, sondern weil ihm der gute Wille seiner Generäle ein Trost war. Der Glanz der Nacht tat ein übriges. Aus dem erleuchteten Hof stieg der Dunst des Jasmins auf, die Luft war wie aus Kristall, und am Himmel standen mehr Sterne denn je. »Wie Andalusien im April«, hatte er an Kolumbus denkend früher einmal gesagt. Ein Gegenwind hatte die Geräusche und Gerüche hinweggefegt, geblieben war nur das Donnern der Wellen gegen die Festungsmauern.
»General«, flehte ihn Montilla an, »gehen Sie nicht fort.«
»Das Schiff liegt im Hafen«, sagte er.
»Es werden noch andere kommen«, sagte Montilla.
»Das ist das gleiche«, entgegnete er. »Jedes wird das letzte sein.«
Er gab keinen Zollbreit nach. Nach vielen vergeblichen Bitten blieb Montilla nichts anderes übrig, als ihm das Geheimnis zu enthüllen, das er bis zum Vortag des Geschehens zu bewahren geschworen hatte: General Rafael Urdaneta bereitete in Santa Fe mit den bolivaristischen Offizieren einen Staatsstreich für die ersten Septembertage vor. Anders als Montilla erwartet hatte, schien der General nicht überrascht.

»Das wußte ich nicht«, sagte er, »aber es lag nahe.« Montilla enthüllte ihm sodann die Einzelheiten der militärischen Verschwörung, die, abgesprochen mit venezolanischen Offizieren, schon alle loyalen Garnisonen des Landes erfaßt hatte. Der General überdachte es gründlich. »Es hat keinen Sinn«, sagte er. »Wenn Urdaneta wirklich die Welt in Ordnung bringen will, dann soll er sich mit Páez arrangieren und die Geschichte der letzten fünfzehn Jahre von Caracas bis Lima wiederholen. Von da an wird es dann bis Patagonien nur noch ein Sonntagsspaziergang sein.« Bevor er sich zum Schlafen zurückzog, ließ er sich aber ein Türchen offen.
»Weiß Sucre davon?«
»Er ist dagegen«, sagte Montilla.
»Klar, wegen seines Ärgers mit Urdaneta«, sagte der General.
»Nein«, sagte Montilla, »er ist gegen alles, was ihn daran hindert, nach Quito zu gehen.«
»Jedenfalls müßt ihr mit ihm sprechen«, sagte der General. »Bei mir verschwendet ihr eure Zeit.«
Es schien sein letztes Wort zu sein. Und am nächsten Tag wies er in aller Früh José Palacios an, das Gepäck an Bord zu bringen, solange das Postschiff in der Bucht liege, und ließ den Kapitän darum bitten, nachmittags vor der Festung Santo Domingo zu ankern, damit er das Schiff von seinem Balkon aus sehen könne. Das waren so präzise Anordnungen, daß seine Offiziere, da er nicht gesagt hatte, wer mit ihm reisen sollte, schon dachten, er würde

keinen von ihnen mitnehmen. Wilson hielt sich an die Vereinbarung vom Januar und ließ sein Gepäck an Bord bringen, ohne es mit irgend jemandem zu besprechen.

Selbst jene, die am wenigsten davon überzeugt waren, daß er abreisen würde, kamen, um sich zu verabschieden, nachdem sie die sechs bepackten Fuhrwerke zum Ladeplatz an der Bucht hatten fahren sehen. Graf Raigecourt, diesmal in Begleitung von Camille, war Ehrengast beim Mittagessen. Camille hatte das Haar mit einer Schleife zurückgebunden, trug ein grünes Gewand und Pantöffelchen in derselben Farbe, sie sah noch jünger aus, und ihre Augen wirkten weniger grausam. Der General überspielte mit einer galanten Bemerkung das Mißfallen, sie zu sehen.

»Die Dame muß sich ihrer Schönheit sehr sicher sein, wenn ihr das Grün gut stehen soll«, sagte er auf spanisch.

Der Graf übersetzte sofort, und Camille brach in das Lachen einer freien Frau aus, deren Süßholzatem das ganze Haus erfüllte. »Fangen wir nicht wieder damit an, Don Simón«, sagte sie. Bei beiden hatte sich etwas geändert, denn aus Furcht, den anderen zu verletzen, wagte keiner von ihnen, das rhetorische Turnier der ersten Begegnung wieder aufzunehmen. Camille vergaß ihn und flatterte nach Lust und Laune durch eine Menschenmenge, die dazu erzogen war, bei solchen Anlässen Französisch zu sprechen. Der General unterhielt sich mit Fray

Sebastián de Sigüenza, einem wahren Heiligen, der verdientermaßen einen sehr guten Ruf genoß, weil er Humboldt kuriert hatte, als dieser auf seiner Durchreise durch die Stadt im Jahre Null die Pocken bekommen hatte. Der Mönch war der einzige, der diesem Umstand keine Wichtigkeit beimaß. »Der Herr hat beschlossen, daß einige an den Pocken sterben und andere nicht, und der Baron gehörte zu letzteren«, meinte er. Der General hatte ihn schon auf seiner vorigen Reise kennenlernen wollen, als er erfahren hatte, daß er dreihundert unterschiedliche Krankheiten mit Behandlungen auf der Basis von Aloe heilte.

Montilla befahl, die militärische Abschiedsparade vorzubereiten, als José Palacios mit dem offiziellen Bescheid aus dem Hafen zurückkam, das Postschiff werde nach dem Mittagessen vor dem Haus anlegen. Er gab Anweisungen, gegen die heiße Junimittagssonne ein Zeltdach auf den Hafenbarkassen aufzuspannen, die den General von der Festung Santo Domingo aus zu dem Schiff bringen sollten. Um elf war das Haus gedrängt voll, und die geladenen Gäste und spontanen Besucher erstickten fast vor Hitze, als alle nur denkbaren Spezialitäten der lokalen Küche auf die lange Tafel aufgetragen wurden. Camille konnte sich die Bewegung, die durch den Saal ging, nicht erklären, bis sie nah an ihrem Ohr die brüchige Stimme hörte: »*Après vous, madame.*« Der General half ihr, sich ein wenig von jeder Speise aufzulegen, und erklärte ihr dabei den Namen, das

Rezept und die Herkunft jedes einzelnen Gerichts, dann stellte er sich selbst eine Portion mit einer noch größeren Auswahl zusammen, sehr zur Verwunderung seiner Köchin, von der er noch vor einer Stunde weit exquisitere Leckerbissen als jene auf dem Tisch nicht angenommen hatte. Dann bahnte er Camille den Weg durch die Gruppen, die nach einem Sitzplatz suchten, führte sie auf den Balkon zum Innenhof, der mit seinen großen äquatorialen Blumen Ruhe ausstrahlte, und kam ohne Präliminarien zur Sache:
»Es wäre schmeichelhaft, Sie in Kingston zu treffen«, sagte er.
»Nichts wäre mir lieber«, sagte sie, ohne ein bißchen zu staunen. »Ich liebe die Blue Mountains.«
»Allein?«
»Mit wem auch immer ich zusammen bin, ich werde immer allein sein«, sagte sie. Und fügte verschmitzt hinzu: »Exzellenz.«
Er lächelte.
»Ich werde Sie über Hyslop ausfindig machen«, sagte er.
Das war alles. Er führte sie wieder durch den Saal zu der Stelle, wo er sie getroffen hatte, und verabschiedete sich mit einer Verbeugung wie beim Kontertanz, stellte den Teller, ohne auch nur gekostet zu haben, auf ein Fensterbrett und ging zu seinem Platz zurück. Niemand erfuhr, wann, noch warum er den Entschluß zu bleiben gefaßt hatte. Er wurde gerade von Politikern bedrängt, die über lokale Zwistigkei-

ten sprachen, als er sich plötzlich ohne Anlaß an Raigecourt wandte und, so daß alle es hören konnten, zu ihm sagte:
»Sie haben ganz recht, Graf. Was soll ich in meinem beklagenswerten Zustand mit so vielen Frauen anfangen?«
»So ist es, General«, sagte der Graf mit einem Seufzer. Und fügte eilig hinzu: »Nächste Woche trifft die *Shannon* ein, eine englische Fregatte, und auf der gibt es nicht nur eine bequeme Kabine, sondern auch einen ausgezeichneten Arzt.«
»Das ist schlimmer als hundert Frauen«, meinte der General.
Die Erklärung war jedenfalls nur eine Ausrede, da einer der Schiffsoffiziere sich bereit erklärt hatte, ihm bis Jamaika seine Kabine zu überlassen. José Palacios war der einzige, der mit seinem unfehlbaren Ausspruch den genauen Grund angab: »Was mein Herr denkt, weiß nur mein Herr.« Und im übrigen hätte der General auf keinen Fall reisen können, da das Postschiff auf dem Weg nach Santo Domingo, wo er hatte an Bord gehen wollen, auf Grund lief und schwer beschädigt wurde.
Also blieb er da, mit der einzigen Bedingung, nicht weiter im Haus von Montilla zu wohnen. Der General hielt es zwar für das schönste der Stadt, aber es erschien ihm wegen der Nähe des Meeres zu feucht für seine Knochen, besonders in der Regenzeit, wenn er in nassen Laken aufwachte. Seine Gesundheit forderte eine weniger heraldische Luft

als die innerhalb der Stadtmauern. Montilla deutete das als Indiz dafür, daß er für längere Zeit blieb, und beeilte sich, ihm den Wunsch zu erfüllen.

In den Ausläufern des Bergs La Popa lag ein Erholungsvorort, den die Bewohner von Cartagena 1815 selbst in Brand gesteckt hatten, damit die royalistischen Truppen, als sie die Stadt zurückerobern wollten, keinen Ort zum Quartiermachen fänden. Das Opfer war nutzlos, denn die Spanier nahmen die befestigte Innenstadt nach einer Belagerung von hundertsechzehn Tagen ein, während der die Belagerten sogar ihre Schuhsohlen aßen und über sechstausend Hungers starben. Fünfzehn Jahre später war die verbrannte Ebene immer noch der unwürdigen Mittagssonne ausgesetzt. Eines der wenigen neuaufgebauten Häuser war das des englischen Kaufmanns Judah Kingseller, der in jenen Tagen auf Reisen war. Dem General war es bei seiner Ankunft von Turbaco wegen des gepflegten Palmdaches und den in fröhlichen Farben gestrichenen Wänden aufgefallen, und auch, weil es fast versteckt in einem Obsthain lag. General Montilla meinte, es sei zu wenig Haus für den Rang des Mieters, aber dieser erinnerte ihn daran, daß er sowohl im Bett einer Herzogin wie auch, nur in seinen Umhang gewikkelt, auf dem Boden einer Spelunke geschlafen habe. Also mietete er das Haus für unbestimmte Zeit, mit einem Aufschlag für das Bett, das Waschgestell, die sechs Lederhocker im Salon und den Destillierkolben, mit dem Mr. Kingseller fachmännisch seinen

Privatschnaps brannte. General Montilla ließ außerdem einen Samtsessel aus dem Regierungspalast hinüberschaffen und aus Lehm und Rohrgestänge einen Schuppen für die Grenadiere der Garde bauen. Das Haus war während der heißesten Sonnenstunden innen kühl und zu jeder Zeit weniger feucht als das des Marquis von Valdehoyos, und es hatte vier luftige Schlafzimmer, in denen die Leguane umherspazierten. Die Schlaflosigkeit im Morgengrauen war weniger öde, weil man hörte, wie die von den Bäumen fallenden reifen Guanábanas plötzlich platzten. Gegen Abend kamen, besonders in Regenzeiten, die Trauerzüge der Armen vorbei, die ihre Ertrunkenen zur Totenwache in das Kloster brachten.
Nachdem er an den Fuß des Berges La Popa umgezogen war, kehrte der General nur noch dreimal in den inneren Stadtbezirk zurück, und zwar, um von dem italienischen Maler Antonio Meucci gemalt zu werden, der auf der Durchreise in Cartagena war. Der General fühlte sich so schwach, daß er dabei auf der Innenterrasse des Herrenhauses der Valdehoyos sitzen mußte, zwischen all den wilden Blumen und den fröhlich lärmenden Vögeln, aber auch so konnte er nicht länger als eine Stunde stillhalten. Das Bildnis gefiel ihm, obwohl der Künstler ihn ganz offensichtlich mit zuviel Mitgefühl gesehen hatte.
Der granadinische Maler José María Espinosa hatte ihn kurz vor dem Septemberattentat im Regierungssitz von Santa Fe gemalt. Dieses Porträt unterschied

sich so sehr von dem Bild, das er von sich selbst hatte, daß er nicht umhin konnte, bei General Santana, dem damaligen Sekretär, seinem Ärger Luft zu machen.

»Wissen Sie, wem dieses Bild ähnlich sieht?« fragte er ihn. »Diesem alten Olaya, dem aus La Mesa.«

Manuela Sáenz war empört, als sie davon hörte, denn sie kannte den Greis aus La Mesa.

»Mir scheint, Sie haben sich zur Zeit selbst nicht besonders gern«, sagte sie zu ihm. »Als wir Olaya zum letzten Mal gesehen haben, war er achtzig und konnte sich nicht mehr auf den Beinen halten.«

Das früheste Porträt, eine anonyme Miniatur aus Madrid, zeigte ihn als Sechzehnjährigen. Mit zweiunddreißig wurde er auf Haiti gemalt, und beide Bilder spiegelten getreu sein Alter und seine karibische Herkunft. Eine Linie seiner Vorfahren hatte durch einen Ururgroßvater väterlicherseits, der mit einer Sklavin ein Kind hatte, afrikanisches Blut, und das prägte seine Gesichtszüge so offensichtlich, daß die Aristokraten in Lima ihn El Zambo, den Mischling, nannten. Aber als sein Ruhm wuchs, begannen die Maler, ihn zu idealisieren, sie wuschen sein Blut, erhoben ihn in mythische Höhen, bis er mit dem römischen Profil seiner Statuen ins öffentliche Andenken einging. Das Bildnis von Espinosa aber ähnelte niemandem als ihm selbst, fünfundvierzig Jahre alt und schon von der Krankheit gezeichnet, die er bis kurz vor seinem Tode zu verbergen suchte, sogar vor sich selbst.

In einer Regennacht, als er aus einem unruhigen Schlaf im Haus am Pie de La Popa aufwachte, sah der General ein engelhaftes Wesen, das in einer Ecke des Schlafzimmers in der Kutte aus grobem Kanvas eines Laienordens saß, das Haar mit einem Kranz aus Leuchtkäfern geschmückt. In der Kolonialzeit hatten Reisende aus Europa über die Eingeborenen gestaunt, die sich den Weg mit einem Glas voll Leuchtkäfern beleuchteten. Später, während der Republik, kamen die Leuchtkäfer in Mode, die Frauen trugen sie als brennende Girlanden im Haar, als Lichtdiademe auf der Stirn und als phosphoreszierende Broschen auf der Brust. Das Mädchen, das in jener Nacht in sein Schlafzimmer gekommen war, trug sie an ein Haarband genäht, das ihr Gesicht in einen gespenstischen Schein tauchte. Sie war schmächtig und geheimnisvoll, hatte mit ihren zwanzig Jahren schon angegrautes Haar, und er nahm sofort den Schimmer jener Tugend wahr, die er bei einer Frau am meisten schätzte: ungebändigte Intelligenz. Sie war in das Lager der Grenadiere gekommen, um sich für was auch immer anzubieten, und dem diensthabenden Offizier war sie so merkwürdig erschienen, daß er sie zu José Palacios schickte, in der Meinung, der General könnte Interesse an ihr finden. Der General forderte sie auf, sich neben ihn zu legen, da er nicht genug Kraft hatte, um sie in die Hängematte zu tragen. Sie nahm das Haarband ab, steckte die Leuchtkäfer in ein Stück Zuckerrohr, das sie bei sich hatte, und legte sich an

seine Seite. Nach einer zerstreuten Unterhaltung wagte der General, sie zu fragen, was man in Cartagena von ihm denke.
»Man sagt, Eure Exzellenz sei wohlauf, daß Sie aber den Kranken spielen, weil Sie Mitleid erregen wollen«, sagte sie.
Er zog sich das Nachthemd aus und bat das Mädchen, ihn im Licht des Leuchters zu untersuchen. Da lernte sie jede Handbreit eines Körpers kennen, den man sich abgezehrter nicht vorstellen konnte: den mageren Bauch, die hervorstehenden Rippen, Beine und Arme nur noch Knochen, und alles von einer totenbleichen haarlosen Haut überzogen, nur der Kopf, vom Wetter gegerbt, schien einem anderen Mann zu gehören.
»Jetzt muß ich nur noch sterben.«
Das Mädchen war beharrlich:
»Die Leute sagen, das war immer so, aber jetzt kommt es Ihnen zupaß, daß es bekannt wird.«
Er gab auch angesichts dieser Aussage nicht auf. Er führte weitere überzeugende Beweise für seine Krankheit an, während sie hin und wieder in einen leichten Schlummer fiel, ihm aber schlafend antwortete, ohne den Faden des Gesprächs zu verlieren. Er berührte sie die ganze Nacht über nicht, es genügte ihm, ihre jugendliche Hitze zu spüren. Plötzlich begann Hauptmann Iturbide in der Nähe des Fensters zu singen: *Und wenn der Sturmwind zum Orkane schwillt, umarme mich, das Meer mag uns verschlingen.«* Es war ein Lied aus einer anderen

Zeit, als der Magen noch die ungeheure Erinnerungskraft reifer Guayaven ertrug und die Gnadenlosigkeit einer Frau im Dunkeln. Der General und das Mädchen lauschten, gläubig fast, mitten im folgenden Lied schlief sie jedoch ein, und wenig später fiel er in eine friedlose Apathie. Die Stille war nach der Musik so rein, daß die Hunde anschlugen, als das Mädchen auf Zehenspitzen davonschleichen wollte, um den General nicht zu wecken. Er hörte, wie sie nach dem Schloß tastete.
»Du gehst unberührt«, sagte er.
Sie antwortete mit einem lebhaften Lachen:
»Niemand ist nach einer Nacht mit Eurer Exzellenz unberührt.«
Sie ging, wie alle. Denn bei keiner der vielen Frauen, die durch sein Leben gegangen waren, manche nur für ein paar Stunden, hatte er den Gedanken aufkommen lassen, bleiben zu können. Im Drang seiner Liebe war er fähig, die Welt für eine Begegnung zu verändern. Gesättigt genügte ihm die Illusion, ihnen in der Erinnerung zu gehören, er gab sich ihnen aus der Ferne in entflammten Briefen hin, schickte ihnen überwältigende Geschenke, um sich gegen das Vergessen zu wehren, verpflichtete jedoch kein Stück seines Lebens auf ein Gefühl, das eher der Eitelkeit als der Liebe glich.
Sobald er in jener Nacht wieder allein war, stand er auf und ging hinaus zu Iturbide, der sich noch immer mit den anderen Offizieren an dem Feuer im Patio unterhielt. Er ließ ihn bis zum Morgengrauen

zur Gitarrenbegleitung von Oberst José de la Cruz Paredes singen, und an den Liedern, um die er bat, merkten alle, in welch düsterer Gemütsverfassung er sich befand.

Von seiner zweiten Europareise hatte er die Begeisterung für Couplets, die damals Mode waren, mitgebracht, er sang sie mit voller Stimme und tanzte sie mit unübertroffener Anmut auf den Hochzeiten der feinen Leute in Caracas. Die Kriege änderten seinen Geschmack. Die romantischen Volkslieder, die ihn bei seinen ersten Lieben durch ein Meer von Zweifeln geleitet hatten, wurden von den feierlichen Walzern und Triumphmärschen abgelöst. In dieser Nacht in Cartagena hatte er wieder um die Lieder seiner Jugend gebeten, einige davon waren so alt, daß er sie Iturbide erst beibringen mußte, weil dieser zu jung war, um sie zu kennen. Die Zuhörer wurden weniger, je mehr der General innerlich verblutete, und dann blieb er allein mit Iturbide bei dem glimmenden Feuer zurück.

Es war eine seltsame Nacht, kein Stern am Himmel, und vom Meer wehte ein Wind, der von den Klagen der Waisen und von fauligen Düften erfüllt war. Iturbide war ein Mann des langen Schweigens, mit der gleichen Eingebung, die ihn eine ganze Nacht lang ohne Pause singen ließ, konnte er unverwandt noch bei Tagesanbruch in die erkaltete Asche blicken. Der General schürte die Glut mit einem Stöckchen und zerstörte den Zauber:

»Was sagt man in Mexiko?«

»Ich habe dort niemanden«, sagte Iturbide. »Ich bin ein Verbannter.«

»Das sind wir hier alle«, sagte der General. »Ich habe, seitdem dies angefangen hat, nur sechs Jahre in Venezuela gelebt, und der Rest ist mir zerstoben, während ich mich in der halben Welt mit Schwierigkeiten herumschlug. Sie können sich nicht vorstellen, was ich darum gäbe, jetzt in San Mateo einen venezolanischen Fleischeintopf zu essen.«

Seine Gedanken waren wohl tatsächlich zu den Zuckermühlen seiner Kindheit geflüchtet, denn er fiel, den Blick auf das verlöschende Feuer gerichtet, in tiefes Schweigen. Als er erneut zu sprechen begann, hatte er wieder festen Boden unter den Füßen. »Das Dumme ist, daß wir aufgehört haben, Spanier zu sein, und dann sind wir von hier nach da gezogen, durch Länder, die von einem Tag auf den anderen Namen und Regierung wechseln, so daß wir jetzt schon nicht mehr wissen, wo zum Teufel wir hingehören«, sagte er. Er starrte lange in die Asche und fragte in einem anderen Ton:

»Es gibt so viele Länder auf dieser Welt, was hat Sie eigentlich bewogen, ausgerechnet hierherzukommen?«

Iturbide antwortete ihm auf Umwegen. »Auf der Militärschule wurde uns beigebracht, den Krieg auf dem Papier zu führen«, sagte er. »Wir kämpften mit kleinen Bleisoldaten auf Geländekarten aus Gips, und sonntags führte man uns auf die nahen Wiesen, da standen wir zwischen den Kühen und den

Damen, die von der Messe zurückkamen, und der Oberst feuerte eine Kanone ab, damit wir uns allmählich an den Schrecken der Explosion und den Pulvergeruch gewöhnten. Sie müssen sich vorstellen, der berühmteste Lehrer war ein englischer Kriegsinvalide, der uns beibrachte, wie man tot vom Pferd fällt.«
Der General unterbrach ihn.
»Und Sie wollten einen richtigen Krieg.«
»Ihren Krieg, General«, sagte Iturbide. »Aber seit meiner Aufnahme ins Heer sind bald zwei Jahre vergangen, und ich weiß nach wie vor nicht, wie ein Kampf leibhaftig aussieht.«
Der General sah ihm noch immer nicht ins Gesicht.
»Sie haben eben das falsche Ziel gewählt«, sagte er. »Hier wird es keinen Krieg mehr geben, nur Kämpfe jeder gegen jeden, und das ist so, als ob man die eigene Mutter tötet.« José Palacios machte ihn aus dem Dunkeln darauf aufmerksam, daß es kurz vor Tagesanbruch sei. Daraufhin verteilte er die Asche mit dem Stöckchen und sagte zu Iturbide, während er sich auf dessen Arm gestützt aufrichtete:
»An Ihrer Stelle würde ich mich schnellstens aus dem Staub machen, bevor mich die Schande erreicht.«
José Palacios beharrte bis zu seinem Tod darauf, das Haus am Pie de la Popa sei in der Gewalt unheilbringender Geister gewesen. Der General und sein Gefolge hatten sich kaum darin eingerichtet, als der Leutnant zur See José Tomás Machado mit der

Nachricht aus Venezuela kam, daß sich mehrere Militärbezirke von der separatistischen Regierung losgesagt hätten und eine neue Partei, die auf Seiten des Generals stehe, an Einfluß gewinne. Der General empfing den Leutnant allein, hörte ihm aufmerksam zu, war aber nicht sehr begeistert. »Das sind gute Nachrichten, aber sie kommen zu spät«, sagte er. »Und was mich betrifft: Was kann schon ein armer Invalide gegen die ganze Welt?« Er gab Anweisung, den Emissär mit allen Ehren unterzubringen, stellte ihm jedoch keine Antwort in Aussicht.
»Ich erwarte kein Heil für das Vaterland«, sagte er.
Sobald er jedoch Machado verabschiedet hatte, wandte sich der General an Carreño und fragte ihn: »Haben Sie Sucre aufgetrieben?« Ja: Sucre hatte Santa Fe Mitte Mai in aller Eile verlassen, um pünktlich zu seinem Namenstag bei Frau und Tochter zu sein.
»Er ist frühzeitig aufgebrochen«, schloß Carreño, »denn Präsident Mosquera ist ihm auf dem Weg nach Popayán begegnet.«
»Was soll das heißen!« rief der General erstaunt. »Hat er etwa den Landweg genommen?«
»Jawohl, mein General.«
»Gott der Armen!« sagte er.
Es war eine Vorahnung. In der gleichen Nacht erhielt er die Nachricht, daß Marschall Sucre am vergangenen 4. Juni, als er die finstere Gegend bei Berruecos durchquerte, in einen Hinterhalt geraten

und hinterrücks erschossen worden war. Montilla kam mit der Hiobsbotschaft, als der General gerade sein nächtliches Bad genommen hatte. Er hörte sie sich kaum zu Ende an. Er schlug sich an die Stirn und riß in einem seiner alttestamentarischen Zornesausbrüche völlig außer sich an dem Tischtuch, auf dem noch das Geschirr vom Abendessen stand.
»Scheiße noch mal!« brüllte er.
Im Haus hallte noch das Echo des Getöses wider, als er schon seine Beherrschung zurückgewonnen hatte. Er sank auf den Stuhl und schnaubte: »Das war Obando.« Und wiederholte es viele Male: »Das war Obando, ein von den Spaniern gedungener Mörder.« Er meinte General José María Obando, den Kommandeur von Pasto, an der Südgrenze von Neugranada, der ihn auf diese Weise seines einzigen möglichen Nachfolgers beraubte und sich selbst die Präsidentschaft der zerschlagenen Republik sicherte, um sie dann Santander zu übergeben. Einer der Verschwörer schrieb in seinen Memoiren, er sei, aus dem Haus kommend, in dem das Verbrechen verabredet worden war, zutiefst erschüttert gewesen, als er auf der Plaza Mayor in Santa Fe im eisigen Abendnebel Marschall Sucre in seinem schwarzen Tuchmantel und dem ärmlichen Hut gesehen habe, wie er, die Hände in den Manteltaschen, allein im Vorhof der Kathedrale auf und ab schritt.
An dem Abend, als er von Sucres Tod erfuhr,

spuckte der General Blut. José Palacios verheimlichte das, ebenso wie damals in Honda, wo er den General dabei überrascht hatte, wie er kniend den Badezimmerboden mit einem Schwamm aufwischte. José Palacios wahrte beide Geheimnisse, ohne darum gebeten worden zu sein, denn er war der Meinung, bei all den Katastrophen dürften nicht noch mehr Schreckensnachrichten verbreitet werden.

In einer Nacht wie dieser war dem General in Guayaquil sein vorzeitiges Altern bewußt geworden. Er trug das Haar noch bis zur Schulter und band es am Hinterkopf zusammen, weil das in den Schlachten des Krieges und der Liebe bequemer war. Damals bemerkte er aber, daß sein Haar schon fast weiß war und das Gesicht welk und traurig aussah. »Sie würden mich nicht wiedererkennen, wenn Sie mich sähen«, schrieb er an einen Freund. »Ich bin einundvierzig Jahre alt, sehe aber aus wie ein alter Mann von sechzig.« In jener Nacht schnitt er sein Haar ab. Wenig später, in Potosí, rasierte er sich in dem Versuch, die ihm in Windeseile entgleitende Jugend aufzuhalten, den Schnurrbart und die Koteletten ab.

Nach Sucres Ermordung gab es für ihn keine kosmetischen Kunstgriffe mehr, um das Alter zu vertuschen. Das Haus am Pie de la Popa versank in Trauer. Die Offiziere hörten auf, Karten zu spielen, sie durchwachten die Nächte und unterhielten sich bis spät an dem ständig brennenden Feuer, das die

Mücken vertreiben sollte, oder in dem gemeinsamen Schlafsaal mit den in unterschiedlicher Höhe angebrachten Hängematten.
Der General mußte diesmal seine Bitterkeit Tropfen für Tropfen destillieren. Er wählte sich willkürlich zwei oder drei seiner Offiziere aus und hielt sie damit wach, ihnen das Fürchterlichste zu zeigen, was er in den Faulkammern seines Herzens bewahrte. Er kam wieder einmal mit dem alten Lied, seine Heere seien wegen Santanders Geiz von der Auflösung bedroht gewesen, weil jener sich als geschäftsführender Präsident von Kolumbien geweigert hatte, ihm Truppen und Geld zu schicken, um Peru endgültig zu befreien.
»Er ist von Natur aus geizig und kleinlich«, sagte er, »aber seine Einwände waren noch niedriger: Er hatte nicht genügend Hirn, um über die Grenzen der Kolonie hinauszusehen.«
Zum tausendsten Mal leierte er ihnen vor, die Einladung an die Vereinigten Staaten zum Kongreß von Panama, die allein Santander zu verantworten hatte, sei der Todesstoß für die Integration gewesen, denn es sei damals um nichts Geringeres als um die Erklärung der Einheit Amerikas gegangen.
»Da kann man gleich die Katze zum Mäusefest einladen«, sagte er. »Und alles nur wegen der Drohung der Vereinigten Staaten, uns anzuklagen, weil wir den Kontinent in einen Nationalstaatenbund gegen die Heilige Allianz verwandeln wollten. Welche Ehre!«

Er bekundete abermals sein Entsetzen über die unfaßliche Kaltblütigkeit, mit der Santander seine Ziele verfolge. »Das ist ein toter Fisch«, sagte er. Zum tausendsten Mal wiederholte er die Schmährede über die Darlehen, die Santander aus London bekommen hatte, und über dessen Bereitwilligkeit, der Korruption seiner Freunde Vorschub zu leisten. Jedesmal, wenn er im privaten Kreis oder öffentlich von Santander sprach, fügte er noch einen Tropfen Gift hinzu, und das in einem politischen Klima, das nicht einen einzigen mehr vertragen hätte. Aber er konnte sich nicht zügeln.
»Und so hat der allgemeine Verfall begonnen«, sagte er.
Er selbst war so korrekt im Umgang mit öffentlichen Geldern, daß er von diesem Fall nicht sprechen konnte, ohne außer sich zu geraten. Als Präsident hatte er die Todesstrafe für jeden Staatsbeamten verordnet, der mehr als zehn Pesos veruntreute oder stahl. Mit seinem Privatbesitz hingegen ging er so großzügig um, daß er innerhalb weniger Jahre einen beträchtlichen Teil des ererbten Familienvermögens für den Unabhängigkeitskrieg ausgegeben hatte. Sein Sold wurde unter den Witwen und Kriegsversehrten verteilt. Seinen Neffen schenkte er die Zuckermühlen, die er geerbt hatte, seinen Schwestern das Haus in Caracas, und den größten Teil seines Landbesitzes teilte er unter den zahlreichen Sklaven auf, die er freigelassen hatte, bevor die Sklaverei abgeschafft wurde. Er lehnte eine Million Pesos ab,

die ihm der Kongreß von Lima in der Euphorie der Befreiung angeboten hatte. Das Landhaus in Monserrate, das die Regierung ihm übereignet hatte, damit er einen würdigen Wohnsitz habe, schenkte er wenige Tage vor seinem Rücktritt einem Freund, der in Schwierigkeiten geraten war. Bei Apure stand er aus seiner Hängematte auf und schenkte sie einem hiesigen Führer, damit der sein Fieber ausschwitzen konnte, während er selbst in einen Feldumhang gewickelt auf dem Boden weiterschlief. Die zwanzigtausend Silberpesos, die er dem Lehrer und Quäker José Lancaster aus seiner Schatulle zahlen wollte, waren keine Privat-, sondern eine Staatsschuld. Die Pferde, die er so liebte, überließ er Freunden, denen er auf seinem Weg begegnete, sogar Palomo Blanco, das bekannteste und ruhmreichste, blieb in Bolivien zurück, als Prachtstück der Ställe des Marschalls von Santa Cruz. Das Thema der veruntreuten Darlehen riß ihn daher unwillkürlich bis an die Grenzen der Perfidie fort.
»Casandro stand selbstverständlich mit sauberer Weste da, wie am 25. September, denn er hat eine magische Gabe, die Form zu wahren«, sagte er allen, die es hören wollten. »Aber seine Freunde schleppten das Geld, das die Engländer der Nation geliehen hatten, nach England zurück, und zwar mit einem Löwenanteil der Zinsen, die sie mit Wuchergeschäften für sich vermehrten.«
Er zeigte allen nächtelang den Bodensatz seiner Seele. Bei Anbruch des vierten Tages, die Krise

schien auf ewig angelegt, kam er aus der Tür zum Patio in derselben Kleidung, die er getragen hatte, als er die Nachricht von dem Verbrechen erhielt. Er rief den General Briceño Méndez zu sich und unterhielt sich allein mit ihm bis zu den ersten Hahnenschreien. Der General lag in seiner Hängematte unter einem Moskitonetz, und neben ihm Briceño Méndez in einer anderen Hängematte, die José Palacios für ihn angebracht hatte. Vielleicht war keinem von beiden bewußt, wie sehr sie sich von den stetigen Gewohnheiten des Friedens entfernt hatten und wie sie innerhalb weniger Tage zu den unsicheren Nächten der Feldlager zurückgekehrt waren. Aus jenem Gespräch ging für den General deutlich hervor, daß ihm José María Carreño in Turbaco nicht nur die eigenen Sorgen und Wünsche offenbart hatte, sondern daß diese von der Mehrzahl der venezolanischen Offiziere geteilt wurden. Diese fühlten sich, aufgrund des Verhaltens der Granadiner ihnen gegenüber, mehr denn je als Venezolaner, waren aber bereit, für die Einheit in den Tod zu gehen. Hätte der General ihnen den Befehl gegeben, in Venezuela zu kämpfen, sie wären Knall auf Fall dorthin gezogen. Und Briceño Méndez als erster.

Es waren die schwersten Tage. Als einzigen Besucher empfing der General den polnischen Oberst Miecieslaw Napierski, Held der Schlacht bei Friedland und Überlebender der Katastrophe von Leipzig, der in jenen Tagen mit einer Empfehlung von

General Poniatowski eingetroffen war und ins kolumbianische Heer eintreten wollte.
»Sie kommen zu spät«, hatte der General zu ihm gesagt. »Hier ist nichts übriggeblieben.«
Nach dem Tod von Sucre war weniger als nichts übriggeblieben. Das gab er Napierski zu verstehen, und der gab es in seinem Reisejournal wieder, das ein großer granadinischer Dichter hundertachtzig Jahre später für die Geschichte retten sollte. Napierski war an Bord der *Shannon* gekommen. Der Kapitän des Schiffs hatte ihn bis zum Haus des Generals begleitet, der von seinem Wunsch sprach, nach Europa zu reisen, doch konnten beide keine wirkliche Bereitschaft bei ihm erkennen, sich einzuschiffen. Da die Fregatte einen Abstecher nach La Guayra machen und dann nach Cartagena zurückkehren sollte, bevor sie erneut Kingston anlief, gab der General dem Kapitän einen Brief für seinen venezolanischen Bevollmächtigten mit, in der Hoffnung, daß der ihm etwas Geld aus dem Verkauf der Minen von Aroa mitschicken würde. Die Fregatte kam jedoch ohne Antwortschreiben wieder, und der General wirkte so niedergeschlagen, daß niemand ihn fragen mochte, ob er abreisen würde.
Nicht eine einzige tröstliche Nachricht traf ein. José Palacios bemühte sich seinerseits, die Nachrichten, die sie erhielten, nicht noch zu verschlimmern und so lange wie möglich zurückzuhalten. Um den General nicht noch mehr zu betrüben, verschwiegen die Offiziere ihm auch, daß sie in Sorge waren, weil

von den Husaren und Grenadieren der feurige Samen einer unsterblichen Gonorrhöe ausgesät wurde. Es hatte mit zwei Frauen begonnen, die in den Nächten von Honda durch die gesamte Garnison gegangen waren, und später war die Krankheit durch die schlechten Liebschaften der Soldaten überall auf ihrem Weg verbreitet worden. Zu jenem Zeitpunkt war niemand von den Mannschaften davon verschont geblieben, obwohl es kein Mittel der Schulmedizin und der Zauberheilkunst gab, das sie nicht ausprobiert hätten.

José Palacios' Bemühungen, seinem Herrn unnötigen Kummer zu ersparen, waren nicht immer erfolgreich. Eines Abends ging ein Billett ohne Anschrift von Hand zu Hand, und niemand wußte, wie es bis zur Hängematte des Generals gelangt war. Er las es ohne Brille mit ausgestrecktem Arm und hielt es dann mit zwei Fingern in die Kerzenflamme, bis es verbrannt war.

Es stammte von Josefa Sagrario. Sie war am Montag mit ihrem Mann und ihren Kindern auf dem Weg nach Mompox eingetroffen, von der Nachricht ermutigt, der General sei abgesetzt worden und verlasse nun das Land. Er verriet nie, worum es in der Botschaft ging, zeigte aber die ganze Nacht über Anzeichen großer Unruhe und schickte am Morgen ein Angebot zur Versöhnung an Josefa Sagrario. Sie verschloß sich seinen Bitten und setzte, ohne einen Augenblick zu zögern, die Reise wie geplant fort. Ihr alleiniger Grund sei, wie sie zu José Palacios sagte, daß es keinerlei Sinn habe, Frieden mit einem Mann zu schließen, den sie schon für tot hielt.

In jener Woche wurde bekannt, daß sich in Santa Fe Manuela Sáenz' Privatkrieg für die Rückkehr des Generals verschärfte. In der Absicht, ihr das Leben unerträglich zu machen, hatte das Innenministerium von ihr verlangt, die in ihrer Obhut befindlichen Archive auszuhändigen. Sie weigerte sich und setzte eine Kampagne von Provokationen in Gang, die der Regierung an den Nerven zerrte. Sie stiftete Unruhe, verteilte Flugschriften, die den General glorifizierten, löschte, begleitet von zwei ihrer kämpferischen Sklavinnen, die mit Kohle auf die Wände der öffentlichen Gebäude geschriebenen Parolen. Es war allgemein bekannt, daß sie in der Uniform eines Obersts in die Kasernen ging und ebenso an den Festen der Soldaten wie an den Verschwörungen der Offiziere teilnahm. Am hartnäckigsten hielt sich das Gerücht, daß sie im Schatten von Urdaneta einen bewaffneten Aufstand vorbereitete, der die absolute Macht des Generals wiederherstellen sollte.

Es war schwer vorstellbar, daß seine Kräfte dafür reichen würden. Die abendlichen Fieberanfälle wurden immer pünktlicher, und sein Husten war herzzerreißend. Eines frühen Morgens hörte José Palacios ihn schreien: »Scheißvaterland!« Er stürzte in das Schlafzimmer, von diesem Ausruf alarmiert, den der General seinen Offizieren nicht durchgehen ließ, und fand ihn mit einer blutenden Wange. Er hatte sich beim Rasieren geschnitten und war weni-

ger über das Mißgeschick selbst als über seine eigene Unbeholfenheit aufgebracht. Auf den Apotheker, der ihn, von Oberst Wilson eilends herbeigeholt, versorgte, wirkte er so verzweifelt, daß dieser ihn mit ein paar Tropfen Belladonna beruhigen wollte. Der General wies ihn schroff ab.
»Lassen Sie mich, wie ich bin«, sagte er. »Die Verzweiflung ist die Gesundheit der Verlorenen.«
Seine Schwester María Antonia schrieb ihm aus Caracas. »Alle beklagen sich darüber, daß Du nicht kommen wolltest, um in diesem Durcheinander aufzuräumen«, berichtete sie ihm. Die Pfarrer in den Dörfern stünden auf seiner Seite, Desertionen vom Heer nähmen überhand, und in den Bergen sammelten sich Bewaffnete, die behaupteten, sie wollten keinen anderen als ihn. »Das hier ist ein Fandango von Verrückten, die selbst nicht mehr wissen, was sie mit ihrer Revolution anfangen sollen«, schrieb seine Schwester. Denn während die einen lautstark nach ihm verlangten, wurden im halben Land die Wände mit Schmähschriften gegen ihn beschmiert. Seine Familie, hieß es da, müsse bis ins fünfte Glied ausgerottet werden.
Den Gnadenstoß gab ihm der Kongreß von Venezuela, der sich in Valencia versammelt hatte und seine Beschlüsse mit der endgültigen Separation krönte, wozu er feierlich erklärte, es könne kein Arrangement mit Neugranada und Ekuador geben, solange sich der General auf kolumbianischem Gebiet aufhalte. Ebenso wie die Tatsache selbst

schmerzte den General, daß ihm die offizielle Note aus Santa Fe von einem ehemaligen Verschwörer des 25. September übersandt wurde, einem Todfeind, den General Mosquera aus dem Exil hatte zurückkehren lassen, um ihn zum Innenminister zu ernennen. »Ich muß sagen, dieses Ereignis hat mir in meinem ganzen Leben am meisten zugesetzt«, sagte der General. Er blieb die Nacht über wach und diktierte mehreren Schreibern unterschiedliche Entwürfe für eine Antwort, doch seine Wut war so anhaltend, daß er schließlich darüber einschlief. Bei Tagesanbruch, nach einem beklemmenden Traum, sagte er zu José Palacios:
»Am Tag meines Todes werden in Caracas die Glocken läuten.«
Es kam noch schlimmer. Als er die Nachricht vom Tod des Generals erhielt, sollte der Gouverneur von Maracaibo schreiben: »Ich beeile mich, dieses große Ereignis bekanntzugeben, das ohne Zweifel der Sache der Freiheit und dem Glück des Landes unendlich zugute kommen wird. Der Geist des Bösen, die Brandfackel der Anarchie, der Unterdrücker des Vaterlands ist nicht mehr.« Diese Bekanntmachung, die zunächst als Information für die Regierung in Caracas gedacht war, wurde dann als nationale Proklamation verbreitet.
Inmitten der Schrecken jener unheilvollen Tage verkündete José Palacios dem General eines Morgens um fünf Uhr das Datum seines Geburtstags: »Vierundzwanzigster Juli, Tag der heiligen Christine,

Jungfrau und Märtyrerin.« Der General öffnete die Augen, und wieder einmal mußte er den Eindruck haben, ein Auserwählter des Mißgeschicks zu sein.
Er pflegte nicht seinen Geburtstag, sondern den Namenstag zu feiern. Es gab elf heilige Simons im katholischen Heiligenkalender, und er hätte es vorgezogen, nach dem von Kyrene genannt worden zu sein, der Christus geholfen hatte, das Kreuz zu tragen, doch das Schicksal hatte ihm einen anderen Simon zugeteilt, den Apostel und Prediger in Ägypten und Äthiopien, dessen Tag der 28. Oktober war. In Santa Fe hatten sie ihm einmal an diesem Tag während der Feier einen Lorbeerkranz aufgesetzt. Er hatte ihn gutgelaunt abgenommen und ihn voller Hintersinn General Santander aufgesetzt, der ihn unbewegt annahm. Doch sein Leben rechnete er nicht nach dem Namen, sondern nach den Jahren. Die 47 hatten für ihn eine besondere Bedeutung, weil ihn in Guayaquil am 24. Juli des vergangenen Jahres inmitten all der schlechten Nachrichten und im Delirium seiner bösartigen Fieberanfälle eine Vorahnung hatte erschauern lassen. Ihn, der an Vorahnungen nicht glaubte. Das Zeichen war eindeutig: Wenn es ihm gelänge, bis zu seinem nächsten Geburtstag am Leben zu bleiben, dann könne ihn kein Tod mehr dahinraffen. Das Rätsel dieses geheimen Orakels war die Kraft, die ihn bis dahin gegen jede Vernunft aufrechterhalten hatte.
»Siebenundvierzig Jahre, verdammt«, murmelte er. »Und ich lebe noch!«

Er richtete sich mit neuer Kraft in der Hängematte auf, und sein Herz pochte in der wunderbaren Gewißheit, gegen jedes Übel gefeit zu sein. Er ließ Briceño Méndez rufen, den Anführer jener, die nach Venezuela wollten, um dort für die Einheit Großkolumbiens zu kämpfen, und teilte ihm mit, welche Vergünstigung er aus Anlaß seines Geburtstags seinen Offizieren gewähre:
»Vom Leutnant aufwärts«, sagte er, »soll jeder, der in Venezuela kämpfen will, sein Bündel schnüren.«
General Briceño Méndez war der erste. Zwei weitere Generäle, vier Obristen und acht Hauptleute der Garnison von Cartagena schlossen sich der Expedition an. Als aber Carreño den General an sein gegebenes Versprechen erinnerte, sagte der zu ihm:
»Sie sind für höhere Ziele bestimmt.«
Zwei Stunden vor dem Aufbruch beschloß er, auch José Laurencio Silva solle mitziehen, denn er hatte den Eindruck, daß der Rost der Routine dessen Angst um sein Augenlicht verstärkte. Silva lehnte die Ehre ab.
»Auch dieser Müßiggang ist ein Krieg, und einer der härtesten«, sagte er. »Deshalb bleibe ich hier, wenn mein General nicht etwas anderes befiehlt.«
Iturbide, Fernando und Andrés Ibarra hingegen erreichten es nicht, abkommandiert zu werden.
»Wenn Sie einmal ziehen sollen, dann an einen anderen Ort«, sagte der General zu Iturbide. Andrés wies er mit einem ungewöhnlichen Grund ab:

General Diego Ibarra stehe bereits im Kampf, und zwei Brüder seien zu viel für ein und denselben Krieg. Fernando bot sich nicht einmal an, da er sicher war, die gleiche Antwort wie immer zu erhalten: »Der Krieg fordert den ganzen Mann, der kann aber nicht zulassen, daß seine beiden Augen und seine rechte Hand fortziehen.« Fernando tröstete sich damit, daß diese Antwort in gewisser Weise eine militärische Auszeichnung war.

Montilla brachte die Reisegelder noch in der gleichen Nacht, in der sie genehmigt worden waren, und nahm an der schlichten Zeremonie teil, bei welcher der General jeden einzelnen mit einem Satz und einer Umarmung verabschiedete. Sie zogen getrennt und auf unterschiedlichen Wegen, die einen über Jamaika, andere über Curaçao, wieder andere über Guajira, und alle in Zivilkleidung, ohne Waffen oder sonst etwas, das ihre Identität hätte verraten können, so wie sie es bei den geheimen Aktionen gegen die Spanier gelernt hatten. Bei Tagesanbruch war das Haus am Pie de la Popa ein verlassenes Feldlager, aber der General blieb in der Hoffnung zurück, daß ein neuer Krieg die Lorbeeren von einst wieder ergrünen lassen würde.

General Rafael Urdaneta kam am 5. September an die Macht. Die verfassunggebende Versammlung hatte ihre Arbeit abgeschlossen, und es gab keine Autorität, die befugt gewesen wäre, den Staatsstreich zu legitimieren, die Aufständischen wandten sich jedoch an den Bürgerrat, den Cabildo von Santa Fe, der Urdaneta als Übergangspräsidenten anerkannte, bis der General das Amt angetreten haben würde. Das hatte ein Aufstand der in Neugranada stationierten venezolanischen Truppen und Offiziere erreicht, die mit Unterstützung der kleinen Weidelandbesitzer und des ländlichen Klerus die Regierungskräfte niederwarfen. Es war der erste Staatsstreich in der Republik Kolumbien und der erste von neunundvierzig Bürgerkriegen, die wir bis Ende des Jahrhunderts erleiden sollten. Präsident Joaquín Mosquera und Vizepräsident Caycedo blieben verlassen im Nichts zurück und gaben ihre Ämter auf. Urdaneta klaubte die Macht vom Boden auf, und als ersten Regierungsakt entsandte er persönlich eine Delegation nach Cartagena, um dem General die Präsidentschaft der Republik anzutragen.

José Palacios hatte seinen Herrn seit langer Zeit nicht mehr mit einer so stabilen Gesundheit wie in jenen Tagen erlebt, das Kopfweh und das abendliche Fieber hatten die Waffen gestreckt, sobald die Nachricht vom Militärputsch eingetroffen war. Aber José Palacios hatte ihn auch noch nie in einem Zustand so großer Unruhe erlebt. Montilla war darüber besorgt und gewann Fray Sebastián de Sigüenza dafür, dem General insgeheim Beistand zu leisten. Der Mönch übernahm das gern und machte seine Sache gut, er ließ sich an den öden Nachmittagen, als sie auf die Abgesandten Urdanetas warteten, im Schach besiegen.

Der General hatte auf seiner zweiten Europareise gelernt, die Schachfiguren zu bewegen und hätte es in den toten Nächten des langen Peru-Feldzugs, als er mit General O'Leary spielte, fast zur Meisterschaft gebracht. Aber zu mehr fühlte er sich nicht berufen. »Schach ist kein Spiel, sondern eine Leidenschaft«, sagte er. »Und andere, kühnere Leidenschaften liegen mir mehr.« Dennoch hatte er in seinen Programmen zur öffentlichen Erziehung Schach unter die nützlichen und ehrlichen Spiele eingereiht, die an den Schulen unterrichtet werden sollten. In Wahrheit hatte er sich nie ganz hineingekniet, weil seine Nerven nicht für ein so bedächtiges Spiel geschaffen waren und er die erforderliche Konzentration für ernstere Angelegenheiten brauchte.

Der General schaukelte sich, wenn Fray Sebastián kam, mit heftigen Schwüngen in der Hängematte, die hatte er sich vor dem Hauseingang anbringen lassen, um von dort den staubig glühenden Weg überwachen zu können, auf dem die Abgesandten von Urdaneta erscheinen mußten. »Ach, Pater«, sagte der General, wenn er ihn kommen sah, »Sie lernen nichts dazu.« Er setzte sich nur hin, um die Steine zu bewegen, und stand nach jedem Zug auf, während der Mönch nachdachte.

»Lassen Sie sich nicht ablenken, Exzellenz«, sagte dieser, »sonst verschlinge ich Sie bei lebendigem Leibe.«

Der General lachte:

»Wer mit dem Hochmut zu Mittag speist, ißt mit der Schmach zu Abend.«

O'Leary blieb zuweilen am Tisch stehen, er studierte das Schachbrett und empfahl ihm einen Zug. Der General verbat sich das empört. Wenn er aber gewann, ging er jedesmal in den Patio hinaus zu seinen Offizieren, die dort Karten spielten, und verkündete ihnen den Sieg. Mitten in einer Partie fragte ihn Fray Sebastián, ob er nicht seine Memoiren schreiben wolle.

»Nie und nimmer«, sagte er. »Das ist etwas für Tote.«

Die Post, eine seiner stärksten Obsessionen, wurde für ihn zum Martyrium. Besonders in jenen Wochen der Verwirrung, in denen die Stafetten aus Santa Fe sich in Erwartung neuer Nachrichten verspäteten und die Anschlußkuriere beim Warten müde wurden. Die heimlichen Botschaften hingegen wurden reichhaltiger und schneller. So erhielt der General Nachricht von den Nachrichten, bevor diese eintrafen, und damit genug Zeit, sich seine Entscheidungen reiflich zu überlegen.

Als er erfuhr, daß die Abgesandten nahten, schickte er ihnen am 17. September Carreño und O'Leary auf dem Weg nach Turbaco entgegen. Es kamen Oberst Vicente Piñeres und Oberst Julián Santa María, und als erstes waren sie überrascht darüber, in welch guter Verfassung sich der Kranke befand, von dessen hoffnungslosem Zustand in Santa Fe ständig die Rede war. Im Haus wurde ein Festakt mit bürgerlichen und militärischen Honoratioren improvisiert, wobei dem Anlaß entsprechende Reden gehalten wurden und man auf das Wohl des Vaterlands anstieß. Danach hielt der General die Abgesandten bei sich zurück, und allein unter vier Augen sagten sie sich die Wahrheit. Oberst Santa María, der sich in Pathos erging, brachte als Höhepunkt: Falls der General nicht bereit sei, die Führung zu übernehmen, werde das im ganzen Lande grauenhafte Anarchie auslösen. Der General wich aus.

»Existieren geht vor verändern«, entgegnete er ihm. »Erst wenn sich der politische Horizont lichtet, werden wir wissen, ob es das Vaterland gibt oder nicht.«

Oberst Santa María begriff nicht.

»Ich meine, zu allererst muß das Land mit Waffengewalt wieder vereinigt werden«, sagte der General. »Aber das Ende des Fadens ist nicht hier, sondern in Venezuela.«

Von nun an sollte das seine fixe Idee sein: noch einmal von vorn anzufangen, mit dem Wissen, daß der Feind innerhalb und nicht außerhalb des eigenen Hauses stand. Die Oligarchien der einzelnen Länder, die in Neugranada von den Santanderisten und Santander selbst repräsentiert wurden, hatten dem Einheitsgedanken unerbittlich den Kampf erklärt, weil er den jeweiligen lokalen Privilegien der großen Familien entgegenstand.

»Dies ist der wahre und einzige Grund für diesen Kleinkrieg, der uns kaputtmacht«, sagte der General. »Und das traurigste ist, daß sie glauben, die Welt zu verändern, während sie in Wirklichkeit das rückschrittlichste spanische Gedankengut verewigen.«

Und im selben Atemzug fuhr er fort: »Ich weiß, man spottet über mich, weil ich in ein und demselben Brief, an einem Tag an ein und dieselbe Person geschrieben, eine Meinung und zugleich ihr Gegenteil vertrete, daß ich dem monarchistischen Plan zustimme und nicht zustimme oder daß ich andernorts für beides zugleich bin.« Sie warfen ihm vor, daß er wetterwendisch in der Beurteilung von Menschen und im Umgang mit der Geschichte gewesen sei, daß er gegen Fernando VII. gekämpft und Morillo umarmt, auf Leben und Tod gegen Spanien Krieg geführt und zugleich den spanischen Geist gefördert habe, sich zwar für seinen Sieg von Haiti habe unterstützen lassen, es später aber dem Ausland zurechnete, um es nicht zum Kongreß von

Panama einladen zu müssen; daß er Freimaurer gewesen sei, Voltaire während der Messe gelesen habe und zugleich als Paladin der Kirche aufgetreten sei, daß er den Engländern den Hof gemacht, gleichzeitig aber die Hochzeit mit einer französischen Prinzessin erwogen habe, daß er leichtfertig, heuchlerisch und sogar untreu sei, weil er seinen Freunden schmeichle, solange sie anwesend seien, hinter ihrem Rücken aber über sie lästere. »Nun gut: Das ist alles wahr, aber nebensächlich«, sagte er, »denn ich habe das alles nur im Hinblick darauf getan, daß dieser Kontinent ein einziges unabhängiges Land werden sollte, und in diesem Punkt hat es bei mir nie einen Zweifel und keinen einzigen Widerspruch gegeben.« Und in reinster karibischer Art schloß er: »Alles übrige ist Bockmist!«

Zwei Tage später schrieb er in einem Brief an Briceño Méndez: »Ich habe die Führung, die mir zuerkannt wurde, nicht annehmen wollen, denn ich möchte nicht als Rebellenführer dastehen, der von den Siegern militärisch eingesetzt wird.« In den zwei Briefen an General Rafael Urdaneta, die er in derselben Nacht Fernando diktierte, hütete er sich jedoch vor solcher Radikalität.

Der erste war eine offiziöse Antwort, und ihre Förmlichkeit war von der Anrede an überdeutlich: »Exzellenz.« Er rechtfertigte hierin den Putsch damit, daß sich das Land nach Auflösung der vorherigen Regierung in einem Zustand der Anarchie und Verwilderung befunden habe. »Das Volk täuscht

sich in solchen Fällen nicht«, schrieb er. Für ihn gäbe es aber keine Möglichkeit, die Präsidentschaft anzunehmen. Alles, was er anbieten könne, sei seine Bereitschaft, nach Santa Fe zurückzukehren, um der neuen Regierung als einfacher Soldat zu dienen.
Der andere Brief war privater Natur, und das zeigte sich schon in der ersten Zeile: »Mein lieber General.« Er war ausführlich und deutlich und ließ keine Zweifel an den Gründen für das eigene Zögern. Da Don Joaquín Mosquera nicht auf sein Amt verzichtet habe, könne er sich schon morgen als legaler Präsident bestätigen lassen und ihn selbst als Usurpator hinstellen. So wiederholte der General, was er im offiziellen Brief geschrieben hatte: Solange er nicht über ein klares Mandat aus einer legitimen Quelle verfüge, gebe es für ihn keine Möglichkeit, die Macht zu übernehmen.
Die beiden Briefe gingen mit derselben Post ab, zusammen mit dem Original einer Erklärung, in der er das Land bat, alle Feindseligkeiten zu begraben und die neue Regierung zu unterstützen. Er hütete sich aber vor jeglicher Verpflichtung. »Es mag so aussehen, als böte ich viel, ich biete aber nichts«, würde er später sagen. Und gab zu, einige Sätze geschrieben zu haben, deren einziger Zweck war, jenen zu schmeicheln, die das erwarteten.
Das Auffallendste an dem zweiten Brief war der Kommandoton, besonders erstaunlich bei jemandem, der über keinerlei Macht verfügte. Er verlangte die Beförderung von Oberst Florencio Jiménez,

dieser solle, mit genügend Truppen und Material ausgerüstet, in den Westen ziehen, um dem schleppenden Krieg der Generäle José María Obando und José Hilario López gegen die Zentralregierung Widerstand zu leisten. »Das sind die Mörder Sucres«, insistierte er. Er empfahl noch mehrere andere Offiziere für hohe Posten. »Kümmern Sie sich um diesen Teil«, schrieb er Urdaneta, »das übrige vom Magdalena bis Venezuela, Boyacá eingeschlossen, erledige ich.« Er selbst bereite sich darauf vor, mit zweitausend Mann nach Santa Fe zu marschieren, um auf diese Weise zur Wiederherstellung der öffentlichen Ordnung und zur Konsolidierung der neuen Regierung beizutragen.

Zweiundvierzig Tage lang erreichten ihn keine direkten Nachrichten mehr von Urdaneta. Dennoch schrieb er ihm weiter, den ganzen langen Monat über, in dem er nichts anderes tat, als in alle Windrichtungen militärische Befehle zu erteilen. Die Schiffe kamen und fuhren wieder ab, doch von der Reise nach Europa war nicht mehr die Rede, auch wenn er ab und zu, um politischen Druck auszuüben, daran erinnerte. Das Haus am Pie de la Popa entwickelte sich zum Hauptquartier für das ganze Land, und nur wenige der militärischen Entscheidungen jener Monate wurden nicht von seiner Hängematte aus angeregt oder getroffen. Schritt für Schritt, fast ohne Absicht, war er schließlich auch an Entscheidungen beteiligt, die über militärische Angelegenheiten hinausgingen. Und er kümmerte sich sogar um Kleinigkeiten, wie beispielsweise seinem guten Freund Señor Tatis eine Anstellung im Postamt zu verschaffen oder General José Ucrós, der den Frieden bei sich daheim nicht mehr ertrug, wieder in den aktiven Dienst aufzunehmen.

In jenen Tagen wiederholte er mit neuer Emphase einen seiner alten Aussprüche: »Ich bin alt, krank, müde, enttäuscht, angefeindet, verleumdet und schlecht bezahlt.« Aber keiner, der ihn zu Gesicht bekam, hätte ihm das geglaubt. Denn während es so aussah, als wirke er, ein gebranntes Kind, nur an Manövern zur Stärkung der Regierung mit, plante er tatsächlich mit der Autorität und Befehlsgewalt eines Heerführers eben jene militärische Maschinerie, mit der er Venezuela zurückgewinnen wollte, um von dort aus erneut mit dem Wiederaufbau des größten Staatenbundes der Welt zu beginnen.

Eine günstigere Gelegenheit war kaum vorstellbar. Neugranada war sicher in der Hand Urdanetas, die liberale Partei niedergeschlagen, und Santander saß in Paris fest. Ekuador war durch Flores gesichert, eben jenen venezolanischen Caudillo, der, ehrgeizig und streitbar, Guayaquil und Quito von Kolumbien abgetrennt hatte, um eine neue Republik zu gründen, aber der General vertraute darauf, ihn für seine Sache zurückgewinnen zu können, sobald Flores die Mörder Sucres unterworfen hätte. Bolivien war durch Marschall Santa Cruz gesichert, der sein Freund war und ihm soeben die diplomatische Vertretung beim Heiligen Stuhl angeboten hatte. Das nächstliegende Ziel war also, General Páez ein für allemal die Herrschaft über Venezuela zu entreißen. Der militärische Plan des Generals sah offenbar vor, eine Großoffensive von Cúcuta aus zu starten, während Páez sich auf die Verteidigung von Maracaibo konzentrierte. Am ersten Tag im September setzte jedoch die Provinz Riohacha ihren Militärkommandanten ab, sagte sich von der Oberhoheit Cartagenas los und erklärte sich Venezuela zugehörig. Riohacha erhielt nicht nur sofort Deckung durch Maracaibo, sondern bekam auch zur Unterstützung General Pedro Carujo, den Anführer des Attentats vom 25. September, geschickt, der sich unter dem Schutz der venezolanischen Regierung der Anklage entzogen hatte.

Montilla kam, sobald er die Nachricht empfangen hatte, der General kannte sie aber bereits und war hocherfreut. Denn die Meuterei in Riohacha gab ihm Gelegenheit, von einer anderen Front aus neue und bessere Kräfte gegen Maracaibo zu mobilisieren.

»Außerdem«, sagte er, »haben wir Carujo in der Hand.«

In der gleichen Nacht noch schloß er sich mit seinen Offizieren ein und entwickelte mit großer Präzision die Strategie, er beschrieb die Eigenheiten des Terrains, bewegte ganze Heere wie Schachfiguren und kam auch den unwahrscheinlichsten Absichten des Feindes zuvor. Er hatte keine militärische Ausbildung, die der irgendeines seiner Offiziere auch nur vergleichbar gewesen wäre, da die meisten von ihnen auf den besten Militärakademien Spaniens ausgebildet worden waren, doch war er in der Lage, sich eine Situation bis in die letzten Einzelheiten vorzustellen. Sein visuelles Gedächtnis war so erstaunlich, daß er ein Hindernis, das er vor vielen Jahren im Vorbeigehen gesehen hatte, einkalkulieren konnte, und obgleich er weit davon entfernt war, ein Meister der Kriegskunst zu sein, übertraf ihn keiner an Inspiration.

Bei Tagesanbruch war der Plan bis in die letzten Einzelheiten fertig, und er war minutiös und unerbittlich. Und so vorausschauend, daß für Ende November oder im schlechtesten Fall Anfang Dezember der Angriff auf Maracaibo vorgesehen war. Als an einem regnerischen Dienstag um acht Uhr morgens die letzte Überprüfung beendet war, machte Montilla den General darauf aufmerksam, daß dem Plan das Fehlen eines granadinischen Generals anzumerken sei.

»Es gibt keinen einzigen General Neugranadas, der etwas taugt«, sagte der General. »Wer nicht unfähig ist, ist ein Gauner.«

Montilla beeilte sich, dem Thema eine freundlichere Wendung zu geben:

»Und Sie, General, wohin gehen Sie?«

»Jetzt ist es mir schon gleich, ob nach Cúcuta oder Riohacha«, sagte er.

Er drehte sich um und wollte sich zurückziehen, als ihn die steinerne Miene von General Carreño an das

mehrmals nicht erfüllte Versprechen erinnerte. Tatsächlich wollte er ihn um jeden Preis an seiner Seite haben, konnte ihn aber nun nicht länger hinhalten. Er klopfte ihm wie immer kurz auf die Schulter und sagte zu ihm:
»Ich stehe zu meinem Wort, Carreño, Sie ziehen mit.«
Die Expedition brach mit zweitausend Mann von Cartagena auf, und das gewählte Datum war offenbar ein Symbol: der 25. September. Die Truppe wurde von den Generalen Mariano Montilla, José Félix Blanco und José María Carreño befehligt, und jeder von ihnen hatte getrennt den Auftrag bekommen, in Santa Marta ein Landhaus für den General zu suchen, damit er dort den Krieg aus der Nähe verfolgen konnte, während er sich von seiner Krankheit erholte. Der General schrieb einem Freund: »In zwei Tagen reise ich nach Santa Marta, ich will mich bewegen, mich von meinem derzeitigen Überdruß befreien und meine Stimmung verbessern.« Gesagt, getan: Am 1. Oktober trat er die Reise an. Am 2. Oktober schrieb er von unterwegs weit aufrichtiger in einem Brief an General Justo Briceño: »Ich bin auf dem Weg nach Santa Marta, um mit meinem Einfluß die Expedition zu unterstützen, die gegen Maracaibo zieht.« Am gleichen Tag schrieb er an Urdaneta: »Ich bin auf dem Weg nach Santa Marta, um diese Gegend, die ich nie gesehen habe, kennenzulernen und um zu sehen, ob ich einigen Feinden, die zu großen Einfluß auf die öffentliche Meinung

haben, eine Enttäuschung bereiten kann.« Dann erst enthüllte er ihm den wahren Grund seiner Reise: »Ich werde die Operationen gegen Riohacha aus der Nähe verfolgen und mich dann Maracaibo und den Truppen nähern, um zu sehen, ob ich dort zu einer wichtigen Operation etwas beitragen kann.« Genau besehen war er nicht mehr ein vernichtend geschlagener Pensionär auf der Flucht ins Exil, sondern ein General auf dem Feldzug.

Der Aufbruch von Cartagena stand im Zeichen dringender Kriegsgeschäfte. Er nahm sich nicht die Zeit, offiziell Abschied zu nehmen, und gab nur wenigen Freunden vorher Bescheid. Fernando und José Palacios ließen auf seine Anweisung hin die Hälfte des Gepäcks bei Freunden und Handelshäusern, um nicht unnötigen Ballast in einen unsicheren Krieg mitzuschleppen. Bei dem Kaufmann Don Juan Pavajeau hinterließen sie zehn Koffer mit persönlichen Papieren und gaben ihm den Auftrag, sie nach Paris aufzugeben, an eine Adresse, die man ihm später noch mitteilen werde. Auf der Empfangsbestätigung wurde festgehalten, daß Señor Pavajeau die Koffer verbrennen sollte, falls höhere Gewalt den Besitzer daran hinderte, sie zurückzufordern.

Fernando deponierte bei der Bank von Busch & Compagnie zweihundert Unzen Gold, die er, ohne jeden Hinweis auf ihre Herkunft, im letzten Augenblick zwischen den Schreibutensilien seines Onkels gefunden hatte. Bei Juan de Francisco Martín ließ er ebenfalls einen Koffer mit 35 Goldmedaillen im Depot. Außerdem gab er dort eine Samttasche mit 294 großen Silbermedaillen, 67 kleinen und 96 mittlerer Größe in Verwahrung, sowie eine weitere Samttasche mit 40 Gedenkmedaillen, einige davon zeigten das Profil des Generals. Auch das Goldbesteck, das sie in einer ehemaligen Weinkiste aus Mompox mitgebracht hatten, ließ er dort, alte Bettwäsche, zwei Truhen mit Büchern, einen mit Brillanten besetzten Degen und eine unbrauchbare Flinte. Unter den vielen kleinen Dingen, Überbleibseln aus vergangener Zeit, gab es mehrere nicht mehr gebrauchte Brillen, von zunehmender Stärke, seit der General mit neununddreißig Jahren beim Rasieren seine beginnende Weitsichtigkeit entdeckt hatte, bis zu der Zeit, als sein Arm nicht mehr lang genug zum Lesen war.

José Palacios gab seinerseits Don Juan de Dios Amador eine Kiste zur Aufbewahrung, die sie mehrere Jahre lang auf ihren Reisen von einem Ort zum anderen mitgeschleppt hatten und über deren Inhalt nichts Genaues bekannt war. Es war eine Eigenart des Generals, einer plötzlichen Besitzgier nicht widerstehen zu können, die sich auf die unerwartetsten Gegenstände oder auf Männer ohne größere Verdienste richten konnte, und später mußte er das alles dann mit sich herumschleppen, ohne zu wissen, wie er es sich hätte vom Hals schaffen können. Diese Kiste hatte er 1826 von Lima nach Santa Fe mitgebracht, und er hatte sie immer noch bei sich, als er nach dem Attentat vom 25. September zu seinem letzten Krieg erneut in den Süden zog. »Wir können sie nicht einfach dalassen, solange wir nicht einmal wissen, ob sie uns gehört«, sagte er. Als er zum letzten Mal nach Santa Fe zurückkehrte, mit dem Entschluß, vor der verfassunggebenden Versammlung seinen endgültigen Rücktritt zu erklären, brachte er auch die Kiste mit dem wenigen, was von seinem kaiserlichen Gepäck übriggeblieben war, wieder mit. In Cartagena schließlich beschlossen sie, im Zuge einer Inventarisierung aller seiner Besitztümer die Kiste zu öffnen, und entdeckten darin ein Durcheinander von persönlichen Dingen, die seit langem verloren geglaubt worden waren. Vierhundertfünfzehn Goldmünzen mit kolumbianischer Prägung waren darin, ein Bildnis und eine Haarlocke von General George Washington, eine goldene Schnupftabakdose, die der englische König dem General geschenkt hatte, ein Medaillon in einem goldenen Etui mit einem brillantenbesetzten Schlüssel und der große Stern von Bolivien mit eingelegten Brillanten. José Palacios ließ das alles, aufgelistet und beschrieben, im Haus von De Francisco Martín zurück und bat um eine ordentliche Quittung. Auf diese Weise war das Gepäck auf einen vernünftigeren Umfang geschrumpft, obwohl immer noch drei der vier Koffer mit seiner Kleidung zu viel waren, wie auch ein weiterer mit zehn häufig gebrauchten Tischdecken aus Baumwolle und Leinen und eine Kiste mit Silber- und Goldbesteck in den verschiedensten Stilarten, die der General, für den Fall, daß sie später einmal die Tafel für verdiente Gäste decken müßten, weder verkaufen noch zurücklassen wollte. Man hatte ihm schon oft nahegelegt, diese Dinge zu versteigern, um seine knappe Kasse aufzufüllen, aber er hatte sich immer mit dem Argument geweigert, daß es sich um Staatseigentum handle.

Mit dem leichter gewordenen Gepäck und dem kleineren Gefolge kamen sie am ersten Reisetag bis Turbaco. Am nächsten Tag zogen sie bei gutem Wetter weiter, mußten jedoch noch vor dem Mittag unter einem Campano-Baum Zuflucht suchen, wo sie, dem Regen und dem ungesunden Wind aus den Sümpfen ausgesetzt, die Nacht verbrachten. Der General klagte über Schmerzen in Milz und Leber, woraufhin José Palacios ihm nach dem französischen Handbuch einen Heiltrunk bereitete, doch die Schmerzen wurden heftiger, und das Fieber stieg. Bei Tagesanbruch hatte sich der Zustand des Generals so verschlechtert, daß sie ihn ohnmächtig zu dem Dorf Soledad brachten, wo Don Pedro Juan Visbal, einer seiner alten Freunde, ihn in seinem Haus aufnahm. Dort blieb er über einen Monat, von mancherlei Schmerzen geplagt, die von dem bedrückenden Oktoberregen noch verstärkt wurden.

Soledad hatte den passenden Namen: vier Straßen, glühend und trostlos, mit ärmlichen Häusern, etwa zwei Meilen von der alten Siedlung Barranca de San

Nicolás entfernt, die sich innerhalb weniger Jahre zur blühendsten und gastfreundlichsten Stadt des Landes entwickeln sollte. Der General hätte keinen geruhsameren Ort finden können, noch ein Haus, das seinem Zustand angemessener gewesen wäre, es hatte sechs andalusische Balkone, die es mit Licht durchfluteten, und einen Patio, in dem sich unter einer hundertjährigen Ceiba gut meditieren ließ. Vom Schlafzimmerfenster aus überblickte der General die ausgestorbene kleine Plaza, die verfallene Kirche und die Häuser mit Palmendächern, die in knalligen Farben gestrichen waren.
Auch der häusliche Friede half ihm nicht weiter. In der ersten Nacht hatte er einen leichten Ohnmachtsanfall, aber er weigerte sich, ihn als neues Anzeichen seiner Krankheit zu sehen. In Übereinstimmung mit dem französischen Handbuch beschrieb er sein Leiden als eine Gallsucht, die durch eine allgemeine Erkältung verschärft sei, dazu komme ein alter, durch Wind und Wetter wieder ausgebrochener Rheumatismus. Diese mehrfache Diagnose verstärkte noch seine Ablehnung gegen die Arzneien, die gleichzeitig etliche Übel bekämpften, da, wie er sagte, diejenigen Mittel, die für das eine gut seien, dem anderen schadeten. Aber er erkannte auch an, daß es keine gute Medizin für jenen gibt, der sie nicht nimmt, und er jammerte täglich darüber, keinen guten Arzt zu haben, weigerte sich aber zugleich, sich von einem der vielen Ärzte untersuchen zu lassen, die man ihm schickte.

Oberst Wilson schrieb in jenen Tagen in einem Brief an seinen Vater, daß der General jeden Augenblick sterben könne, er die Ärzte jedoch nicht aus Geringschätzung, sondern aus Hellsicht ablehne. Wilson meinte, die Krankheit sei der einzige Feind, den der General wirklich fürchte, und er wolle sich diesem nur deshalb nicht stellen, um nicht von dem größten Unternehmen seines Lebens abgelenkt zu werden. »Wenn man eine Krankheit zu versorgen hat, ist es, als ob man auf einem Schiff im Dienst ist«, hatte der General zu ihm gesagt. Vier Jahre zuvor war ihm von O'Leary in Lima nahegelegt worden, sich, während er die Verfassung von Bolivien ausarbeitete, einer gründlichen ärztlichen Behandlung zu unterziehen; er hatte entschieden geantwortet:
»Man kann nicht zwei Wettläufe zur gleichen Zeit gewinnen.«
Er schien davon überzeugt, daß es ein Zauberbann gegen die Krankheit war, wenn er ständig beweglich blieb und sich selbst half. Fernanda Barriga hatte die Angewohnheit, ihm ein Lätzchen umzuhängen und ihn wie ein Kind mit dem Löffel zu füttern, und er nahm das Essen an, kaute es schweigend und öffnete sogar wieder den Mund, wenn er fertig war. In jenen Tagen nahm er ihr jedoch Teller und Löffel aus der Hand und aß selbst, ohne Lätzchen, damit alle begriffen, daß er niemanden brauchte. José Palacios blutete das Herz, wenn er sah, wie der General versuchte, häusliche Dinge selbst zu erledigen, die

immer seine Dienstboten oder seine Ordonnanzen und Adjutanten für ihn erledigt hatten, und er war untröstlich, als er sah, wie der General bei dem Versuch, Tinte in ein Tintenfaß zu füllen, sie sich über die Kleidung schüttete. So etwas war höchst ungewöhnlich, sonst staunten alle darüber, daß, wie schlecht es ihm auch gehen mochte, seine Hände nicht zitterten und er sich auch weiterhin einmal in der Woche selbst die Nägel schnitt und polierte sowie sich täglich rasierte.

In seiner paradiesischen Zeit in Lima hatte er eine glückliche Nacht mit einem jungen Mädchen verlebt, das bis zum letzten Millimeter seiner Beduinenhaut mit glattem Haarflaum bedeckt war. Als er sich bei Tagesanbruch rasierte, betrachtete er sie, wie sie nackt im Bett lag und im behaglichen Schlaf einer befriedigten Frau dahintrieb, und er hatte der Versuchung nicht widerstehen können, sie mit einer allegorischen Handlung für immer zur Seinen zu machen. Er bedeckte sie von Kopf bis Fuß mit Seifenschaum und rasierte sie voller Liebeslust mit seinem Barbiermesser, das er mal mit der rechten, mal mit der linken Hand führte, Stück für Stück, bis zu den zusammengewachsenen Brauen, und so lag sie dann doppelt nackt mit ihrem herrlichen Körper einer Neugeborenen da. Sie fragte ihn mit zerrissener Seele, ob er sie wahrhaft liebe, und er antwortete ihr mit demselben ritualisierten Satz, den er im Laufe seines Lebens unbarmherzig in so viele Herzen gesät hatte:

»Mehr als je irgendeine auf dieser Welt.«
In dem Dorf Soledad unterzog er sich ebenfalls beim Rasieren der gleichen Opferhandlung. Es fing damit an, daß er sich eine von den wenigen glatten weißen Haarsträhnen, die ihm geblieben waren, abschnitt, gleichsam aus einer kindlichen Anwandlung heraus. Gleich darauf schnitt er, nun schon bewußter, eine zweite Strähne ab, und dann, aufs Geratewohl, als schneide er Gras, alle weiteren, während er mit brüchiger Stimme seine Lieblingsstrophen aus *La Araucana* deklamierte. José Palacios kam ins Schlafzimmer, um nachzusehen, mit wem er sprach, und sah, wie der General sich den mit Schaum bedeckten Schädel rasierte. Danach war er kahl.

Dieser Exorzismus konnte ihn jedoch nicht erlösen. Tagsüber trug er die Seidenmütze, und nachts zog er die rote Kappe über, doch gelang es ihm kaum, die eisigen Winde der Mutlosigkeit abzuschwächen. Er stand nachts auf, um in dem riesigen mondbeschienenen Haus umherzugehen, nur konnte er das nicht mehr nackt tun, sondern mußte sich in eine Decke hüllen, um in den heißen Nächten nicht vor Kälte zu zittern. Mit der Zeit genügte die Decke nicht mehr, so daß er beschloß, die rote Kappe über die Seidenmütze zu ziehen.

Die kleinlichen Intrigen der Militärs und die Dreistigkeit der Politiker regten ihn derart auf, daß er eines Nachmittags auf den Tisch schlug und beschloß, weder die einen noch die anderen länger zu ertragen. »Sagen Sie ihnen, ich habe die Schwindsucht, damit sie nicht wiederkommen«, brüllte er. Sein Vorsatz war so drastisch, daß er Uniformen und militärische Rituale im Haus verbot. Doch es gelang ihm nicht, ohne all das zu leben, und so wurden gegen seinen eigenen Befehl weiterhin Audienzen zum Trost und fruchtlose Kleinkonzile abgehalten. Damals fühlte er sich so schlecht, daß er der Visite eines Arztes zustimmte, aber die Bedingung stellte, dieser dürfe ihn nicht untersuchen, ihm keine Fragen über seine Schmerzen stellen und nicht versuchen, ihm etwas einzuflößen.

»Nur für ein Gespräch«, sagte er.

Der Auserwählte hätte seinen Wünschen nicht besser entsprechen können. Er hieß Hércules Gastelbondo und war ein Greis, vom Glück gesalbt, riesig und friedfertig, sein völlig kahler Schädel glänzte, und er war geduldig wie eine Wasserleiche, was allein schon fremdes Leid linderte. Seine wissenschaftliche Ungläubigkeit und Kühnheit waren an der ganzen Küste berühmt. Er verordnete Schokoladencreme mit geschmolzenem Käse für Gallenverstimmungen, gab den Rat, sich in der Benommenheit der Verdauung der Liebe hinzugeben, als gutes Mittel für ein langes Leben, und rauchte ohne Pause Fuhrmannsstumpen, die er sich mit Packpapier drehte und seinen Kranken gegen jede Art von Verstimmungen des Leibes verschrieb. Die Patienten selbst sagten, daß er sie

nie völlig heile, sondern statt dessen mit seiner blumigen Rede zerstreue. Er brach in ein plebejisches Gelächter aus.
»Den anderen Ärzten sterben ebenso viele Kranke wie mir«, sagte er. »Aber bei mir sterben sie vergnügter.«
Er kam in der Kutsche von Señor Bartolomé Molinares, der mehrmals am Tag mit den verschiedensten überraschenden Besuchern hin und her fuhr, bis der General solche Besuche verbot, wenn keine Einladung vorlag. Der Arzt kam in ungebügeltem weißen Leinen, bahnte sich seinen Weg durch den Regen, seine Taschen waren vollgestopft mit Eßbarem, und er trug einen Regenschirm, der derart zerschlissen war, daß er das Wasser eher anzog, als es abzuhalten. Nach der förmlichen Begrüßung entschuldigte er sich als erstes für den Gestank der bereits halbgerauchten Zigarre. Der General, der den Tabakrauch nicht vertrug, nicht erst jetzt, sondern schon immer, erteilte ihm schon im voraus Dispens.
»Ich bin daran gewöhnt«, sagte er. »Manuela raucht noch widerlichere Zigarren als Sie, sogar im Bett, und natürlich bekomme ich ihren Rauch aus noch größerer Nähe ab.«
Doktor Gastelbondo nutzte flugs die Gelegenheit, denn es interessierte ihn brennend.
»Apropos«, sagte er. »Wie geht es ihr?«
»Wem?«
»Doña Manuela.«

Der General antwortete kurz angebunden:
»Gut.«
Und wechselte das Thema auf solch offenkundige Weise, daß der Arzt in Gelächter ausbrach, um seine Aufdringlichkeit zu überspielen. Der General wußte zweifellos, daß keiner seiner amourösen Streiche vor dem Getuschel seines Gefolges sicher war. Er hatte sich nie mit seinen Eroberungen gebrüstet, aber es waren so viele gewesen und sie hatten so viel Aufsehen erregt, daß seine Schlafzimmergeheimnisse allgemein bekannt waren. Ein gewöhnlicher Brief brauchte von Lima nach Caracas drei Monate, der Klatsch über seine Abenteuer schien jedoch mit den Gedanken zu fliegen. Der Skandal verfolgte ihn wie ein zweiter Schatten, und seine Geliebten blieben auf immer mit einem Aschekreuz gezeichnet, doch hielt er sich an die nutzlose Pflicht, die von einem heiligen Gesetz geschützten Liebesgeheimnisse zu bewahren. Niemand außer José Palacios, der in allem sein Vertrauter war, hörte von ihm je eine Indiskretion über eine Frau, die ihm gehört hatte. Nicht einmal, wenn es darum ging, eine so unschuldige Neugier wie die Doktor Gastelbondos zu befriedigen, und selbst wenn es Manuela Sáenz betraf, deren Privatleben so öffentlich war, daß es da wenig zu hüten gab.
Diesen kurzen Zwischenfall ausgenommen, erschien Doktor Gastelbondo wie von der Vorsehung gesandt. Er munterte ihn mit seinen verrückten Weisheiten auf und teilte mit ihm die Geleetier-

chen, die Milchplätzchen, die Teufelshörnchen aus Yuccamehl, die der General aus Höflichkeit annahm und zerstreut aß. Eines Tages beklagte er sich darüber, daß diese Salonsüßigkeiten den Hunger nur ablenkten, er selbst davon aber nicht wie gewünscht zunahm. »Machen Sie sich keine Sorgen, Exzellenz«, erwiderte der Arzt. »Alles, was in den Mund hereinkommt, macht einen dicker, und alles, was herauskommt, bringt einen herunter.« Dieses Argument amüsierte den General, und er war bereit, mit dem Arzt ein Glas guten Wein zu einem Schälchen Sagospeise zu trinken.

Die Stimmung, die der Arzt so eifrig verbesserte, wurde ihm jedoch von schlechten Nachrichten verdorben. Jemand erzählte ihm, der Besitzer des Hauses, das er in Cartagena bewohnt hatte, habe aus Angst vor Ansteckung das Bett, in dem der General geschlafen hatte, mitsamt Matratze, Bettwäsche und allem, was während des Aufenthalts durch seine Hände gegangen war, verbrannt. Der General gab daraufhin Don Juan de Dios Amador die Anweisung, er solle von dem Geld, das er ihm zurückgelassen hatte, über die Miete hinaus alle vernichteten Dinge nach ihrem Neuwert bezahlen. Doch nicht einmal damit konnte er seine Verbitterung beschwichtigen.

Noch schlechter fühlte er sich einige Tage später, als er erfuhr, daß Don Joaquín Mosquera auf dem Weg in die Vereinigten Staaten in der Nähe vorbeigekommen war und es nicht für nötig befunden hatte,

ihn zu besuchen. Der General fragte bei diesem und jenem nach und fand heraus, daß Mosquera sich tatsächlich über eine Woche an der Küste aufgehalten hatte, während er auf sein Schiff wartete, daß er viele gemeinsame Freunde und auch einige seiner Feinde getroffen und allen gegenüber sein Mißfallen bekundet hatte über das, was er die Undankbarkeit des Generals nannte. Kurz bevor er in See stach, hatte er von der Schaluppe aus, die ihn zu dem Schiff bringen sollte, für jene, die zur Verabschiedung gekommen waren, seine feststehende Meinung auf einen Nenner gebracht.
»Denkt immer daran«, sagte er zu ihnen, »dieser Kerl liebt niemanden.«
José Palacios wußte, wie empfindlich der General gegen einen solchen Vorwurf war. Nichts schmerzte oder beirrte diesen so sehr, als wenn jemand seine Gefühle in Zweifel zog, und er war dann dazu fähig, mit seiner schrecklichen Verführungskraft Ozeane zu verschieben und Berge abzutragen, bis er die jeweilige Person von ihrem Irrtum überzeugt hatte. Auf der Höhe seines Ruhms hatte Delfina Guardiola, die Schöne von Angostura, ihm die Tür vor der Nase zugeschlagen, weil sie über seinen Wankelmut erzürnt war. »Sie sind gewiß ein hervorragender Mann, General, mehr als jeder andere«, sagte sie. »Aber für die Liebe sind Sie zu klein.« Er kletterte durchs Küchenfenster in das Haus und blieb drei Tage bei ihr, obgleich er dabei nicht nur eine Schlacht, sondern auch fast sein Leben verloren

hätte, bis er erreicht hatte, daß Delfina seinem Herzen Vertrauen schenkte.

Mosquera war nun außerhalb seiner Reichweite, aber der General sprach mit jedem, den er sah, über seinen Groll. Er fragte sich bis zum Überdruß, mit welchem Recht ein Mann von Liebe sprach, der zugelassen hatte, daß er von der venezolanischen Resolution, die ihn ächtete und verbannte, durch eine amtliche Note unterrichtet wurde. »Und er kann dankbar sein, daß ich ihm, um ihn vor der Verdammung durch die Geschichte zu retten, nicht geantwortet habe«, brüllte er. Er erinnerte an alles, was er für Mosquera getan, wie sehr er ihm geholfen hatte, das zu werden, was er war, und wie er selbst unter dessen albernem bäuerlichen Narzißmus hatte leiden müssen. Zuletzt schrieb er einen ausführlichen und verzweifelten Brief an einen gemeinsamen Freund, um sicherzugehen, daß die Kunde von seinem Kummer Mosquera an jedem Ort der Erde erreichen würde.

Die Nachrichten, die auf sich warten ließen, umgaben ihn hingegen wie ein unsichtbarer Nebel. Urdaneta antwortete immer noch nicht auf seine Briefe. Briceño Méndez, sein Mann in Venezuela, hatte ihm zusammen mit Früchten aus Jamaika, die der General so gern mochte, einen Brief geschickt, der Bote war jedoch ertrunken. Justo Briceño, sein Mann an der Grenze im Osten, brachte ihn mit seiner Langsamkeit zur Verzweiflung. Urdanetas Schweigen hatte einen Schatten über das Land geworfen. Der

Tod von Fernández Madrid, seinem Berichterstatter in London, hatte einen Schatten über die Welt geworfen.

Der General wußte allerdings nicht, daß, während er auf Nachricht von Urdaneta wartete, dieser einen regen Briefwechsel mit Offizieren aus seinem Gefolge führte, damit diese dem General eine eindeutige Antwort entlockten. An O'Leary schrieb er: »Ich muß ein für allemal wissen, ob der General die Präsidentschaft annimmt oder nicht oder ob wir das ganze Leben lang einem Gespenst nachjagen sollen, das nicht einzuholen ist.« Nicht nur O'Leary, auch andere in der Umgebung des Generals versuchten, in beiläufigen Gesprächen eine Antwort für Urdaneta zu ermitteln, doch gegen die ausweichende Haltung des Generals war nicht anzukommen.

Als man endlich genaue Nachrichten aus Riohacha erhielt, waren sie schlimmer als die bösen Vorzeichen. General Manuel Valdés hatte wie vorgesehen die Stadt ohne Widerstand am 20. Oktober eingenommen, doch in der darauffolgenden Woche waren zwei seiner Aufklärungskompanien von Carujo zerrieben worden. Valdés reichte bei Montilla seinen Rücktritt ein, der ehrenvoll wirken sollte, dem General aber unwürdig erschien. »Diese Kanaille macht sich vor Angst in die Hosen«, sagte er. Nach dem ursprünglichen Plan fehlten nur noch fünfzehn Tage bis zum Sturm auf Maracaibo, und nun war schon die einfache Kontrolle über Riohacha ein unerfüllbarer Traum geworden.

»Schlappschwänze!« brüllte der General. »Meine besten Generäle sind nicht mit einer Kasernenrevolte fertig geworden!«

Am meisten bedrückte ihn jedoch die Nachricht, daß die Bevölkerung vor den Regierungstruppen floh, da sie diese mit ihm identifizierten, den sie für den Mörder von Admiral Padilla, einem Idol seiner Heimat Riohacha, hielten. Im übrigen schien das Debakel mit anderen im Land abgestimmt. Anarchie und Chaos wüteten allenthalben, und Urdanetas Regierung war unfähig, sie zu bezwingen.

Doktor Gastelbondo staunte wieder einmal über die belebende Kraft des Zorns, als er den General eines Tages dabei erlebte, wie er vor dem Sonderemissär, der ihm die letzten Nachrichten aus Santa Fe überbracht hatte, in eine alttestamentarische Schimpftirade ausbrach. »Diese Scheißregierung, statt sich die Völker und die wichtigen Männer zu verpflichten, lähmt sie alle!« brüllte er. »Sie wird wieder stürzen und sich kein drittes Mal erholen, weil die Männer, die sie führen, und die Massen, die sie stützen, ausgerottet sein werden.«

Die Bemühungen des Arztes, ihn zu beruhigen, waren nutzlos, denn als er nicht mehr über die Regierung herzog, ging er schreiend die schwarze Liste seiner Generalstäbe durch. Über Oberst Joaquín Barriga, den Helden dreier großer Schlachten, sagte er, bei ihm sei alles Schlechte möglich, er

könne gar ein Mörder sein. Über General Pedro Margueytío, dem der Verdacht anhing, an der Verschwörung zur Ermordung Sucres beteiligt gewesen zu sein, sagte er, der sei ein ganz kleines Würstchen, wenn es darum ginge, eine Truppe zu führen. General González, seinen loyalsten Anhänger im Cauca-Gebiet, verkleinerte er mit einem brutalen Schnitt: »Seine Krankheiten – nichts weiter als Schlaffheit und Gefurze.« Er fiel schwer atmend in den Schaukelstuhl, um seinem Herzen die Pause zu gönnen, die es seit zwanzig Jahren nötig hatte. Dann erst sah er Doktor Gastelbondo, der starr vor Staunen im Türrahmen stand, und erhob die Stimme.
»Was soll man schon von einem Mann erwarten, der zwei Häuser verwürfelt hat?« sagte er.
Doktor Gastelbondo war verblüfft.
»Von wem ist die Rede?« fragte er.
»Von Urdaneta«, sagte der General. »Er hat sie in Maracaibo an einen Marinekommandanten verloren, in den Dokumenten hat er es aber so dargestellt, als ob er sie verkauft hätte.«
Er atmete tief ein, die Luft war ihm ausgegangen.
»Klar, gegen den Halunken Santander sind das wahre Heilige«, fuhr er fort. »Dessen Freunde haben das Geld der englischen Darlehen geklaut, indem sie Staatspapiere für ein Zehntel ihres realen Werts kauften, die der Staat ihnen dann mit hundert Prozent vergütete.« Er machte deutlich, daß er sich jedenfalls nicht wegen der Gefahr der Korruption gegen die Darlehen ausgesprochen habe, sondern

weil er beizeiten vorausgesehen hatte, daß sie die mit so viel Blut erkämpfte Unabhängigkeit gefährdeten.

»Mehr als die Spanier hasse ich Schulden«, sagte er. »Deshalb habe ich Santander darauf hingewiesen, daß alles Gute, was wir für die Nation tun, sinnlos ist, wenn wir Schulden machen, weil wir dann bis zum Sanktnimmerleinstag Zinsen zahlen müssen. Wir sehen es jetzt deutlich: Die Auslandsschuld wird uns am Ende niederwerfen.«

Bei Amtsantritt der derzeitigen Regierung war er mit Urdanetas Entscheidung, das Leben der Besiegten zu achten, nicht nur einverstanden gewesen, er hatte sie sogar als eine neue Ethik des Krieges gefeiert: »Damit unsere jetzigen Feinde uns nicht am Ende das antun, was wir den Spaniern angetan haben.« Will heißen, Krieg auf Leben und Tod. Doch in seinen düsteren Nächten im Dorf Soledad erinnerte er Urdaneta in einem schrecklichen Brief daran, daß in allen Bürgerkriegen immer der Grausamere gesiegt hatte.

»Glauben Sie mir, mein lieber Doktor«, sagte er zu dem Arzt, »wir können unsere Autorität und unser Leben nur mit dem Blut unserer Gegner erhalten.«

Plötzlich war sein Zorn spurlos verraucht, genauso überraschend, wie er ausgebrochen war, und nun machte sich der General an die historische Rechtfertigung der Offiziere, die er eben noch beleidigt hatte. »Wie auch immer, ich bin derjenige, der sich irrt«, sagte er. »Sie wollten nur die Unabhängigkeit

erreichen, das war ein nahes und konkretes Ziel, und wahrlich, sie haben ihre Sache gut gemacht!« Er reichte dem Arzt die knochige Hand, damit er ihm helfe aufzustehen, und schloß mit einem Seufzer: »Ich dagegen habe mich an einen Traum verloren und etwas gesucht, was es nicht gibt.«
In jenen Tagen entschied er über Iturbides Schicksal. Gegen Ende Oktober hatte dieser einen Brief von seiner Mutter bekommen, sie schrieb ihm, immer noch aus Georgetown, daß mit den Fortschritten der liberalen Kräfte in Mexiko für die Familie jede Hoffnung auf Rückkehr in weite Ferne rücke. Die Ungewißheit, verstärkt durch die innere Unsicherheit, die ihn seit der Wiege begleitete, wurde ihm unerträglich. Ein glücklicher Zufall wollte es, daß der General eines Nachmittags, als er an Iturbides Arm durch den Gang des Hauses spazierte, unerwartet die Vergangenheit heraufbeschwor.
»Mit Mexiko verbinde ich nur eine schlechte Erinnerung«, sagte er. »In Veracruz haben mir die Wachhunde des Hafenkapitäns zwei junge Hunde zerfleischt, die ich mit nach Spanien nehmen wollte.«
Das sei jedenfalls, sagte er, seine erste Erfahrung mit der Welt gewesen, und sie habe ihn für immer geprägt. Veracruz war als kurze Zwischenstation auf seiner ersten Reise nach Spanien im Februar 1799 vorgesehen gewesen, wegen der englischen Blockade von Havanna, der zweiten Reisestation,

habe sich der Aufenthalt jedoch auf fast zwei Monate ausgedehnt. Die Verzögerung habe ihm Zeit gegeben, mit der Kutsche in die Stadt Mexiko zu fahren, fast dreitausend Meter hinauf zwischen verschneiten Vulkanen und blendenden Wüsten, und das hatte nichts mit den bukolischen Tagesanbrüchen im Tal von Aragua zu tun gehabt, wo er bis dahin gelebt hatte. »Ich dachte, so müßte der Mond aussehen«, sagte er. In der Stadt Mexiko habe ihn die Reinheit der Luft überrascht, und er sei überwältigt gewesen von den öffentlichen Märkten, von ihrer Sauberkeit und der Vielfalt des Angebots an Nahrungsmitteln: rote Agavenwürmer, Gürteltiere, Flußwürmer, Mückeneier, Heuschrecken, Wildkatzen, Larven von schwarzen Ameisen, Schiffskakerlaken mit Honig, Maiswespen, gezüchtete Leguane, Klapperschlangen, Vögel aller Art, Zwerghunde und eine Sorte von Bohnen, die ihr Eigenleben hatten und ständig herumsprangen. »Sie essen alles, was kreucht und fleucht«, sagte er. Er hatte über das durchsichtige Wasser in den vielen Kanälen gestaunt, die die Stadt durchzogen, über die in fröhlichen Farben gestrichenen Boote und über die leuchtende Fülle der Blumen. Aber er war auch deprimiert gewesen von den kurzen Februartagen, den schweigsamen Indianern, dem ewigen Nieselregen, all dem, was ihm später in Santa Fe, Lima, La Paz, die Anden auf und ab, aufs Gemüt drücken sollte und was er damals zum ersten Mal erlebte. Der Bischof, dem er empfohlen worden war, nahm ihn an der Hand mit zu einer Audienz beim Vizekönig, der bischöflicher als der Bischof auf ihn wirkte. Der Vizekönig beachtete den herausgeputzten hageren braunen Jungen kaum, der ihm erklärte, er sei ein Bewunderer der französischen Revolution. »Das hätte mich das Leben kosten können«, erzählte der General amüsiert. »Vielleicht habe ich gedacht, man muß mit einem Vizekönig über Politik reden, und mit sechzehn Jahren wußte ich damals nichts anderes.« Bevor die Reise weiterging, hatte er einen Brief an seinen Onkel Don Pedro Palacios y Sojo geschrieben, der erste, der aufbewahrt wurde. »Meine Schrift war so schlecht, daß ich sie selbst nicht lesen konnte«, sagte er laut lachend. »Aber ich habe meinem Onkel erklärt, das käme von der Erschöpfung durch die Reise.« Auf eineinhalb Seiten waren vierzig Rechtschreibfehler und zwei davon in einem einzigen Wort: »Kient«.

Iturbide konnte nichts dazu beitragen, sein Gedächtnis reichte nicht so weit. Alles, was ihm von Mexiko geblieben war, war die Erinnerung an Unglücksfälle, die seine angeborene Melancholie vertieft hatten, und der General hatte Grund genug, ihn zu verstehen.

»Bleiben Sie nicht bei Urdaneta«, sagte er zu ihm. »Und gehen Sie auch nicht mit Ihrer Familie in die Vereinigten Staaten, dort sind die Leute omnipotent und schrecklich und werden uns mit ihrem Märchen von der Freiheit schließlich alle ins Elend stürzen.«

Diese Äußerung senkte einen weiteren Zweifel in einen Sumpf der Unsicherheit. Iturbide rief:
»Machen Sie mir nicht angst, General!«
»Haben Sie keine Angst«, sagte der General in ruhigem Ton. »Gehen Sie nach Mexiko, auch wenn man Sie tötet oder wenn Sie dort sterben sollten. Und gehen Sie jetzt, solange Sie jung sind, denn eines Tages wird es zu spät sein, und dann werden Sie sich nirgends zugehörig fühlen, weder hier noch dort. Sie werden überall ein Fremder sein, und das ist schlimmer, als tot zu sein.« Er sah ihm gerade in die Augen, legte die flache Hand auf die Brust und schloß:
»Ich weiß, wovon ich spreche.«
Iturbide brach also Anfang Dezember mit zwei Briefen an Urdaneta auf; in dem einen stand, daß er, Wilson und Fernando die vertrauenswürdigsten Männer im Haus des Generals seien. Iturbide blieb ohne feste Aufgabe in Santa Fe, bis im April des folgenden Jahres Urdaneta durch eine Verschwörung der Santanderisten abgesetzt wurde. Seine Mutter erreichte mit ihrer beispielhaften Hartnäckigkeit, daß er zum Sekretär der mexikanischen Vertretung in Washington ernannt wurde. Den Rest seines Lebens verbrachte er in der Vergessenheit des öffentlichen Dienstes, und erst zweiunddreißig Jahre später war wieder etwas von der Familie zu hören, als Frankreich Maximilian von Habsburg mit Waffengewalt zum Kaiser von Mexiko kürte und dieser zwei Nachkommen Iturbides aus der drit-

ten Generation adoptierte und sie zu Nachfolgern auf seinem Chimärenthron erklärte.

In dem zweiten Brief, den der General Iturbide für Urdaneta mitgab, bat er diesen, alle seine vorangegangenen und zukünftigen Briefe zu vernichten, damit keine Spuren von seinen düsteren Stunden blieben. Urdaneta tat ihm den Gefallen nicht. Fünf Jahre zuvor hatte der General ähnliches von Santander erbeten: »Lassen Sie meine Briefe nicht veröffentlichen, weder zu meinen Lebzeiten noch wenn ich tot bin, denn sie sind sehr frei und ohne jede Ordnung geschrieben.« Auch Santander tat ihm den Gefallen nicht, seine eigenen Briefe aber waren perfekt in Form und Inhalt, und man sah ihnen auf den ersten Blick an, daß er sie in dem Bewußtsein geschrieben hatte, ihr endgültiger Adressat sei die Geschichte.

Seit jenem Brief aus Veracruz bis zu dem letzten, den er sechs Tage vor seinem Tod diktierte, schrieb der General mindestens zehntausend Briefe, einige eigenhändig, andere diktierte er seinen Schreibern, und wieder andere wurden von diesen nach seinen Anweisungen aufgesetzt. Gut dreitausend Briefe und etwa achttausend von ihm unterzeichnete Dokumente sind erhalten geblieben. Zuweilen machte er die Schreiber verrückt. Oder umgekehrt. Bei einer bestimmten Gelegenheit erschien ihm ein gerade diktierter Brief schlecht geschrieben, und statt einen neuen zu verfassen, fügte er eigenhändig eine Zeile über den Schreiber hinzu: »Wie Sie

bemerken werden, ist Martell heute schwachsinniger denn je.« Am Tag vor dem Aufbruch aus Angostura, als er 1817 den Rest des Kontinents befreien wollte, regelte er die Regierungsangelegenheiten mit vierzehn Dokumenten, die er an einem einzigen Tag abfaßte. Vielleicht ging darauf die nie widerlegte Legende zurück, daß er mehrere Briefe verschiedenen Schreibern gleichzeitig diktierte.
Der Oktober schrumpfte auf das Gemurmel des Regens zusammen. Der General verließ sein Zimmer nicht mehr, und Doktor Gastelbondo mußte auf seine klügsten Tricks zurückgreifen, bis er zuließ, daß er ihn besuchte und ihm zu essen gab. José Palacios hatte den Eindruck, daß der General bei den nachdenklichen Siestas, in denen er in der Hängematte lag, ohne sich zu wiegen, und den Regen auf der verlassenen Plaza betrachtete, in der Erinnerung auch noch die unwichtigsten Augenblicke seines bisherigen Lebens durchging.
»Gott der Armen«, seufzte er eines Abends. »Wie es wohl Manuela geht!«
»Wir wissen nur, daß es ihr gutgeht, denn wir hören nichts von ihr«, sagte José Palacios.
Denn Schweigen hatte sich über sie gesenkt, seit Urdaneta die Macht übernommen hatte. Der General hatte ihr nicht mehr geschrieben, Fernando aber beauftragt, sie über die Reise auf dem laufenden zu halten. Ihr letzter Brief war Ende August angekommen, und darin standen so viele vertrauliche Nachrichten über die Vorbereitung des Putsches, die

überschwenglich geschrieben und, um den Feind in die Irre zu führen, mit vorsätzlich verdrehten Daten durchsetzt waren, daß es nicht leicht war, die geheime Botschaft zu entschlüsseln.

Die guten Ratschläge des Generals vergessend, hatte Manuela ganz und fast mit allzuviel Begeisterung die Rolle der ersten Bolivaristin der Nation übernommen und führte allein einen Papierkrieg gegen die Regierung. Präsident Mosquera wagte nicht, gegen sie vorzugehen, hinderte aber seine Minister nicht daran. Die Angriffe der offiziellen Presse beantwortete Manuela mit gedruckten Schmähschriften, die sie zu Pferd und von ihren Sklavinnen eskortiert auf der Calle Real verteilte. Sie verfolgte mit eingelegter Lanze diejenigen durch die gepflasterten Straßen der Vororte, die Pamphlete gegen den General verteilten, und überdeckte die Beleidigungen, die auf den Mauern erschienen, mit noch beleidigenderen Aufschriften.

Die offiziellen Feindseligkeiten richteten sich schließlich ausdrücklich gegen sie. Aber sie ließ sich nicht einschüchtern. Ihre Zuträger in der Regierung gaben ihr an einem Nationalfeiertag Bescheid, daß auf der Plaza Mayor für ein Feuerwerk ein Schloß mit einer Karikatur des Generals als Hanswurst aufgebaut würde. Manuela und ihre Sklavinnen durchbrachen die Wache und schleiften mit einer Kavallerieattacke den Aufbau. Daraufhin versuchte sie der Bürgermeister persönlich mit einem Pikett Soldaten im Bett zu verhaften, sie erwartete sie jedoch mit zwei entsicherten Pistolen, und nur die Vermittlung von Freunden beider Lager konnte einen schwereren Zwischenfall verhindern.

Das einzige, was sie schließlich besänftigte, war die Machtübernahme durch General Urdaneta. Sie hatte in ihm einen wahren Freund, und Urdaneta hatte in ihr seine enthusiastischste Komplizin. Als sie allein in Santa Fe war, während der General im Süden gegen die peruanischen Invasoren Krieg führte, war Urdaneta der zuverlässige Freund gewesen, der für ihre Sicherheit sorgte und sich um ihre Angelegenheiten kümmerte. Nachdem der General vor dem *Vortrefflichen Kongreß* seine unglückselige Erklärung abgegeben hatte, erreichte Manuela, daß er an Urdaneta schrieb: »Ich biete Ihnen meine alte Freundschaft an und von Herzen eine vollkommene Versöhnung.« Urdaneta nahm das ritterliche Angebot an, und Manuela erwies ihm dafür nach dem Staatsstreich ihre Dankbarkeit. Sie verschwand aus dem öffentlichen Leben, und zwar so konsequent, daß Anfang Oktober das Gerücht umging, sie sei in die Vereinigten Staaten gereist und niemand das in Zweifel zog. José Palacios hatte also recht: Manuela ging es gut, weil man nichts von ihr hörte.

Bei einer jener Erforschungen der Vergangenheit, im Regen verloren, traurig vom Warten, ohne zu wissen, auf was oder wen noch wozu er wartete, war der General am Ende angelangt: Er weinte im Schlaf. Als José Palacios die kläglichen Laute hörte, glaubte er, sie kämen von dem herrenlosen Hund,

den sie am Fluß aufgelesen hatten. Aber es war sein Herr. José Palacios war bestürzt, denn er hatte ihn in den langen Jahren der engen Gemeinschaft nur ein einziges Mal weinen gesehen, und nicht aus Kummer, sondern aus Zorn. Er rief Hauptmann Ibarra, der auf dem Gang Wache hielt, und auch der hörte die Stimme der Tränen.
»Das wird ihm guttun«, sagte Ibarra.
»Das wird uns allen guttun«, sagte José Palacios.
Der General schlief länger als gewöhnlich. Weder die Vögel im Gemüsegarten nebenan noch die Kirchenglocken weckten ihn, und José Palacios beugte sich mehrmals über die Hängematte, um zu lauschen, ob er atmete. Als der General die Augen öffnete, war es nach acht, und die Hitze hatte schon eingesetzt.
»Sonnabend, der 16. Oktober«, sagte José Palacios.
»Tag der Reinheit.«
Der General erhob sich aus der Hängematte und betrachtete durch das Fenster die staubige und einsame Plaza, die Kirche mit den abbröckelnden Mauern und die Hühnergeier, die sich um die Reste eines toten Hundes zankten. Das Stechen der Morgensonne kündigte einen drückend heißen Tag an.
»Laß uns verschwinden, schnell«, sagte der General.
»Ich will die Schüsse der Exekution nicht hören.«
José Palacios erschauerte. Er hatte diesen Augenblick an einem anderen Ort und zu einer anderen Zeit erlebt, und der General sah genau aus wie damals, er stand barfuß auf den rohen Bodenfliesen,

mit langen Unterhosen und der Schlafmütze auf dem geschorenen Kopf. Es war ein alter Alptraum, der sich in der Wirklichkeit wiederholte.

»Wir werden sie nicht hören«, sagte José Palacios und fügte mit bewußter Genauigkeit hinzu: »General Piar ist bereits in Angostura erschossen worden, und nicht heute nachmittag um fünf, sondern an einem Tag wie heute vor dreizehn Jahren.«

General Manuel Piar, ein eigenwilliger Mulatte aus Curaçao, fünfunddreißig Jahre alt und ruhmreich wie kein anderer in den patriotischen Milizen, hatte die Autorität des Generals zu einem Zeitpunkt auf die Probe gestellt, als das Befreiungsheer wie nie zuvor alle Kräfte vereint brauchte, um die Vorstöße Morillos aufzuhalten. Piar sammelte Schwarze, Mulatten, Mischlinge und alle Bedürftigen des Landes gegen die weiße Aristokratie von Caracas, die der General verkörperte. Nur noch José Antonio Páez und der Royalist Boves waren ähnlich populär und von einer messianischen Aura umgeben wie Piar, der auf dem Wege gewesen war, auch einige weiße Offiziere des Befreiungsheers für sich einzunehmen. Der General hatte seine Überredungskünste an ihm erschöpft. Auf seinen Befehl hin festgenommen, wurde Piar in die provisorische Hauptstadt Angostura gebracht, wo der General sich mit den ihm nahestehenden Offizieren, darunter mehrere, die ihn später auf seiner letzten Reise den Magdalena abwärts begleiteten, verschanzt hatte. Ein Kriegsrat, den er mit Freunden Piars aus dem

Militär besetzt hatte, eröffnete das Schnellverfahren. José María Carreño nahm als Beisitzer teil. Der Pflichtverteidiger mußte nicht lügen, als er Piar als einen der vortrefflichsten Männer des Kampfes gegen die spanische Herrschaft pries. Piar wurde der Desertion, der Meuterei und des Verrats für schuldig befunden und unter Verlust seines militärischen Ranges zum Tode verurteilt. In Anbetracht seiner Verdienste hielt es niemand für möglich, daß der General das Urteil bestätigen würde, erst recht nicht in einem Augenblick, da Morillo mehrere Provinzen zurückerobert hatte und die Moral der Patrioten so gesunken war, daß man eine plötzliche Auflösung ihrer Front fürchten mußte. Der General wurde auf jedwede Weise unter Druck gesetzt, und zuvorkommend hörte er sich die Meinung seiner engsten Freunde an, unter ihnen Briceño Méndez, doch seine Entscheidung war unwiderruflich. Er nahm die Degradierung zurück, bestätigte aber die Erschießung, die durch den Befehl verschärft wurde, sie solle öffentlich stattfinden. Es war die endlose Nacht, in der alles Schlimme geschehen konnte. Am 16. Oktober um fünf Uhr nachmittags wurde das Urteil unter der unbarmherzigen Sonne der Plaza Mayor in Angostura vollstreckt, in der Stadt, die Piar selbst sechs Monate zuvor den Spaniern abgenommen hatte. Der Kommandeur des Pelotons hatte die Reste eines toten Hundes, den die Hühnergeier gerade fraßen, wegschaffen und die Zugänge absperren lassen, um zu verhindern, daß

freilaufende Tiere die Würde der Exekution störten. Er verweigerte Piar die letzte Ehre, dem Peloton selbst den Feuerbefehl zu geben, und ließ ihm gewaltsam die Augen verbinden, ohne jedoch verhindern zu können, daß er sich mit einem Kuß auf das Kruzifix und einem Gruß an die Fahne von der Welt verabschiedete.
Der General hatte sich geweigert, der Exekution beizuwohnen. José Palacios war als einziger bei ihm zu Hause und sah, wie er gegen die Tränen ankämpfte, als er die Schußsalve hörte. In der Erklärung, mit der er seine Truppen informierte, hieß es: »Gestern war ein schmerzvoller Tag für mein Herz.« Für den Rest seines Lebens wiederholte er, es habe sich um eine politische Notwendigkeit gehandelt, die das Land gerettet, die Rebellen überzeugt und den Bürgerkrieg verhindert hätte. Auf jeden Fall war es der härteste Machtakt seines Lebens, zugleich auch der zweckdienlichste, mit dem er sofort seine Autorität festigte, die Führung vereinte und sich den Weg für den Ruhm freimachte.
Dreizehn Jahre später schien er in dem Dorf Soledad nicht einmal zu bemerken, daß er das Opfer einer Zeittäuschung geworden war. Er schaute weiter auf die Plaza, bis eine zerlumpte Greisin kam, die ihren Esel mit Kokosnüssen beladen hatte, um sie als Erfrischung zu verkaufen, sie überquerte den Platz und scheuchte mit ihrem Schatten die Hühnergeier auf. Dann kehrte er mit einem Seufzer der

Erleichterung in seine Hängematte zurück und gab, ohne daß ihn jemand gefragt hätte, die Antwort, die José Palacios seit dem tragischen Abend von Angostura hatte wissen wollen:
»Ich würde es wieder tun«, sagte er.

Die größte Gefahr war das Gehen, nicht weil er hätte fallen können, sondern weil man überdeutlich sah, welche Mühe es ihn kostete. Dabei wäre es verständlich gewesen, daß ihm jemand im Haus beim Hinauf- oder Hinuntersteigen der Treppen half, selbst wenn er es allein schaffen konnte. Als er aber dann einen stützenden Arm wirklich brauchte, ließ er nicht zu, daß man ihm den reichte.
»Danke«, sagte er, »aber ich kann das noch.«
Eines Tages konnte er es nicht mehr. Er wollte gerade allein die Treppe hinuntersteigen, als ihm die Welt entschwand. »Ich bin, ich weiß nicht wie, halb tot von den eigenen Füßen gefallen«, erzählte er einem Freund. Es war schlimmer gewesen: Daß er mit dem Leben davonkam, war ein Wunder, hatte ihn der Schwindel doch an den Rand der Treppe geworfen, und nur weil sein Körper so leicht war, war er nicht weiter hinuntergerollt.
Doktor Gastelbondo brachte ihn umgehend zur alten Barranca de San Nicolás, sie fuhren in der Kutsche von Don Bartolomé Molinares, der den General auf einer seiner früheren Reisen bei sich aufgenommen hatte und nun dasselbe große und luftige Zimmer über der Calle Ancha für ihn vorbereitet hatte. Auf dem Weg begann dem General dicklicher Eiter aus der linken Tränendrüse zu quel-

len, und das ließ ihm keine Ruhe. Während der Fahrt war er allem entrückt, und zuweilen schien es, als bete er, tatsächlich aber murmelte er ganze Strophen seiner Lieblingsgedichte. Der Arzt säuberte ihm das Auge mit dem Taschentuch und war überrascht, daß der General, der doch so auf seine persönliche Reinlichkeit bedacht war, es nicht selbst tat. Erst kurz vor der Einfahrt in die Stadt wurde er wieder munter, als ein Haufen wildgewordener Kühe fast den Wagen gerammt hätte und dann die Berline des Gemeindepfarrers umwarf. Dieser wurde einmal durch die Luft gewirbelt und stand mit einem Sprung sogleich wieder auf, Stirn und Hände blutig und bis über die Haare weiß vom Sand. Als er sich von dem Schrecken erholt hatte, mußten sich die Grenadiere ihren Weg zu ihm durch die müßigen Fußgänger und nackten Kinder bahnen, die nur ihre Schaulust befriedigen wollten und keine Ahnung hatten, wer der Passagier war, der wie ein Toter in der dämmrigen Kutsche saß.
Der Arzt stellte den Priester als einen der wenigen vor, die zu der Zeit, als die Bischöfe von der Kanzel gegen den General wetterten und dieser als lüsterner Freimaurer exkommuniziert wurde, zu ihm gehalten hatten. Der General schien nicht mitzubekommen, was um ihn herum geschah, und nahm die Welt bewußt erst wieder wahr, als er das Blut auf der Soutane des Priesters sah und dieser ihn darum bat, seine Autorität dafür einzusetzen, daß die Kühe nicht frei in einer Stadt herumliefen, wo man sich

schon wegen der vielen Kutschen nicht ohne Gefahr auf den öffentlichen Straßen bewegen konnte.
»Machen Sie sich das Leben nicht sauer, Hochwürden«, sagte der General, ohne ihn anzusehen. »Das ganze Land sieht so aus.«
Es war elf Uhr, die Sonne lag unbeweglich auf den breiten und verlassenen Sandstraßen, und die ganze Stadt strahlte Hitze aus. Der General war froh, nicht länger als nötig dort bleiben zu müssen, um sich von dem Sturz zu erholen und an einem stürmischen Tag aufs Meer hinauszufahren, da in dem französischen Handbuch stand, daß Seekrankheit gut sei, um die Gallensäfte zu bewegen und den Magen zu reinigen. Er erholte sich bald von dem Sturz, aber Schiff und schlechtes Wetter aufeinander abzustimmen, war nicht so einfach.
Wütend darüber, daß der Körper den Gehorsam verweigerte, hatte der General keine Kraft mehr für irgendwelche politischen oder gesellschaftlichen Aktivitäten, und wenn er Besuch empfing, dann nur alte persönliche Freunde, die durch die Stadt kamen, um von ihm Abschied zu nehmen. Das Haus war weitläufig und kühl, soweit der November das zuließ, und die Besitzer verwandelten es für ihn in ein familiäres Hospital. Don Bartolomé Molinares war einer der vielen, die von den Kriegen ruiniert worden waren, und alles, was sie ihm gelassen hatten, war das Amt eines Postverwalters, das er seit zehn Jahren unentgeltlich ausübte. Er war ein so gütiger Mann, daß der General ihn seit seiner letzten

Reise Papa nannte. Seine Frau, stattlich und mit einem unbezähmbaren Hang zum Matriarchalischen, verbrachte ihren Tag damit, Spitzen zu klöppeln, die sich auf den Überseeschiffen gut verkauften, widmete aber seit der Ankunft des Generals diesem ihre ganze Zeit. Das ging so weit, daß sie mit Fernanda Barriga in Konflikt geriet, weil sie, überzeugt, das sei gut bei Brustleiden, Olivenöl an die Linsen gab, die der General dann gezwungenermaßen aus Dankbarkeit aß.

Am meisten störte den General in jenen Tagen die eiternde Tränendrüse, wodurch er in eine anhaltend düstere Stimmung versetzt wurde, bis Augenbäder mit Kamillenwasser Abhilfe schufen. Dann beteiligte er sich an den Kartenspielen, ein flüchtiger Trost gegen die Mückenplage und die Wehmut der Abenddämmerung. Bei einer seiner seltenen Anwandlungen von Reue überraschte er bei einer halb scherzhaften, halb ernsthaften Diskussion seine Gastgeber mit dem Ausspruch, daß ein guter Vergleich mehr wert sei als tausend gewonnene Prozesse.

»Auch in der Politik?« fragte Señor Molinares.

»Vor allem in der Politik«, sagte der General. »Daß wir uns mit Santander nicht arrangiert haben, hat uns alle ruiniert.«

»Solange einem Freunde bleiben, bleiben auch Hoffnungen«, sagte Molinares.

»Ganz im Gegenteil«, sagte der General. »Nicht die Niedertracht meiner Feinde, sondern die Beflissenheit meiner Freunde hat mich um meinen Ruhm gebracht. Denn sie haben mich in das Debakel der Konvention von Ocaña hineingezogen, sie haben mich in die Chose mit der Monarchie verwickelt, sie haben mich erst dazu verpflichtet, die Wiederwahl anzustreben, und mir dann später mit den gleichen Argumenten den Rücktritt nahegelegt, und jetzt halten sie mich in diesem Land fest, in dem ich nichts mehr verloren habe.«

Der Regen richtete sich auf ewig ein, und die Feuchtigkeit ließ Risse in der Erinnerung entstehen. Die Hitze war selbst nachts so groß, daß der General mehrmals das naßgeschwitzte Hemd wechseln mußte. »Ich fühle mich wie im Wasserbad gegart«, klagte er. Eines Nachmittags saß er über drei Stunden lang auf dem Balkon und sah, wie das Treibgut aus den Armenvierteln vorbeigeschwemmt wurde, Hausgerät, Tierkadaver, von der Sturzflut eines seismischen Wolkenbruchs mitgerissen, der die Häuser entwurzeln wollte.

Kommandant Juan Glen, der Präfekt der Stadt, erschien während des Unwetters mit der Nachricht, er habe eine Frau vom Dienstpersonal Señor Visbals festgenommen, weil sie die Haare, die sich der General in Soledad abgeschnitten hatte, als heilige Reliquien verkaufte. Wieder einmal grämte sich der General über die trostlose Art, mit der sich alles, was sein war, in eine Gelegenheitsware verwandelte.

»Sie behandeln mich schon so, als sei ich gestorben«, sagte er.

Señora Molinares war mit ihrem Schaukelstuhl an den Spieltisch herangerückt, um sich kein Wort entgehen zu lassen.

»Sie werden als das behandelt, was Sie sind«, sagte sie, »ein Heiliger.«

»Gut, wenn es so ist«, sagte er, »dann sollen sie diese arme Unschuldige laufenlassen.«

Er las nicht mehr. Wenn er jemandem zu schreiben hatte, begnügte er sich damit, Fernando Anweisungen zu geben, und er schaute nicht einmal die wenigen Briefe durch, die er unterzeichnen mußte. Den Vormittag verbrachte er damit, vom Balkon aus die Sandwüste der Straßen zu betrachten, er sah den Esel des Wasserverkäufers vorbeikommen, die freche und glückliche Schwarze, die in der Sonne gedörrte Fischchen verkaufte, um Punkt elf die Schulkinder, den Gemeindepfarrer mit der geflickten Soutane, der ihn von dem Vorhof der Kirche aus segnete und sich in der Hitze aufzulösen schien. Um ein Uhr mittags ging er, während die anderen Siesta hielten, an den fauligen Wasserarmen entlang, verscheuchte nur mit seinem Schatten die Schwärme der Hühnergeier vom Markt, grüßte hie und da die wenigen, die ihn in Zivil und halbtot, wie er war, erkannten, und erreichte das Quartier der Grenadiere, einen Schuppen aus Rohr und Lehm am Flußhafen. Er machte sich Sorgen darüber, daß die Moral der Truppe vom Müßiggang zersetzt wurde, was sich ihm nur allzu deutlich in der Unordnung der Quartiere zeigte, deren Gestank inzwischen

unerträglich geworden war. Ein Sergeant, der von der Gluthitze der Mittagsstunde benommen zu sein schien, überrumpelte ihn mit der Wahrheit.
»Nicht wegen der Moral sind wir am Arsch, Exzellenz«, sagte er, »sondern wegen der Gonorrhöe.«
Erst jetzt erfuhr er das. Die Ärzte des Ortes hatten, nachdem sich ihre Wissenschaft mit harmlosen Waschungen und Palliativa aus Milchzucker erschöpft hatte, das Problem wieder der militärischen Führung überlassen, und dort hatte man sich nicht darüber einigen können, was zu tun war. Die ganze Stadt wußte schon Bescheid über die Gefahr, die ihr drohte, und das ruhmreiche Heer der Republik wurde als Sendbote der Pest angesehen. Der General, nicht so beunruhigt wie man befürchtet hatte, löste das Problem auf einen Schlag durch absolute Quarantäne.
Als das Ausbleiben guter oder schlechter Nachrichten schon Verzweiflung auslöste, brachte ein reitender Bote aus Santa Marta eine dunkle Botschaft von General Montilla: »Den Mann haben wir bereits, und die Angelegenheit schreitet gut voran.« Dem General erschien die Nachricht so seltsam und die Art und Weise der Übermittlung so ungewöhnlich, daß er das Ganze für eine Generalstabssache von allergrößter Wichtigkeit hielt. Die womöglich etwas mit dem Feldzug in Riohacha zu tun hatte, dem er eine historische Priorität beimaß, die keinem einsichtig war.
Es war zu jener Zeit üblich, Botschaften zu verzer-

ren oder militärische Berichte aus Sicherheitsgründen absichtlich zu verwirren, da durch die Nachlässigkeit der Regierenden das System der chiffrierten Botschaften abgeschafft worden war, die bei den ersten Verschwörungen gegen Spanien so nützlich gewesen waren. Der Gedanke, die Offiziere könnten ihn betrügen, war eine nachhaltige Sorge, die er mit Montilla teilte, was das Rätsel der Botschaft noch mehr verdunkelte und die Unruhe des Generals steigerte. So schickte er José Palacios nach Santa Marta, mit dem Vorwand, er solle dort frisches Obst und Gemüse sowie ein paar Flaschen trockenen Sherry und helles Bier besorgen, die auf dem Markt am Ort nicht zu bekommen waren. Der wahre Zweck aber war, das Rätsel zu lösen. Es war sehr einfach: Montilla wollte mitteilen, daß Miranda Lyndsays Mann aus dem Gefängnis von Honda in das von Cartagena verlegt worden und die Begnadigung nur eine Frage von Tagen sei. Der General fühlte sich durch die Einfachheit des Rätsels derart betrogen, daß er sich nicht einmal darüber freuen konnte, seiner Retterin aus Jamaika Gutes getan zu haben.

Der Bischof von Santa Marta ließ ihn Anfang November in einem eigenhändig geschriebenen Billett wissen, daß er durch seine apostolische Vermittlung die Gemüter im Nachbarort La Ciénaga beruhigt habe, wo in der vergangenen Woche eine Bürgerrevolte zur Unterstützung von Riohacha versucht worden sei. Der General dankte ihm, ebenfalls eigenhändig, und bat Montilla, das Seine zu tun, aber ihm mißfiel, wie eilig es der Bischof hatte, ihn zu seinem Schuldner zu machen.

Die Beziehungen zwischen dem General und Monsignore Estévez waren nie die besten gewesen. Hinter dem milden Auftreten des guten Hirten war der Bischof ein leidenschaftlicher, aber nicht sehr heller Politiker, der im Grunde seines Herzens gegen die Republik, gegen die Vereinigung des Kontinents und gegen alles war, was mit der politischen Gedankenwelt des Generals zu tun hatte. Bei dem *Vortrefflichen Kongreß*, dessen Vizepräsident er gewesen war, hatte er seine tatsächliche Aufgabe, Sucres Einfluß zu beschneiden, bestens erfaßt und mit mehr Boshaftigkeit als Erfolg erfüllt, sowohl bei der Wahl der Amtsträger wie bei der ihnen gemeinsam übertragenen Aufgabe, eine gütliche Lösung für den Konflikt mit Venezuela zu finden. Das Ehepaar Molinares, das von diesen Divergenzen wußte, war keineswegs überrascht, als der General sie um vier Uhr beim Nachmittagsimbiß mit einem seiner prophetischen Gleichnisse empfing:

»Was soll aus unseren Kindern in einem Land werden, wo Revolutionen durch die Betriebsamkeit eines Bischofs beendet werden?«

Señora Molinares entgegnete ihm mit einem freundlichen, aber bestimmten Tadel:

»Auch wenn Eure Exzellenz recht hätten, will ich nichts davon wissen«, sagte sie. »Wir sind Katholiken alten Schlags.«

Der General lenkte sogleich ein:
»Zweifellos mehr als der Herr Bischof, denn er hat in La Ciénaga nicht aus Liebe zu Gott Frieden gestiftet, sondern um seine Schäfchen im Krieg gegen Cartagena zusammenzuhalten.«
»Auch wir hier sind gegen die Tyrannei Cartagenas«, sagte Señor Molinares.
»Das weiß ich«, sagte der General. »Jeder Kolumbianer ist ein feindliches Land.«
Von Soledad aus hatte der General Montilla gebeten, ihm ein leichtes Schiff zum Nachbarhafen Sabanilla zu schicken, damit er seinen Plan, durch Seekrankheit Galle auszustoßen, durchführen könne. Montilla ließ sich Zeit, ihm den Gefallen zu erweisen, weil Don Joaquín de Mier, ein republikanischer Spanier und Geschäftspartner des Kommodore Elbers, ihm eines der Dampfschiffe versprochen hatte, die gelegentlich für Fahrten auf dem Magdalena eingesetzt wurden. Da das nicht möglich war, schickte Montilla Mitte November ein englisches Handelsschiff, das ohne vorherige Ankündigung in Santa Marta einlief. Sobald er davon erfuhr, ließ der General durchblicken, daß er die Gelegenheit nutzen werde, das Land zu verlassen. »Ich bin entschlossen, egal wohin zu fahren, nur um nicht hier zu sterben«, sagte er. Dann durchschauerte ihn die Vorahnung, daß Camille ihn erwartete und von einem blumengeschmückten Balkon am Meer den Horizont absuchte, und er seufzte:
»In Jamaika werde ich geliebt.«

Er gab José Palacios Bescheid, er solle zu packen beginnen, und suchte bis spät in der Nacht einige Papiere, die er unbedingt mitnehmen wollte. Er war danach so müde, daß er drei Stunden lang schlief. Bei Tagesanbruch wurde ihm, obwohl er die Augen schon geöffnet hatte, erst bewußt, wo er sich befand, als José Palacios den Heiligen des Tages verkündete.

»Ich habe geträumt, ich wäre in Santa Marta«, sagte er. »Es war eine sehr saubere Stadt mit weißen Häusern, eins wie das andere, aber der Berg verdeckte die Sicht aufs Meer.«

»Dann war das nicht Santa Marta«, sagte José Palacios. »Es war Caracas.«

Denn der Traum des Generals hatte ihm offenbart, daß sie nicht nach Jamaika fahren würden. Fernando war seit dem frühen Morgen am Hafen, um die Einzelheiten der Reise zu regeln, und als er zurückkam, diktierte sein Onkel gerade Wilson einen Brief an Urdaneta, in dem er um einen neuen Paß zum Verlassen des Landes bat, da der von der abgesetzten Regierung ausgestellte wertlos sei. Das war seine einzige Erklärung dafür, daß er die Reise aufgab.

Alle waren sich jedoch einig, daß die schlechten Nachrichten, die er am Morgen über die Operationen in Riohacha erhalten hatte und die noch die vorherigen übertrafen, der wahre Grund waren. Von einem Ozean zum anderen fiel das Vaterland auseinander, das Gespenst des Bürgerkriegs wütete auf seinen Ruinen, und nichts war dem General mehr

zuwider, als Schwierigkeiten aus dem Weg zu gehen. »Kein Opfer wäre uns zu groß, um Riohacha zu retten«, sagte er. Doktor Gastelbondo, der sich mehr Sorgen über die Sorgen des Kranken als über seine unheilbaren Krankheiten machte, war der einzige, der ihm die Wahrheit sagen konnte, ohne ihn zu quälen.
»Die Welt geht unter, und Sie hängen an Riohacha«, sagte er. »Eine solche Ehre hätten wir uns nie träumen lassen.«
Die Entgegnung folgte sogleich:
»Von Riohacha hängt das Schicksal der Welt ab.«
Das glaubte er wirklich, und es gelang ihm nicht, seine Unruhe darüber zu überspielen, daß nach dem Zeitplan schon die Einnahme von Maracaibo anstand, sie aber weiter denn je vom Sieg entfernt waren. Und in dem Maße, wie der Dezember mit seinen Topasabenden näher rückte, fürchtete er nicht mehr allein, daß Riohacha verlorenging und vielleicht die ganze Küstenregion, sondern daß Venezuela eine Expedition ausrüsten könnte, um noch die letzten Reste seiner Hoffnungen zu zerstören.
Seit der vergangenen Woche hatte sich das Wetter allmählich geändert, und dort, wo zuvor verdrießender Regen gefallen war, riß nun ein durchsichtiger Himmel mit sternenklaren Nächten auf. Dem General blieben die Wunder der Welt fern, manchmal lag er abwesend in der Hängematte, manchmal spielte er Karten, ohne sich um sein Glück zu

kümmern. Wenige Zeit später, sie spielten gerade im Salon, riß ihnen ein Wirbelwind die Karten aus der Hand und ließ die Fensterriegel aufspringen. Über die vorzeitige Ankündigung der glücklichen Jahreszeit aufgeregt, rief Señora Molinares: »Der Dezember ist da!« Wilson und José Laurencio Silva beeilten sich, die Fenster zu schließen, damit der Wind das Haus nicht davontrug. Der General kam als einziger nicht von seiner fixen Idee los.

»Schon Dezember, und wir sind noch immer nicht weiter«, sagte er. »Zu Recht heißt es, schlechte Sergeanten sind nützlicher als unnütze Generäle.« Er spielte weiter, legte aber mitten in der Partie die Karten beiseite und sagte zu José Laurencio Silva, er solle alles für die Reise vorbereiten. Oberst Wilson, der am Tag zuvor zum zweiten Mal sein Gepäck ausgeschifft hatte, war perplex:

»Das Schiff ist ausgelaufen«, sagte er.

Der General wußte es. »Das war nicht das richtige«, sagte er. »Wir müssen nach Riohacha, vielleicht erreichen wir, daß unsere berühmten Generäle endlich beschließen zu siegen.« Bevor er den Tisch verließ, fühlte er sich verpflichtet, den Gastgebern sein Verhalten zu erklären.

»Das ist inzwischen nicht einmal mehr eine Notwendigkeit des Krieges«, sagte er, »sondern eine Frage der Ehre.«

So kam es, daß er sich am 1. Dezember um acht Uhr morgens auf der Brigantine *Manuel* einschiffte, die ihm Señor Joaquín de Mier für jeden gewünschten

Zweck zur Verfügung gestellt hatte: für eine Rundfahrt, um Galle auszustoßen, für eine Luftveränderung auf seiner Zuckerrohrplantage in San Pedro Alejandrino, wo der General sich von seinen vielen Leiden und unzähligen Kümmernissen würde erholen können, oder für die Weiterfahrt bis nach Riohacha, um noch einmal den Versuch zu unternehmen, Amerika zu retten. General Mariano Montilla, der mit General José María Carreño auf der Brigantine kam, hatte außerdem erreicht, daß die *Manuel* von der Fregatte *Grampus* aus den Vereinigten Staaten eskortiert wurde, die nicht nur reichlich mit Artillerie bestückt war, sondern auch einen guten Chirurgen an Bord hatte: Doktor Night. Als Montilla aber sah, in welch elendem Zustand sich der General befand, wollte er sich nicht allein auf das Urteil von Doktor Night verlassen, sondern befragte auch seinen Hausarzt am Ort.

»Ich glaube, daß er nicht einmal die Überfahrt durchsteht«, sagte Doktor Gastelbondo. »Aber er soll nur fahren: Alles ist besser, als so zu leben.«

Die Wasserarme der Ciénaga Grande waren langsam und heiß und verströmten tödliche Dämpfe, deshalb fuhren sie aufs offene Meer und nützten die ersten Passatwinde aus dem Norden, die in jenem Jahr sehr früh und mild waren. Die Brigantine mit ihren viereckigen Segeln war gut in Schuß, hatte eine für den General hergerichtete Kabine, war sauber und bequem und segelte fröhlich dahin.

Der General ging gut gestimmt an Bord und wollte

an Deck bleiben, um die Flußmündung des Río Grande de la Magdalena zu sehen, dessen Schlamm das Wasser mehrere Meilen weit ins offene Meer hinaus aschgrau färbte. Er hatte sich eine alte Hose aus Baumwollsamt angezogen, trug die Andenkappe und eine Jacke der englischen Marine, die ihm der Kapitän der Fregatte geschenkt hatte, und bei der räuberischen Brise im Sonnenschein verbesserte sich sein Aussehen. Ihm zu Ehren erlegte die Mannschaft der Fregatte einen riesigen Hai, in dessen Bauch sie neben anderen Eisenwaren auch ein Paar Reitersporen fanden. Er genoß das alles mit der Begeisterung eines Touristen, bis ihn die Erschöpfung übermannte und er in seine Seele zurücksank. Er machte dann José Palacios ein Zeichen, näher zu kommen, und vertraute ihm flüsternd an:

»Jetzt wird Papa Molinares wohl gerade die Matratze verbrennen und die Löffel vergraben.«

Gegen Mittag fuhren sie an der Ciénaga Grande vorüber, eine weite Fläche trüben Wassers, auf dem alle Vögel des Himmels sich einen Schwarm kleiner goldener Fische streitig machten. Auf der glühenden Salpeterebene zwischen Sumpflagune und Meer, dort, wo das Licht durchsichtiger und die Luft reiner war, lagen die Fischerdörfer mit den in den Patios zum Trocknen ausgelegten Netzen und weiter in der Ferne die geheimnisvolle Ortschaft La Ciénaga, deren Gespenster die Schüler Humboldts bei hellichtem Tage an ihrer Wissenschaft hatten zweifeln lassen. Auf der anderen Seite der Ciénaga

Grande erhoben sich die Kronen ewigen Eises der Sierra Nevada.

Die fröhliche Brigantine, die mit stillen Segeln fast über das Wasser flog, war so schnell und lag so ruhig, daß sie beim General nicht die gewünschte Übelkeit erzeugte, um Galle auszustoßen. Später fuhren sie jedoch an einem Ausläufer des Gebirges vorbei, der sich bis ins Meer erstreckte, und das Wasser wurde rauher und die Brise steifer. Der General beobachtete diese Veränderungen mit wachsender Hoffnung, denn die Welt begann sich mit den Raubvögeln, die über seinem Kopf kreisten, zu drehen, eisiger Schweiß durchnäßte sein Hemd, und seine Augen füllten sich mit Tränen. Montilla und Wilson mußten ihn festhalten, denn er war so leicht, daß eine Sturzsee ihn über Bord hätte schwemmen können. Gegen Abend, als sie in das ruhige Wasser der Bucht von Santa Marta einfuhren, war nichts in seinem verwüsteten Leib, was er noch hätte von sich geben können, und er lag entkräftet in der Koje des Kapitäns, dem Sterben nah, aber im Rausch der erfüllten Wünsche. General Montilla war so erschrocken über seinen Zustand, daß er ihn vor dem Ausschiffen noch einmal von Doktor Night untersuchen ließ, der entschied, daß man ihn in einem Armstuhl an Land tragen solle.

Abgesehen von dem fehlenden Interesse der Bewohner Santa Martas für alles, was irgendeinen offiziellen Anstrich hatte, gab es noch andere Gründe dafür, daß so wenige Leute am Hafendamm warteten. Santa Marta war eine der Städte, die besonders schwer für die Sache der Republik zu gewinnen gewesen waren. Selbst als die Unabhängigkeit mit der Schlacht von Boyacá bereits besiegelt war, hatte Vizekönig Sámano dort Zuflucht gefunden, um Verstärkung aus Spanien abzuwarten. Der General hatte selbst mehrere Versuche unternommen, die Stadt zu befreien, aber das gelang erst Montilla, als die Republik bereits gegründet war. Zum Groll der Royalisten kam die allgemeine Ablehnung gegenüber Cartagena als der Favoritin der Zentralregierung, was der General mit seiner Leidenschaft für die Cartagener noch unwissentlich förderte. Der schwerwiegendste Grund aber, selbst für viele Anhänger des Generals, war die standrechtliche Erschießung von Admiral José Prudencio Padilla, der noch zu allem Überfluß ebenso wie General Piar ein Mulatte gewesen war. Mit der Übernahme der Macht durch Urdaneta hatte sich die Stimmung noch verschlechtert, da dieser Vorsitzender des Kriegsgerichts gewesen war, das die Todesstrafe verhängt hatte. Also läuteten nicht wie vorgesehen die Glocken der Kathedrale, was niemand erklären konnte, und zur Begrüßung wurden keine Böllerschüsse von der Festung Morro abgefeuert, weil das Pulver im Arsenal plötzlich naß geworden war. Die Soldaten hatten bis zur letzten Minute daran gearbeitet, daß der General nicht die mit Kohle an die Seitenwand der Kathedrale geschriebene Parole sähe: »Es lebe José Prudencio.«

Die offizielle Bekanntgabe seiner Ankunft hatte gerade nur die wenigen berührt, die nun am Hafen warteten. Am auffallendsten war das Fehlen von Bischof Estévez, der erste und wichtigste unter den benachrichtigten Honoratioren.

Don Joaquín de Mier sollte sich bis ans Ende seines langen Lebens an die arme Kreatur erinnern, die sie in der frühen Nachtschwüle von Bord trugen, in eine Wolldecke gewickelt, zwei Mützen übereinander bis auf die Brauen gezogen, und kaum noch mit einem Hauch von Leben. Am deutlichsten blieb ihm aber die glühende Hand des Generals in Erinnerung, sein mühsamer Atem, die übernatürliche Beherrschung, mit der er den Tragestuhl verließ, um jeden einzeln mit allen Titeln und vollständigem Namen zu begrüßen, während er sich nur mühsam mit Hilfe seiner Adjutanten auf den Beinen hielt. Dann ließ er sich in die Berline heben und brach auf dem Sitz zusammen, den kraftlosen Kopf an das Polster gelehnt, die hungrigen Augen aber gebannt auf das Leben gerichtet, das für ihn am Fenster vorbeizog, einmal auf ewig und niemals mehr.

Die Reihe der Wagen mußte nur die breite Straße bis zum alten Zollhaus überqueren, das für ihn bereitgestellt worden war. Es war kurz vor acht und ein Mittwoch, aber wegen der ersten Dezemberwinde herrschte eine samstägliche Stimmung auf den Promenaden an der Bucht. Die Straßen waren breit und schmutzig, und die Steinhäuser mit Balkonen über die ganze Front waren besser erhalten als im Rest des Landes. Ganze Familien hatten die Möbel herausgestellt und saßen auf den Gehwegen, manche empfingen ihre Gäste sogar mitten auf der Straße. Die Wolken von Glühwürmchen zwischen den Bäumen erleuchteten den Boulevard am Meer mit einem phosphoreszierenden Licht, das intensiver als das der Laternen war.

Das alte Zollhaus, vor zweihundertneunundneunzig Jahren erbaut, war das erste im Land gewesen und nun frisch restauriert worden. Dem General hatte man das Schlafzimmer im ersten Stock mit Blick auf die Bucht hergerichtet, doch er zog es vor, die meiste Zeit über im großen Saal zu bleiben, weil es nur dort Ringe gab, um die Hängematte anzubringen. Dort stand auch der schwere gedrechselte Tisch aus Mahagoni, der sechzehn Tage später als Katafalk dienen sollte, auf dem sein einbalsamierter Körper aufgebahrt lag, in der blauen Uniformjacke seines Ranges, an der die acht Knöpfe aus reinem Gold fehlten, die irgend jemand im Durcheinander des Todes abgerissen hatte.

Nur er schien nicht zu glauben, daß er diesem Schicksal so nah war. Doktor Alexandre Prosper Révérend hingegen, ein französischer Arzt, den General Montilla um neun Uhr abends dringend hatte rufen lassen, mußte nicht einmal seinen Puls fühlen, um zu wissen, daß er schon vor Jahren zu sterben begonnen hatte. Aufgrund des kraftlosen Halses, der eingefallenen Brust und der gelblichen Gesichtsfarbe schloß er, das Hauptübel sei die geschädigte Lunge, und seine Beobachtungen sollten das in den folgenden Tagen bestätigen. Während des Vorgesprächs, das er halb auf spanisch, halb auf französisch allein mit dem General führte, stellte er fest, daß der Kranke mit großem Scharfsinn die Symptome zu verdrehen und den Schmerz zu verwandeln wußte und daß ihm das bißchen Luft noch bei der Anstrengung verging, während des Arztbesuchs weder zu husten noch sich zu räuspern. Die Diagnose auf den ersten Blick wurde von der medizinischen Untersuchung bestätigt. Aber schon in seinem ärztlichen Bulletin dieser Nacht – dem ersten von dreiunddreißig, die er in den folgenden fünfzehn Tagen veröffentlichte – maß der Arzt der seelischen Qual ebensoviel Bedeutung bei wie den körperlichen Leiden.

Doktor Révérend war vierunddreißig Jahre alt, er war selbstsicher, gebildet und gut gekleidet. Aus Enttäuschung über die Rückkehr der Bourbonen auf den französischen Thron war er vor sechs Jahren ins Land gekommen, sprach und schrieb flüssig und korrekt Spanisch, doch der General nützte die erste Gelegenheit, ihm eine Kostprobe von seinem guten Französisch zu geben. Der Arzt ging sogleich darauf ein.

»Eure Exzellenz haben einen Pariser Akzent«, sagte er.

»Aus der Rue Vivienne«, sagte der General lebhafter werdend. »Woher wissen Sie das?«

»Ich bilde mir etwas darauf ein, sogar die Ecke von

Paris, wo jemand aufgewachsen ist, allein am Akzent zu erraten«, sagte der Arzt. »Und das, obwohl ich selbst in einem Dörfchen der Normandie geboren bin und noch lange dort gelebt habe.«
»Guter Käse, aber schlechte Weine«, sagte der General.
»Das ist womöglich das Geheimnis unserer guten Gesundheit«, sagte der Arzt.
Er gewann sein Vertrauen, als er, ohne ihm weh zu tun, die kindliche Seite seines Herzens abtastete. Noch mehr gewann er es, da er ihm, statt neue Medikamente zu verordnen, eigenhändig einen Löffel des hustenlindernden Saftes gab, den Doktor Gastelbondo zubereitet hatte, sowie eine Beruhigungstablette, die der General widerstandslos schluckte, weil er zu schlafen wünschte. Sie unterhielten sich noch ein wenig über alles mögliche, bis das Schlafmittel wirkte und der Arzt auf Zehenspitzen das Zimmer verließ. General Montilla begleitete ihn mit anderen Offizieren nach Hause und war alarmiert, als der Doktor sagte, er werde für den Fall, daß man ihn irgendwann dringend brauche, angekleidet schlafen.
Révérend und Night konnten sich bei ihren verschiedenen Zusammenkünften während der Woche nicht einigen. Révérend war der Überzeugung, daß der General an einem Lungenschaden litt, der durch einen verschleppten Katarrh entstanden war. Wegen der Hautfärbung und abendlichen Fieberanfälle war Doktor Night der Überzeugung, daß es sich um

chronische Malaria handelte. Sie stimmten jedoch darin überein, daß der Zustand des Generals ernst war. Sie wollten andere Ärzte hinzuziehen, um die unterschiedliche Einschätzung zu erörtern, aber die drei aus Santa Marta sowie andere Ärzte aus der Provinz weigerten sich zu kommen und gaben keine Begründung dafür. Also vereinbarten die Doktores Révérend und Night eine Kompromißtherapie mit Brustsalben gegen den Katarrh und Chiningaben gegen die Malaria.

Der Zustand des Kranken hatte sich am Wochenende noch verschlechtert, weil er hinter dem Rükken der Ärzte auf eigene Verantwortung ein Glas Eselsmilch getrunken hatte. Seine Mutter hatte sie öfter warm mit Bienenhonig getrunken und sie ihm als kleines Kind gegeben, um ihm den Husten zu versüßen. Doch dieser tröstliche Geschmack, der aufs Innigste an seine ältesten Erinnerungen gebunden war, reizte seine Galle und brachte seinen Körper in Aufruhr, woraufhin es ihm so schlechtging, daß Doktor Night seine Reise vorverlegte, um ihm einen Spezialisten aus Jamaika zu schicken. Er sandte gleich zwei, mit allen möglichen medizinischen Mitteln, unglaublich schnell für jene Zeit, aber zu spät.

Trotz alledem entsprach die geistige Verfassung des Generals nicht seinem Siechtum, denn er verhielt sich so, als ob die Leiden, die ihn umbrachten, nicht mehr als banale Beschwerden wären. Er verbrachte die Nacht wach in der Hängematte, betrachtete die

Lichtkreise des Leuchtturms auf der Festung Morro, ertrug die Schmerzen, um sich nicht durch Klagelaute zu verraten, und wandte den Blick nicht vom Glanz der Bucht ab, von der er selbst gesagt hatte, sie sei die schönste der Welt.

»Mir schmerzen die Augen vom vielen Hinschauen«, sagte er.

Den Tag über bemühte er sich, seinen Fleiß aus anderer Zeit unter Beweis zu stellen, und rief Ibarra, Wilson oder Fernando, wer gerade am nächsten war, um Anweisungen für Briefe zu geben, die zu diktieren er nicht mehr die Geduld hatte. Nur José Palacios sah mit der Klarheit des Herzens, daß diese Unternehmungen schon endzeitliche Züge hatten. Denn es waren Verfügungen über die Zukunft der ihm Nahestehenden, auch solcher, die nicht in Santa Marta waren. Er vergaß den Streit mit seinem ehemaligen Sekretär, General José Santana, und verschaffte ihm einen Posten im auswärtigen Dienst, damit er sein neues Leben als frischgebackener Ehemann genießen könne. Für General José María Carreño, dessen gutes Herz er mit allem Recht zu loben pflegte, ebnete der General den Weg, der ihn im Laufe der Jahre bis zum Amt des stellvertretenden Präsidenten von Venezuela führte. Er bat Urdaneta um Soldbücher für Andrés Ibarra und José Laurencio Silva, damit sie in Zukunft wenigstens über ein regelmäßiges Einkommen verfügten. Silva brachte es zum Oberbefehlshaber des Heeres und Kriegs- und Marineminister seines Landes und wurde zweiundachtzig Jahre alt, das Augenlicht vom grauen Star getrübt, den er so gefürchtet hatte, und von einer Invalidenrente lebend, die er schließlich nach langwierigen Bemühungen, mit seinen vielen Narben seine Kriegsverdienste zu beweisen, erhalten hatte.

Der General versuchte noch Pedro Briceño Méndez zu überreden, nach Neugranada zurückzukehren, um das Kriegsministerium zu übernehmen, doch der schnelle Lauf der Geschichte ließ diesem keine Zeit dazu. Durch ein testamentarisches Vermächtnis wollte er seinem Neffen Fernando eine gute Laufbahn in der öffentlichen Verwaltung sichern. General Diego Ibarra, der sein erster Adjutant gewesen war und einer der wenigen Menschen, die er duzte und die auch ihn privat wie öffentlich duzten, empfahl er, sich an einen Ort zu begeben, wo er sich nützlicher machen könne als in Venezuela. Selbst General Justo Briceño, über den er in jenen Tagen noch verärgert war, sollte er auf dem Totenbett um den letzten Gefallen seines Lebens bitten.

Seine Offiziere haben vielleicht nie geahnt, in welchem Maße diese Rollenverteilung ihre Schicksale vereinte. Sie alle sollten nämlich im Guten wie im Schlechten den Rest ihres Lebens miteinander verbringen, und die Ironie der Geschichte wollte sogar, daß sie fünf Jahre später wieder in Venezuela zusammentrafen, um an der Seite des Kommandanten Pedro Carujo in einem militärischen Abenteuer für Bolívars Idee der Integration zu kämpfen.

Dies waren schon keine politischen Schachzüge mehr, sondern testamentarische Verfügungen zugunsten seiner Waisen, das stand für Wilson endgültig fest, als der General ihm in einem Brief an Urdaneta eine überraschende Erklärung diktierte: »Die Sache in Riohacha ist verloren.« An jenem Nachmittag erhielt der General auch ein Billett von Bischof Estévez, dem Unberechenbaren, der ihn darum bat, seinen hohen Einfluß bei der Zentralregierung geltend zu machen, auf daß Santa Marta und Riohacha zu Departements erklärt würden, um so der historischen Zwietracht mit Cartagena ein Ende zu setzen. Der General machte José Laurencio Silva gegenüber eine mutlose Gebärde, als dieser den Brief zu Ende vorgelesen hatte. »Alle Gedanken, auf die Kolumbianer kommen, haben etwas mit Trennung zu tun«, sagte er zu ihm. Später, als er mit Fernando die liegengebliebene Korrespondenz erledigte, war er noch bitterer.
»Den beantwortest du erst gar nicht«, sagte er. »Die sollen warten, bis ich unter drei Fuß Erde liege, und dann machen, wozu sie Lust haben.«
Sein ständiges Bedürfnis nach einem anderen Klima brachte ihn an den Rand des Wahnsinns. War es feucht, wollte er es trockener haben, war es kalt, wollte er es mild, und bei Gebirgsklima wünschte er sich Seeklima. Das nährte seine ständige Unruhe, man solle das Fenster öffnen, damit Luft hereinkomme, man solle es wieder schließen, man solle ihm den Sessel mit dem Rücken zum Licht stellen

und wieder andersherum, und er schien nur Erleichterung zu finden, wenn er sich mit der geringen ihm noch verbliebenen Kraft in der Hängematte wiegte.
Die Tage in Santa Marta waren so schwermütig geworden, daß, als der General wieder etwas von seiner Ruhe wiedergefunden hatte und erneut bekundete, er wolle zum Landhaus von Señor de Mier, Doktor Révérend der erste war, der ihn dazu ermutigte, wohl wissend, daß es sich um die letzten Symptome eines Leidens handelte, von dem es kein Zurück gab. Am Tag vor der Reise hatte der General einem Freund geschrieben: »Spätestens in ein paar Monaten sterbe ich.« Für alle war das eine Offenbarung, denn nur selten in seinem Leben, und noch weniger in den letzten Jahren, hatte er den Tod erwähnt.
La Florida de San Pedro Alejandrino lag eine Meile von Santa Marta entfernt in den Ausläufern der Sierra Nevada und war eine Zuckerrohrplantage mit einer Mühle zur Herstellung von *Kandis*. In der Berline von Señor de Mier legte der General den staubigen Weg zurück, den zehn Tage später in umgekehrter Richtung sein Körper ohne ihn, in seine alte Felddecke gewickelt, auf einem Ochsenkarren zurücklegen würde. Lange bevor er das Haus sah, spürte er die von heißer Melasse erfüllte Brise und erlag den Tücken der Einsamkeit.
»Das ist der Geruch von San Mateo«, seufzte er.
Die Zuckerrohrplantage von San Mateo, vierundzwanzig Meilen von Caracas entfernt gelegen, war

der Mittelpunkt seiner sehnsüchtigen Erinnerungen. Dort hatte er mit drei Jahren seinen Vater verloren, war mit neun Jahren durch den Tod der Mutter Vollwaise geworden und mit zwanzig Witwer. Er hatte in Spanien eine Verwandte, ein schönes Mädchen der kreolischen Aristokratie geheiratet, und sein einziger Traum war damals gewesen, mit ihr glücklich zu sein, während er als Herr über Leib und Gut auf der Zuckerrohrplantage San Mateo sein riesiges Vermögen vermehrte. Es wurde nie genau herausgefunden, ob die Ursache für den Tod seiner Frau acht Monate nach der Hochzeit ein bösartiges Fieber oder ein häuslicher Unfall gewesen war. Ihr Tod war seine historische Geburt, denn bis dahin war er ein Herrensöhnchen der Kolonie gewesen, das sich blenden ließ von weltlichen Freuden, ohne jedes Interesse für Politik, aber er hatte sich dann übergangslos in den Mann verwandelt, der er immer blieb. Er sprach nie wieder von seiner toten Frau, gedachte ihrer nie mehr, versuchte sie nie zu ersetzen. Fast jede Nacht seines Lebens träumte er von dem Haus in San Mateo, häufig träumte er von seinem Vater und seiner Mutter und jedem einzelnen seiner Geschwister, aber nie von ihr, denn er hatte sie in der Tiefe abgeschotteten Vergessens versenkt, ein brutales Mittel, um ohne sie weiter leben zu können. Das einzige, was für einen Augenblick seine Erinnerung aufstörte, war der Geruch der Melasse in San Pedro Alejandrino, die Unbeirrbarkeit der Sklaven in den Zuckermühlen, die ihn

nicht einmal eines mitleidigen Blicks würdigten, die riesigen Bäume um das zu seinem Empfang weißgetünchte Haus, diese andere Zuckerplantage seines Lebens, wohin ein unausweichliches Schicksal ihn zum Sterben führte.
»Sie hieß María Teresa Rodríguez del Toro y Alayza«, sagte er plötzlich.
Señor Mier war zerstreut.
»Wer ist das?« fragte er.
»Jene, die meine Frau war«, sagte er und fing sich sogleich: »Aber, bitte, vergessen Sie es: Das war ein Zwischenfall in meiner Kindheit.«
Mehr sagte er nicht.
Das Schlafzimmer, das man ihm zuwies, ließ seine Erinnerungen wiederum abschweifen, deshalb betrachtete er es mit großer Aufmerksamkeit, als wäre ihm jeder Gegenstand eine Offenbarung. Außer dem Himmelbett gab es eine Mahagonikommode, einen Nachttisch, ebenfalls aus Mahagoni und mit einer Marmorplatte, und einen mit rotem Samt bezogenen Sessel. An der Wand neben dem Fenster hing eine achteckige Uhr mit römischen Ziffern, die um ein Uhr sieben Minuten stehengeblieben war.
»Hier sind wir schon einmal gewesen«, sagte er.
Später, als José Palacios die Uhr aufzog und stellte, legte sich der General in die Hängematte und versuchte zu schlafen, und sei es nur für eine Minute. Erst jetzt sah er die Sierra Nevada durch das Fenster, klar und blau, wie ein aufgehängtes Bild, und

seine Erinnerung verlor sich in anderen Zimmern aus so vielen anderen Leben.
»Ich habe mich meinem Zuhause nie so nah gefühlt«, sagte er.
Er konnte die erste Nacht in San Pedro Alejandrino gut schlafen und schien sich am Tag darauf von seinen Schmerzen erholt zu haben, machte sogar einen Rundgang durch die Zuckermühlen, bewunderte die gute Rasse der Ochsen, kostete von dem Sirup und überraschte alle mit seiner Kenntnis von der Kunst der Zuckerherstellung. General Montilla, erstaunt über eine derartige Veränderung, bat Révérend, ihm reinen Wein einzuschenken, und dieser erklärte, daß eine Scheinbesserung wie die des Generals bei Moribunden häufig sei. Das Ende sei eine Frage von Tagen, vielleicht nur Stunden. Verstört von der schlechten Nachricht, schlug Montilla mit der Faust gegen die Mauer und verletzte sich die Hand. Für den Rest seines Lebens sollte er nie wieder derselbe sein. Er hatte den General oft belogen, immer in gutem Glauben und aus unbedeutenden politischen Gründen. Von jenem Tag an belog er ihn aus Barmherzigkeit und wies auch diejenigen, die Zugang zu dem General hatten, dazu an.
In jener Woche kamen acht Offiziere von hohem Rang nach Santa Marta, die wegen regierungsfeindlicher Aktivitäten aus Venezuela ausgewiesen worden waren. Unter ihnen waren einige der großen Männer der Befreiungsbewegung: Nicolás Silva, Trinidad Portocarrero, Julián Infante. Montilla bat

sie, dem General nicht nur die schlechten Nachrichten zu verschweigen, sondern auch die guten noch zu verbessern, um das Schlimmste seiner vielen Leiden zu lindern. Sie gingen noch weiter und erstatteten ihm einen so ermutigenden Bericht über die Lage in ihrem Land, daß es ihnen gelang, den Glanz alter Tage in seinen Augen zu entzünden. Der General kam auf das Thema Riohacha zurück, das seit einer Woche abgeschrieben war, und sprach wieder von Venezuela als einer unmittelbar bevorstehenden Möglichkeit.
»Wir haben nie eine bessere Gelegenheit gehabt, noch einmal auf dem rechten Weg zu beginnen«, sagte er. Und schloß mit unwiderlegbarer Überzeugung: »An dem Tag, an dem ich erneut das Tal von Aragua betrete, wird sich das ganze venezolanische Volk für mich erheben.«
An einem Nachmittag entwarf er einen neuen militärischen Plan in Gegenwart seiner Gäste, die ihm mit ihrem barmherzigen Enthusiasmus zu Hilfe kamen. Die Offiziere mußten sich dann jedoch die ganze Nacht lang anhören, wie er in prophetischem Ton verkündete, auf welche Weise sie von Anfang an und diesmal für immer das weite Imperium seiner Illusionen wiederaufbauen würden. Montilla war der einzige, der es wagte, der Fassungslosigkeit jener zu entgegnen, die glaubten, die Wahnvorstellungen eines Verrückten zu hören.
»Vorsicht«, sagte er zu ihnen, »in Casacoima habt ihr das auch geglaubt.«

Denn niemand hatte den 4. Juli 1817 vergessen, als der General zusammen mit einer kleinen Gruppe von Offizieren, darunter Briceño Méndez, die Nacht im Wasser der Lagune von Casacoima verbringen mußte, um sich vor den spanischen Truppen zu retten, die sie fast auf freiem Feld überrascht hätten. Halb nackt, zitternd vor Fieber, hatte er plötzlich begonnen, lauthals all das zu verkünden, was er in Zukunft, Schritt für Schritt, unternehmen würde: die sofortige Einnahme von Angostura, die Überquerung der Anden, um Neugranada, dann Venezuela zu befreien und Kolumbien zu gründen, und schließlich die Eroberung der riesigen Gebiete im Süden bis nach Peru. »Dann werden wir auf den Chimborazo steigen und auf den Schneegipfeln die Trikolore des großen, vereinten und für die Jahrhunderte freien Amerikas aufpflanzen«, schloß er. Auch damals hatten diejenigen, die ihm zuhörten, gedacht, er habe den Verstand verloren, und doch war es eine Prophezeiung gewesen, die wortwörtlich erfüllt wurde, Schritt für Schritt, in weniger als fünf Jahren.

Unglücklicherweise war die Prophezeiung von San Pedro Alejandrino nur ein Vorbote böser Tage. Die Qualen, die in der ersten Woche nachgelassen hatten, überfielen ihn nun geballt zum Vernichtungsschlag. Zu diesem Zeitpunkt war der General schon so geschrumpft, daß man die Manschetten der Ärmel noch einmal umschlagen und von seinen Hosen aus Baumwollsamt ein Zollbreit abschneiden

mußte. Es gelang ihm nicht, mehr als drei Stunden in der ersten Hälfte der Nacht zu schlafen, den Rest verbrachte er vom Husten erstickt oder in Fieberhalluzinationen befangen oder über den immer wiederkehrenden Schluckauf verzweifelt, eine Plage, die in Santa Marta begonnen hatte und immer hartnäckiger wurde. Am Nachmittag, während die anderen vor sich hindämmerten, lenkte er sich von seinen Schmerzen ab, indem er durch das Fenster die beschneiten Gipfel der Sierra betrachtete.
Er hatte viermal den Atlantik überquert und die befreiten Gebiete zu Pferd durchmessen, häufiger als je einer nach ihm, hatte aber, was ganz unüblich für jene Zeit war, nie ein Testament gemacht. »Ich habe nichts, was ich irgend jemandem hinterlassen müßte«, sagte er. General Pedro Alcántara Herrán hatte es ihm, als der General in Santa Fe seine Reise vorbereitete, mit dem Argument nahegelegt, das sei eine normale Vorkehrung für jeden Reisenden, und er hatte ihm eher ernst als scherzhaft gesagt, daß er den Tod noch nicht kurzfristig in seine Pläne einbeziehe. In San Pedro Alejandrino hingegen diktierte er aus eigenem Antrieb die Entwürfe für seinen letzten Willen und seine letzte Proklamation. Niemand weiß, ob er das bewußt tat oder ob es ein Irrgang seines bedrängten Herzens war.
Da Fernando krank war, begann er José Laurencio Silva eine Reihe von etwas wirren Notizen zu diktieren, die weniger seine Wünsche als seine Enttäuschungen ausdrückten: Amerika ist unregierbar;

wer sich der Revolution verschreibt, pflügt das Meer; dieses Land wird unweigerlich in die Hände einer enthemmten Masse geraten, um dann an verkappte kleine Tyrannen aller Farben und Rassen zu fallen; und viele andere düstere Gedanken mehr, die schon vereinzelt in Briefen an verschiedene Freunde im Umlauf waren.

Er diktierte wie in hellsichtiger Trance noch einige Stunden weiter und ließ sich kaum von den Hustenanfällen unterbrechen. José Laurencio Silva schaffte es nicht nachzukommen, und Andrés Ibarra konnte die Mühe, mit der linken Hand zu schreiben, nicht lange durchhalten. Als alle Schreiber und Adjutanten müde geworden waren, blieb noch der Kavallerieleutnant Nicolás Mariano de Paz übrig, der das Diktierte geflissentlich und mit schöner Schrift abschrieb, solange das Papier reichte. Er bat um Nachschub, aber der ließ so lange auf sich warten, daß er auf der Wand weiterschrieb, bis er sie fast vollgekritzelt hatte. Der General war ihm so dankbar, daß er ihm die beiden Duellpistolen für Liebeshändel von General Lorenzo Cárcamo schenkte.

Sein letzter Wille war, daß seine sterblichen Reste nach Venezuela gebracht würden, die beiden Bücher, die Napoleon gehört hatten, sollten in der Universität von Caracas aufbewahrt werden, José Palacios als Anerkennung für seine beständigen Dienste achttausend Pesos ausgezahlt bekommen, die Papiere, die er in Cartagena in Obhut von Señor Pavajeau hinterlassen hatte, sollten verbrannt werden, der Orden, mit dem ihn der Kongreß von Bolivien ausgezeichnet hatte, an seinen Herkunftsort zurückgehen, der Witwe von Marschall Sucre sollte der goldene Degen mit den eingelegten Edelsteinen, den ihm der Marschall geschenkt hatte, zurückgegeben und der Rest seines Besitzes, einschließlich der Minen von Aroa, unter seinen beiden Schwestern und dem Sohn seines verstorbenen Bruders aufgeteilt werden. Mehr war nicht da, denn von eben diesen Gütern mußten auch eine Reihe offenstehender Schulden bezahlt werden, darunter die zwanzigtausend Duros an Professor Lancaster, die ihm immer wieder auf der Seele lasteten.

Neben den Erbklauseln hatte er daran gedacht, eine besondere Verfügung einzuschließen, um Sir Robert Wilson für das gute Verhalten und die Treue seines Sohnes zu danken. Diese Auszeichnung war nicht außergewöhnlich, wohl aber, daß er sie nicht auch General O'Leary zudachte, der nur deshalb nicht Zeuge seines Todes wurde, weil er nicht rechtzeitig aus Cartagena zurückkommen konnte, wo er Präsident Urdaneta auf Befehl des Generals zur Verfügung stand.

Beide Namen sollten auf immer mit dem des Generals verbunden bleiben. Wilson wurde dann Geschäftsträger von Großbritannien in Lima, später in Caracas, und war weiter in vorderster Front an den politischen und militärischen Angelegenheiten beider Länder beteiligt. O'Leary ließ sich erst in Kingston nieder, dann in Santa Fe, wo er lange Zeit

Konsul seines Landes war und im Alter von einundfünfzig Jahren starb, nachdem er in vierunddreißig Bänden ein kolossales Zeugnis seines Lebens an der Seite von Amerikas General abgelegt hatte. Sein Lebensabend war still und fruchtbar, er verkürzte ihn auf einen Satz: »Als der Libertador tot war und sein großes Werk zerstört, habe ich mich nach Jamaika zurückgezogen, habe seine Papiere geordnet und meine Memoiren geschrieben.«

Seit dem Tag, an dem der General sein Testament gemacht hatte, erschöpfte der Arzt alle Mittel seiner Wissenschaft an ihm: Senfumschläge für die Beine, Abreibungen an der Wirbelsäule, schmerzstillende Pflaster am ganzen Körper. Die angeborene Verstopfung löste er mit Einläufen von sofortiger, aber verheerender Wirkung. Einen Blutandrang im Hirn befürchtend, unterwarf er ihn einer Behandlung mit Blasenpflastern, die den im Kopf gesammelten Katarrh austreiben sollten. Diese Therapie des spanischen Kantharidenpflasters bestand darin, das ätzend wirkende Insekt gemahlen auf die Haut aufzutragen, wo es Blasen erzeugte, durch die Medikamente resorbiert werden konnten. Doktor Révérend legte dem sterbenskranken General fünf Blasenpflaster am Nacken und eines am Knöchel an. Eineinhalb Jahrhunderte später waren viele Mediziner immer noch der Meinung, daß die unmittelbare Todesursache jene ausdörrenden Pflaster gewesen waren, die eine Blasenstörung verursachten, unkontrolliertes Harnlassen auslösten, das dann schmerzhaft und schließlich blutig wurde, bis die Blase ausgetrocknet war und am Becken klebte, wie Doktor Révérend bei der Autopsie feststellte.

Der Geruchssinn des Generals war so empfindlich geworden, daß er dem Arzt sowie dem Apotheker Augusto Tomasín befahl, ihm wegen ihres Gestanks nach Einreibungsmitteln vom Leibe zu bleiben. Häufiger als je zuvor ließ er das Zimmer mit Kölnisch Wasser besprengen, nahm weiter seine sinnlosen Bäder, rasierte sich selbst und putzte sich die Zähne mit wilder Erbitterung, in der übermenschlichen Anstrengung, sich gegen die Unappetitlichkeit des Todes zu wehren.

In der zweiten Dezemberwoche kam Oberst Luis Peru de Lacroix, ein junger Veteran des napoleonischen Heeres, durch Santa Marta. Bis vor kurzem war er Adjutant des Generals gewesen, und nachdem er ihn besucht hatte, schrieb er als erstes den Brief der Wahrheit an Manuela Sáenz. Sie hatte ihn kaum erhalten, als sie sich schon auf den Weg nach Santa Marta machte, aber dann in Guaduas erfuhr, daß sie ein ganzes Leben zu spät kam. Die Nachricht löschte sie aus der Welt. Sie versank in ihre eigenen Schatten und sorgte sich nur noch um zwei Koffer mit Papieren des Generals, die sie an einem sicheren Ort in Santa Fe verstecken konnte, bis Daniel O'Leary sie einige Jahre später nach ihren Anweisungen rettete. Eine der ersten Regierungshandlungen General Santanders war, Manuela aus dem Land zu verbannen. Sie unterwarf sich mit grollender Würde ihrem Schicksal, erst in Jamaika, und dann, nach trostlosem Umherschweifen, in Paita, einem schäbigen Hafen am Pazifik, wo Walfangschiffe aller Ozeane zur Ruhe kamen. Dort beschäftigte sie sich in ihrer Vergessenheit mit Häkelarbeiten, Viehtreibertabak und den Geleetierchen, die sie selbst herstellte und an die Matrosen verkaufte, solange es ihr die Arthritis in den Händen erlaubte. Ihr Ehemann Doktor Thorne wurde auf einem leeren Feld bei Lima niedergestochen und des wenigen beraubt, was er bei sich hatte; in seinem Testament hinterließ er Manuela eine Geldsumme, die der Mitgift entsprach, die sie in die Ehe gebracht hatte, aber dieses Geld wurde ihr nie ausgezahlt. Drei denkwürdige Besuche trösteten sie in ihrer Verlassenheit: der des Lehrers Simón Rodríguez, mit dem sie die Asche des Ruhmes teilte, der des italienischen Patrioten Guiseppe Garibaldi, der von dem Kampf gegen den argentinischen Diktator Rosas zurückkehrte, und der des Romanciers Herman Melville, der über alle Meere der Welt zog, um sich für *Moby Dick* kundig zu machen. Schon alt geworden und wegen eines Beckenbruchs an die Hängematte gefesselt, las sie das Schicksal aus den Karten und gab Verliebten einschlägige Empfehlungen. Sie starb bei einer Pestepidemie im Alter von neunundfünfzig Jahren, und ihre Hütte wurde von der Gesundheitspolizei mitsamt der wertvollen Papiere des Generals, darunter auch ihre privaten Briefe, niedergebrannt. Als einzige persönliche

Erinnerungsstücke waren ihr, wie sie Peru de Lacroix sagte, eine Haarsträhne und ein Handschuh von ihm geblieben.
Peru de Lacroix fand La Florida de San Pedro Alejandrino schon in der Unordnung des Todes vor. Das Haus trieb ohne Führung dahin. Die Offiziere schliefen zu jeder beliebigen Zeit, wenn sie der Schlaf gerade überwältigte, und sie waren so reizbar, daß sogar der besonnene José Laurencio Silva einmal den Degen zog, nur um dem Ruhe heischenden Doktor Révérend entgegenzutreten. Fernanda Barriga hatte nicht mehr genügend Schwung und Laune, um so vielen Essenswünschen zu den unvorhergesehensten Zeiten nachzukommen. Diejenigen, die besonders demoralisiert waren, spielten Tag und Nacht Karten, ohne sich darum zu kümmern, daß der Todkranke im Nebenzimmer alles hörte, was sie herumschrien. Eines Nachmittags, der General lag in einem fiebrigen Dämmerzustand, wetterte auf der Terrasse jemand lauthals über den Wucherpreis von zwölf Pesos und dreiundzwanzig Centavos für ein halbes Dutzend Bretter, zweihundertfünfundzwanzig Nägel, sechshundert gewöhnliche und fünfzig goldene Reißnägel, zehn Ellen weißen Kattuns, zehn Ellen Papierband und sechs Ellen schwarzen Bandes.
Es war eine lautstarke Litanei, die alle anderen Stimmen zum Schweigen brachte und schließlich den ganzen Gutshof erfüllte. Doktor Révérend wechselte im Zimmer gerade den Verband von

General Montillas gebrochener Hand, und beiden war klar, daß auch der Kranke in der Klarheit des Halbschlafs die Aufrechnung verfolgte. Montilla beugte sich zum Fenster hinaus und rief mit lauter Stimme:
»Haltet das Maul, ihr Arschlöcher!«
Der General griff ein, ohne die Augen zu öffnen.
»Lassen Sie nur«, sagte er. »Schließlich und endlich gibt es schon keine Rechnungen mehr, die ich nicht hören dürfte.«
Nur José Palacios wußte, daß der General genug gehört hatte, um zu begreifen, daß es bei der gebrüllten Aufzählung um die zweihundertdreiundfünfzig Pesos, sieben Reales und drei Cuartillos aus einer öffentlichen Kollekte für sein Begräbnis ging, die von der Stadtverwaltung bei einzelnen Privatpersonen durchgeführt und mit Gemeindegeldern für Schlachthof und Gefängnis ergänzt worden war, und daß es sich bei den Listen um die Materialien zur Anfertigung des Sarges und zum Bau des Grabmals handelte. José Palacios hatte nun, auf Befehl von Montilla, die Aufgabe zu verhindern, daß irgend jemand in das Zimmer kam, gleichgültig welchen Ranges, Titels oder Amts, und er schränkte sein eigenes Leben im Dienst der Bewachung des Kranken so drastisch ein, daß es sich nur wenig vom Tod unterschied.
»Hätte man mir von Anfang an eine solche Macht gegeben, wäre dieser Mann hundert Jahre alt geworden«, sagte er.

Fernanda Barriga wollte hereinkommen.
»Diesem armen Kerl haben die Frauen so sehr gefallen«, sagte sie, »da kann man ihn doch nicht sterben lassen, ohne daß eine einzige an seinem Bett wacht, auch wenn sie nur alt und häßlich und unnütz ist wie ich.«
Es wurde ihr nicht erlaubt. Also setzte sie sich neben das Fenster und versuchte mit Responsorien die heidnischen Delirien des Sterbenden zu heiligen. Sie blieb am Ort, von der öffentlichen Wohlfahrt versorgt, und erreichte in ewige Trauer versunken das Alter von hundertundeins Jahren.
Sie war es, die den Weg mit Blumen bedeckte und die Einsätze für die Gesänge gab, als der Priester des Nachbardorfes Mamatoco früh in der Nacht zum Mittwoch mit den Sterbesakramenten kam. Ihm schritten paarweise barfüßige Indianerinnen voraus, die ihm, in weite grobleinene Röcke gekleidet und mit Astromelien bekränzt, den Weg mit ihren Öllampen erleuchteten und in ihrer Sprache Totengebete sangen. Sie kamen über einen Pfad von Blütenblättern, die Fernanda vor ihnen ausstreute, und es war ein so bewegender Augenblick, daß niemand wagte, sie aufzuhalten. Der General richtete sich im Bett auf, als er sie ins Zimmer kommen hörte, bedeckte die Augen mit einem Arm, um nicht geblendet zu werden, und scheuchte sie mit einem Schrei hinaus:
»Schafft diese ewigen Lichter fort, das sieht ja wie eine Geisterprozession aus.«

Damit die üble Atmosphäre des Hauses dem Todeskandidaten nicht den Rest gäbe, schaffte Fernando eine Musikkapelle aus Mamatoco herbei, die einen ganzen Tag lang pausenlos unter der Tamarinde im Patio spielte. Dem General bekam die beruhigende Wirkung der Musik gut. Er ließ sich mehrmals *La Trinitaria*, seinen liebsten Kontertanz wiederholen, der deshalb populär geworden war, weil er selbst früher, wo immer er hinkam, Exemplare der Partitur verteilt hatte.

Die Sklaven hielten die Mühlen an und betrachteten eine ganze Weile lang den General zwischen den Kletterpflanzen am Fenster. Er war in ein weißes Laken gehüllt, abgezehrter und aschfarbener als nach dem Tod, und wiegte im Takt der Musik den Kopf, der wegen der nachwachsenden Haarstoppeln stachelig aussah. Nach jedem Stück klatschte er mit konventioneller Zurückhaltung, wie er es in der Pariser Oper gelernt hatte.

Mittags trank er, aufgemuntert von der Musik, eine Tasse Bouillon und aß Sagogebäck mit gekochtem Huhn. Dann bat er um einen Handspiegel, um sich in der Hängematte sehen zu können, und sagte: »Mit diesen Augen sterbe ich nicht.« Die fast verlorene Hoffnung, Doktor Révérend könne ein Wunder bewirken, erwachte aufs Neue in allen. Als der Kranke besonders wohlauf wirkte, verwechselte er jedoch General Sardá mit einem der achtunddreißig spanischen Offiziere, die Santander nach der Schlacht von Boyacá an einem einzigen Tag ohne

vorherige Gerichtsverhandlung hatte füsilieren lassen. Etwas später erlitt der General einen plötzlichen Rückfall, von dem er sich nicht mehr erholte, und mit dem bißchen Stimme, das ihm noch geblieben war, rief er, man solle die Musiker weit weg vom Haus schaffen, wo sie den Frieden seiner Agonie nicht störten. Als er seine Ruhe wiedergewonnen hatte, ließ er Wilson einen Brief an General Justo Briceño aufsetzen und diesen bitten, ihm den fast posthumen Gefallen zu erweisen, sich mit General Urdaneta zu versöhnen, um das Land vor den Schrecken der Anarchie zu bewahren. Das einzige, was er Wilson wortwörtlich diktierte, war die Einleitung: »In den letzten Augenblicken meines Lebens schreibe ich Ihnen diesen Brief.«
Abends unterhielt er sich bis spät mit Fernando und gab ihm zum ersten Mal Ratschläge für die Zukunft. Der Plan, gemeinsam die Memoiren zu schreiben, sei unausgeführt geblieben, doch habe der Neffe lang genug an seiner Seite gelebt, um den Versuch zu wagen, sie als einfache Übung des Herzens selbst zu schreiben, damit seine Kinder sich einmal eine Vorstellung von diesen Jahren des Unglücks und der Siege machen könnten. »O'Leary wird etwas schreiben, wenn er an seinen Wünschen festhält«, sagte der General. »Aber das wird etwas anderes sein.« Fernando war damals sechsundzwanzig, und er sollte achtundachtzig Jahre alt werden, ohne mehr als ein paar unzusammenhängende Seiten geschrieben zu haben, da ihm das Schicksal das

unermeßliche Glück zuteil werden ließ, das Gedächtnis zu verlieren.

José Palacios war, während der General das Testament diktierte, im Schlafzimmer gewesen. Weder er noch ein anderer sagte ein Wort bei diesem Akt weihevoller Feierlichkeit. Abends aber, während der Prozedur des mildernden Bades, flehte er den General an, seinen Willen zu ändern.

»Wir sind immer arm gewesen, und es hat uns nichts gefehlt«, sagte er.

»Das Gegenteil ist wahr«, sagte der General zu ihm. »Wir sind immer reich gewesen, und wir hatten nichts übrig.«

Beide Extreme waren richtig. José Palacios war, sehr jung noch, durch Verfügung seiner Herrin, der Mutter des Generals, in dessen Dienste getreten und war nicht förmlich freigelassen worden. Er schwebte in einem gesellschaftlichen Limbus, ohne daß ihm je ein Gehalt ausgesetzt oder sein Status definiert worden wäre, seine persönlichen Bedürfnisse waren vielmehr Teil der privaten Bedürfnisse des Generals. Er identifizierte sich mit diesem bis zur Art, sich zu kleiden und zu essen, und übertrieb dessen Genügsamkeit. Der General war nicht bereit, ihn ohne militärischen Rang oder eine Invalidenrente seinem Schicksal zu überlassen, noch dazu in einem Alter, in dem er nicht ein neues Leben beginnen konnte. Es gab also keine Alternative: Die Klausel der achttausend Pesos war nicht nur unwiderruflich, sondern auch unverzichtbar.

»Es ist recht und billig«, schloß der General.
José Palacios entgegnete scharf:
»Recht und billig wäre, zusammen zu sterben.«
Es kam nicht viel anders, denn José Palacios hielt das Geld eben so schlecht zusammen wie der General das seine. Nach dessen Tod strandete er in Cartagena de Indias, war auf die öffentliche Wohlfahrt angewiesen, versuchte seine Erinnerungen im Alkohol zu ertränken und erlag seiner Willfährigkeit. Mit sechsundsiebzig Jahren wälzte er sich gequält vom Delirium tremens sterbend im Schlamm eines Unterschlupfs für Bettler aus dem Befreiungsheer.

Am Morgen des 10. Dezember ging es dem General so schlecht, daß man, für den Fall, daß er beichten wollte, Bischof Estévez dringend rufen ließ. Der Bischof kam sofort und in vollem Ornat, da er diesem Treffen eine besondere Bedeutung beimaß. Nach dem Willen des Generals fand es jedoch hinter verschlossenen Türen und ohne Zeugen statt und dauerte nur vierzehn Minuten. Von dem Gespräch wurde nie ein Wort bekannt. Der Bischof verließ hastig und außer sich das Zimmer, stieg, ohne sich zu verabschieden, in seine Karrosse und las trotz vieler Aufforderungen nicht die Totenmesse, erschien auch nicht bei dem Begräbnis. Der General war in so schlechter Verfassung, daß er nicht allein aus der Hängematte aufstehen konnte und der Arzt ihn wie einen Säugling auf die Arme nehmen mußte, um ihn, mit Kissen abgestützt, auf das Bett zu

setzen, damit er nicht vor Husten erstickte. Als er endlich wieder Luft bekam, schickte er alle hinaus, um allein mit dem Arzt zu sprechen.
»Ich habe nicht geahnt, daß es so schlecht steht, um an die letzte Ölung denken zu müssen«, sagte er. »Und das mir, der ich nicht das Glück habe, an ein Leben in der anderen Welt zu glauben.«
»Darum geht es nicht«, sagte Révérend. »Aber es ist erwiesen, daß die Regelung der Gewissensdinge den Kranken in einen Gemütszustand versetzt, der die Arbeit des Arztes wesentlich erleichtert.«
Der General beachtete die kunstvolle Antwort nicht, da ihn die überwältigende Offenbarung durchschauerte, daß der wahnsinnige Wettlauf zwischen seinen Leiden und seinen Träumen in jenem Augenblick das Ziel erreichte. Der Rest war Finsternis.
»Verflucht noch mal!« seufzte er. »Wie komme ich aus diesem Labyrinth heraus!«
Er betrachtete den Raum mit der Hellsicht seiner Vortage und sah zum ersten Mal die Wahrheit: das letzte geborgte Bett, den schäbigen Waschtisch, dessen von Geduld getrübter Spiegel ihn nicht noch einmal zeigen würde, die Schüssel aus abgestoßenem Porzellan mit dem Wasser, dem Handtuch und der Seife für andere Hände, die herzlose Hast der achteckigen Uhr, die voranpreschte bis zu dem unausweichlichen Stelldichein seines letzten Nachmittags am 17. Dezember um ein Uhr und sieben Minuten. Dann kreuzte er die Arme über der Brust

und hörte auf einmal die klaren Stimmen der Sklaven, die in den Zuckermühlen um sechs Uhr das Salve sangen, und sah durch das Fenster am Himmel den Diamanten der Venus, der für immer ging, den ewigen Schnee, die neuen Triebe der Kletterpflanze, deren gelbe Glocken er am kommenden Sonnabend an dem von der Trauer verschlossenen Haus nicht würde blühen sehen, den letzten Glanz des Lebens, das sich bis zum Ende aller Zeiten niemals mehr wiederholen würde.

DANKSAGUNG

Viele Jahre lang habe ich von Álvaro Mutis gehört, er plane, über Simón Bolívars letzte Reise auf dem Magdalena zu schreiben. Als er »Das letzte Antlitz«, eine Leseprobe aus dem Buch, veröffentlichte, hielt ich es für eine ausgereifte Erzählung von einer solchen Reinheit des Stils und Tons, daß ich erwartete, binnen kurzem das vollständige Buch zu lesen. Zwei Jahre später hatte ich dann aber den Eindruck, daß er, wie es uns Schriftstellern oft sogar mit unseren liebsten Träumen geht, es aufgegeben hatte, und da erst habe ich gewagt, ihn darum zu bitten, das Buch selbst schreiben zu dürfen. Es war ein gezielter Prankenschlag nach zehn Jahren des Lauerns. Mein Dank gilt deshalb zuallererst ihm.
Mehr als die Ruhmestaten des Helden interessierte mich damals der Fluß Magdalena, den ich als Kind kennenzulernen begann, als ich von der Karibikküste, wo ich glücklicherweise geboren wurde, zum fernen und trüben Bogotá fuhr, wo ich mich vom ersten Mal an fremder als in jeder anderen Stadt gefühlt habe. In meinen Studentenjahren bereiste ich den Fluß elfmal in beide Richtungen auf jenen Flußdampfern, die schon zur Nostalgie verurteilt, ihre Werften am Mississippi verließen, und eine Berufung zum Mythischen hatten, der kein Schriftsteller widerstehen konnte.

Im übrigen machten mir die geschichtlichen Grundlagen keine großen Sorgen, da Bolívars letzte Flußfahrt die am spärlichsten dokumentierte Zeit seines Lebens ist. Er schrieb damals nur drei oder vier Briefe – ein Mann, der mehr als 10 000 diktiert haben muß –, und keiner seiner Begleiter hinterließ ein schriftliches Zeugnis von jenen vierzehn unglückseligen Tagen. Dennoch mußte ich schon beim ersten Kapitel das eine oder andere über seinen Lebensstil in Erfahrung bringen, und diese Nachforschung führte mich zur nächsten und dann zu einer weiteren und noch einer, es nahm kein Ende. Zwei lange Jahre über versank ich immer weiter im Treibsand eines Wusts von widersprüchlichen, oft zweifelhaften Dokumenten, von den vierunddreißig Bänden des Daniel Florencio O'Leary bis hin zu den unwahrscheinlichsten Zeitungsausschnitten. Mein absoluter Mangel an Erfahrung und Methodik in der Geschichtsforschung machten meine Tage noch mühseliger.

Dieses Buch hätte nicht entstehen können ohne die Hilfe derer, die diese Gebiete vor mir durchpflügt haben, eineinhalb Jahrhunderte lang, und mir die literarische Verwegenheit erleichtert haben, ein tyrannisch dokumentiertes Leben zu erzählen, ohne auf die gesetzlosen Vorrechte des Romans zu verzichten. Mein Dank geht aber in besonderer Weise an eine Reihe alter und neuer Freunde, die nicht nur meine stärksten Zweifel zur eigenen und überaus wichtigen Angelegenheit gemacht haben – etwa

Bolívars wirkliche politische Anschauungen inmitten seiner offensichtlichen Widersprüche auszumachen –, sondern auch die trivialsten – wie seine Schuhnummer herauszufinden. Dennoch, nichts werde ich mehr schätzen als die Nachsicht jener, die ich aus unverzeihlicher Vergeßlichkeit in dieser Danksagung nicht erwähne.
Der kolumbianische Historiker Eugenio Gutiérrez Celys hat als Antwort auf einen mehrseitigen Fragebogen für mich eine Kartei angelegt, die mir nicht nur erstaunliche Daten vermittelte – von denen viele in der kolumbianischen Presse des 19. Jahrhunderts nicht mehr auffindbar waren –, sondern mir auch die ersten methodischen Ansätze für die Suche und Zuordnung von Informationen gab. Außerdem war sein Buch *Bolívar Día a Día* (Bolívar Tag für Tag), das er gemeinsam mit dem Historiker Fabio Puyo schrieb, für mich eine Navigationskarte, die es mir erlaubte, mich während des Schreibens zwanglos durch alle Zeitphasen meiner Figur zu bewegen. Fabio Puyo hatte seinerseits die Tugend, mich mit schmerzstillenden Dokumenten zu beruhigen, die er mir aus Paris am Telefon vorlas oder mir, als handele es sich um lebenswichtige Medikamente, über Telex oder Telefax zukommen ließ. Der kolumbianische Historiker Gustavo Vargas, Professor an der Universidad Nacional Autónoma von Mexiko, hielt sich telefonisch in Bereitschaft, um kleinere oder größere Zweifel zu klären, vor allem solche, die die politischen Gedanken der Epoche

betrafen. Der bolivianische Historiker Vinicio Romero Martínez half von Caracas aus mit mir fast unglaublich erscheinenden Quellenfunden über die privaten Gewohnheiten Bolívars – insbesondere seine breite Sprechweise – sowie über Charakter und Schicksal seines Gefolges, und ferner mit einer gnadenlosen Überprüfung der historischen Daten in der Endfassung. Ihm verdanke ich den rettenden Hinweis, daß Bolívar nicht mit dem kindlichen Genuß, den ich ihm zuschrieb, Mangos essen konnte, aus dem einfachen Grund, daß noch mehrere Jahre vergehen mußten, bis die Mangofrucht Amerika erreichte.

Jorge Eduardo Ritter, Botschafter Panamas in Kolumbien und später Staatssekretär seines Landes, unternahm mehrere Eilflüge, nur um mir einige sonst unauffindbare Bücher aus seinem Besitz zu bringen. Don Francisco de Abrisqueta aus Bogotá war mir ein eigenwilliger Führer durch die weitläufige und verworrene Bibliographie zu Bolívar. Ein ganzes Jahr lang nahm sich der Ex-Präsident Belisario Betancur am Telefon meiner Zweifel an und fand für mich heraus, daß gewisse Verse, die Bolívar auswendig zitierte, von dem Dichter José Joaquín Olmedo aus Ekuador stammten. Mit Francisco Pividal führte ich in Havanna die langen Gespräche, die mir erlaubten, ein klares Bild von dem Buch, das ich schreiben sollte, zu gewinnen. Roberto Cadavid (Argos), der populärste und hilfsbereiteste Linguist Kolumbiens, tat mir den Gefallen, die Bedeutung und das Alter einiger Lokalismen zu erforschen. Auf meine Bitte hin erstellten der Geograph Gladstone Oliva und der Astronom Jorge Pérez Doval von der Academia de Ciencia in Kuba ein Verzeichnis der Vollmondnächte in den ersten dreißig Jahren des vergangenen Jahrhunderts.

Mein alter Freund Aníbal Noguera Mendoza schickte mir – von seiner Botschaft Kolumbiens in Port au Prince aus – Kopien seiner eigenen Papiere mit der großzügigen Erlaubnis, frei darüber zu verfügen, obgleich es Notizen und Entwürfe zu einer Studie waren, die er selbst über das gleiche Thema schrieb. Außerdem entdeckte er in der ersten Fassung des Originals ein halbes Dutzend tödlicher Trugschlüsse und selbstmörderischer Anachronismen, die Mißtrauen über die Genauigkeit des Romans gesät hätten.

Schließlich war Antonio Bolívar Goyanes, ein entfernter Verwandter des Helden und vielleicht der letzte Schriftsetzer der guten alten Art, den es noch in Mexiko gibt, so freundlich, mit mir das Originalmanuskript durchzusehen, es war eine pedantische Jagd nach Widersinn, Wiederholungen, Widersprüchen, Fehlern und Irrtümern sowie eine peinlich genaue Überprüfung der Sprache und Orthographie, und das durch sieben Fassungen hindurch. Dabei ertappten wir einen General, der vor seiner Geburt Schlachten gewann, eine Witwe, die mit ihrem liebenden Ehemann nach Europa reiste, und Bolívar und Sucre bei einem privaten Essen, während der eine sich in Caracas und der andere in Quito aufhielt. Ich bin mir jedoch nicht ganz sicher, ob ich für diese letzten beiden Hilfen danken soll, da ich meine, daß solcher Unsinn dem Schrecken dieses Buches ein paar Tropfen unfreiwilligen – und vielleicht wünschenswerten – Humors beigefügt hätte.

G. G. M.

Ciudad de México, Januar 1989

Simón Bolívar und seine Zeit
Historischer Abriß[*]

von Karin Schüller

1783	Simón Bolívar wurde am 24. Juli 1783 in Caracas geboren, das damals die Hauptstadt des spanischen Generalkapitanats Venezuela war. Er entstammte einer sehr reichen Kreolenfamilie und verlor früh seine Eltern. Sein Vater, Juan Vicente Bolívar, starb
1786	1786, seine Mutter, María de la Concepción Palacios
1792	y Blanco, 1792.
	Mit knapp 16 Jahren schickte ihn sein Onkel und
1799	Vormund 1799 nach Europa. Auf dieser Reise wurde er von seinem Lehrer und Freund Simón Rodríguez begleitet. Nach Zwischenstationen in Mexiko und Kuba trafen sie im Mai in Madrid ein. Bolívar verbrachte, von einigen Reisen unterbrochen, drei Jahre in der Hauptstadt Spaniens und hatte auch Zugang zum Königshof, wo er den Kronprinzen und späteren König Ferdinand VII. kennenlernte. Nachdem Bolívar eine Tochter aus vornehmer venezolanischer Familie in Spanien getroffen und geheiratet hatte, kehrte
1802	er 1802 mit ihr nach Venezuela zurück, wo sie im
1803	Januar 1803 plötzlich starb. Bolívar reiste im Oktober desselben Jahres erneut nach Europa, er blieb kurze
1804	Zeit in Spanien und lebte seit dem Frühjahr 1804 in Paris. In jenem Jahr kam Alexander von Humboldt, der gerade von seiner amerikanischen Reise zurückgekehrt war, nach Frankreich. Bolívar lernte Humboldt in Paris kennen, wo der preußische Gelehrte zu dem jungen Amerikaner gesagt haben soll: »Ich glaube, daß Ihr Land schon reif ist für die Unabhängig-

---

[*] Der historische Abriß über Simón Bolívar und seine Zeit tritt an die Stelle der weniger ausführlichen *Sucinta cronología de Simón Bolívar* der Originalausgabe.

keit, aber ich sehe den Mann nicht, der es vollbringen wird.« Am 2. Dezember erlebte Bolívar in Paris die Kaiserkrönung Napoleon Bonapartes, deren äußerer Glanz ihn nachhaltig beeindruckte.

1805 Im Jahr 1805 reiste er nach Italien. Auf dem Monte Sacro in Rom schwor er angeblich, sein Vaterland von der Kolonialherrschaft zu befreien. Nach einem er-
1807 neuten Aufenthalt in Paris kehrte Bolívar 1807 über Hamburg und die USA nach Venezuela zurück. Spa-
1808 nien wurde 1808 von den napoleonischen Truppen okkupiert, und Napoleon setzte seinen Bruder Joseph als neuen spanischen König ein. In Spanischamerika wurden daraufhin Juntas gebildet, die sich zum rechtmäßigen spanischen König, Ferdinand VII., bekannten, jedoch in zunehmendem Maße die Unabhängig-
1810 keit von ihrem Mutterland anstrebten. Die 1810 in Caracas gebildete Junta sandte eine Abordnung nach London, deren Verhandlungsführer Simón Bolívar war. Hier lernte er seinen im Exil lebenden Landsmann Francisco de Miranda kennen, der wenige Jahre zuvor einen fehlgeschlagenen Versuch zur Befreiung Venezuelas von der spanischen Herrschaft unternommen hatte. England, das von Bolívar um Unterstützung der Unabhängigkeitsbewegung gebeten wurde, lehnte ab. Am 5. Dezember kehrte er aus London zurück. Fünf Tage später folgte auch Miranda, der sich im Hause Bolívars einquartierte.
1811 Der im März 1811 in Caracas einberufene Kongreß erklärte am 5. Juli die Unabhängigkeit Venezuelas von Spanien. In den darauffolgenden militärischen Auseinandersetzungen kämpfte Bolívar unter dem Oberbefehl Francisco de Mirandas. Es waren seine ersten Kriegserfahrungen. Die venezolanischen Pa-
1812 trioten wurden 1812 besiegt, Miranda geriet in Gefangenschaft und wurde nach Spanien gebracht, wo er
1816 1816 im Gefängnis von Cádiz starb.

Bolívar mußte zum ersten Mal ins Exil gehen. Er suchte Zuflucht auf der holländischen Insel Curaçao. Von Cartagena aus reorganisierte er die Armee, und Anfang 1813 errang er einige militärische Erfolge im Gebiet des Río Magdalena. Cartagena, die damals stärkste spanische Seefestung Südamerikas, hatte sich auf die Seite der Patrioten gestellt. Mit diesem Rückhalt kehrte Bolívar im Mai nach Venezuela zurück und zog am 6. August als *Libertador* in Caracas ein. Neben der höchsten zivilen Gewalt übertrug der Kongreß ihm diktatorische Vollmachten. Allmählich wurde er zur führenden Persönlichkeit der Unabhängigkeitsbewegung im nördlichen Südamerika.

1813

1814

Im Sommer 1814 wendete sich das Blatt wieder zugunsten der Spanier: Im Juni wurde Bolívar von den damals noch royalistisch gesinnten Llaneros, den wilden Lanzenreitern der Tiefebene, bei La Puerta geschlagen, und im Juli ging Caracas verloren. Nach einer weiteren Niederlage floh er im September auf dem Seeweg nach Cartagena. Von den ebenfalls um ihre Unabhängigkeit kämpfenden Provinzen Neugranadas (heutiges Kolumbien) wurde er zum Oberbefehlshaber ihres Heeres ernannt und konnte am 12. Dezember die Hauptstadt Santa Fe de Bogotá einnehmen.

1814

1815

In Europa endeten 1814 die napoleonischen Kriege, und die spanische Armee wurde für andere Aufgaben frei. Im April 1815 landete ein spanisches Heer unter dem Kommando von General Pablo Morillo in Venezuela. Bolívar konnte den vordringenden spanischen Truppen keinen ausreichenden Widerstand entgegensetzen und begab sich im Mai erneut ins Exil nach Jamaika. Von hier aus versuchte er vergeblich, die Unterstützung Großbritanniens zu bekommen, das zu dieser Zeit mit Spanien verbündet war. Er schiffte sich im Dezember nach Haiti ein, wo er bei dem dortigen Präsidenten Alexandre Pétion Sympathie und Unterstützung fand. Mit Pétions Hilfe rüstete Bolívar Anfang 1816 ein kleines Expeditionskorps aus und landete im Juni mit knapp 250 Mann an der venezolanischen Küste, wo er noch einige Freiwillige anwerben konnte. Von hier aus versuchte er, ins Landesinnere vorzustoßen, mußte aber Mitte Juli bei Ocumare eine Niederlage hinnehmen und sich wieder nach Haiti zurückziehen. Ende des Jahres gelang es ihm erneut, in Venezuela zu landen, und er erreichte von der Insel Margarita aus das Festland. Dem für Bolívar kämpfenden Schotten Mc Gregor war es inzwischen gelungen, die Reste der bei Ocumare besiegten und zerstreuten Streitkräfte zu sammeln, mit denen er im September Barcelona eingenommen hatte. Im Juli 1817 gelang es Bolívar, Angostura (heute Ciudad Bolívar) zu erobern. Er mußte zwar dafür Barcelona räumen, konnte sich aber nun das Stromgebiet des Orinoco sichern. Angostura wurde Bolívars Ausgangsbasis für die von ihm nun zum ersten Mal vorgenommene große strategische Konzeption des Unabhängigkeitskrieges. Hier, im venezolanischen Guayana, bot sich sowohl die Möglichkeit eines schnellen Rückzuges in die Ebenen des unwegsamen Hinterlandes als auch eine gesicherte Versorgung über den Fluß. Es gelang ihm, die Llaneros für sich zu gewinnen. Im Januar 1818 traf er zum ersten Mal mit deren Anführer José Antonio Páez zusammen, der sich ihm anschloß und später neben Francisco de Paula Santander zu einem gefährlichen innenpolitischen Gegner wurde.

Nachdem der spanische General Morillo im März in der Schlacht bei La Puerta einen entscheidenden Sieg erringen konnte, wurde Bolívar wieder für längere Zeit in die Defensive gedrängt. In den folgenden Monaten begann er mit der Hilfe einiger tausend europäischer Legionäre seine geschwächte Armee zu reorganisieren und seine politischen Pläne für die Zukunft zu entwickeln. Im Februar 1819 wurde von den verantwortlichen Führern der Patrioten ein Kongreß einberufen, der die berühmte Verfassung von Angostura beschloß. Das wichtigste Ziel Bolívars war die Schaffung eines zusammenhängenden großen Reiches in Südamerika, für das Kolumbien und Venezuela die Ausgangsbasis sein sollten. Nach der Schlacht von Boyacá im August vereinigte er formal Neugranada mit Venezuela zur Republik Großkolumbien, zu deren Präsident er im Dezember ernannt wurde. Erst in den folgenden Jahren wurde der endgültige militärische Sieg der Patrioten in diesen Gebieten errungen. 1820 dauerte der Unabhängigkeitskrieg bereits zehn Jahre, und Bolívar feierte den Jahrestag in Santa Fe de Bogotá.

Im Juni 1821 kam es zur siegreichen Schlacht bei Carabobo, im April 1822 siegten die Patrioten bei Bomboná und im Mai bei Pichincha. Die Niederlage der Spanier im nördlichen Südamerika war damit besiegelt.

Im Juni 1822 hielt Bolívar mit Antonio José de Sucre, seinem begabtesten Feldherrn und Freund, einen triumphalen Einzug in Quito. Dort lernte er Manuela Sáenz kennen, die Ehefrau des englischen Arztes James Thorne. Sie hatte seit 1818 mit ihrem Mann in Lima gelebt, der sie jedoch dann wegen ihres freien Lebenswandels in ihre Geburtsstadt Quito zurückschickte. Manuela Sáenz wurde Bolívars Geliebte.

Im Juli zog der *Libertador* in Guayaquil ein, und das Gebiet des späteren Ekuador schloß sich nun der Republik Großkolumbien an. In Guayaquil kam es am 26. Juli zu dem legendären Treffen der beiden großen Heerführer Bolívar und José de San Martín. Der Freiheitskampf war im Süden etwa zur gleichen

Zeit ausgebrochen wie in Venezuela. Die Bewegungen Bolívars und San Martíns agierten unabhängig voneinander. San Martín hatte, von Argentinien kommend, Chile von der spanischen Herrschaft befreit und wollte nun das stärkste spanische Bollwerk in Südamerika, Peru, erobern. Nach größeren Anfangserfolgen sah San Martín, daß er sich gegen den Widerstand der starken, in Peru stationierten spanischen Truppen nicht durchsetzen konnte, und wandte sich um Hilfe an Bolívar. In Guayaquil zeigte sich bei ihrer Begegnung, daß ihre politischen Vorstellungen im Hinblick auf die Zukunft Südamerikas sehr verschieden waren. Bolívar setzte sich gegenüber dem stärker monarchistisch denkenden San Martín durch, der Bolívar die weitere Führung im Unabhängigkeitskrieg überließ und sich freiwillig nach Europa zurückzog.

1823 brach Bolívar zur Befreiung Perus auf. Im Februar 1824 wurde er von einem peruanischen Kongreß zum Diktator ernannt. Der Sieg von Junín im August und die von Sucre gewonnene letzte große Schlacht im Unabhängigkeitskrieg Südamerikas bei Ayacucho am 9. Dezember beendete die spanische Herrschaft in Peru und Alto-Peru. Letzteres nannte sich nach seinem Befreier Bolivien. Das gesamte spanische Reich des amerikanischen Festlandes war befreit, und fünf Staaten verdankten Bolívar ihre Unabhängigkeit: Venezuela, Kolumbien und Ekuador, die als Großkolumbien noch einen geeinten Staat bildeten, sowie Peru und Bolivien. 1825 erkannte England als erste europäische Großmacht die Unabhängigkeit der neuen Staaten in Südamerika an. 1826 wurde der *Libertador* in Bolivien zum Präsidenten auf Lebenszeit gewählt. Dies war auch das Jahr des ersten, von Bolívar geplanten panamerikanischen Kongresses, der in Panama stattfand. Trotz der Einladungen, die an die spanischamerikanischen Staaten sowie an die USA und Brasilien ergangen waren, nahmen nur Kolumbien, Peru, Mexiko und Zentralamerika teil. Bolívars Wunsch nach der erfochtenen Unabhängigkeit war, mit diesem Kongreß den Zusammenschluß der spanischamerikanischen Staaten einzuleiten. Die getroffenen Vereinbarungen blieben jedoch weit hinter den ursprünglichen Plänen Bolívars zurück, und von den wenigen in Panama unterzeichneten Verträgen wurde keiner ratifiziert. Dennoch war Bolívar der Begründer der panamerikanischen Idee, denn der Kongreß von Panama war der erste einer Reihe von vergleichbaren Kongressen in späteren Jahren.

1827 Auch in Peru wurde der *Libertador* 1827 zum Präsidenten auf Lebenszeit gewählt. Die sozialen Unterschiede zwischen den einzelnen Bevölkerungsgruppen in den von ihm befreiten Territorien waren jedoch größer als die Gemeinsamkeiten. Der südamerikanische Kontinent wurde zunehmend von Bürgerkriegen erschüttert. Bolívar legte seine Ämter in Peru und Bolivien nieder und kehrte nach Großkolumbien zurück. Aber auch hier kam es zu Intrigen und
1828 Verschwörungen gegen ihn. Am 25. September 1828 wurde in Bogotá ein Attentat auf ihn verübt, an dem auch Santander beteiligt war, das jedoch fehlschlug.
1829 Im Dezember 1829 legte er schließlich sein Amt als Staatsoberhaupt in Großkolumbien nieder, zu dieser Zeit schon krank und sehr geschwächt. Im Sommer
1830 1830 erfuhr er, daß Sucre ermordet worden war. Im gleichen Jahr zerfiel Großkolumbien in drei Einzelstaaten: Kolumbien, Venezuela, Ekuador.

Am 10. Dezember diktierte Simón Bolívar sein Testament und seine letzte Proklamation. Am 17. Dezember starb der *Libertador* von wenigen Freunden umgeben im Landhaus eines Spaniers bei Santa Marta (Kolumbien).

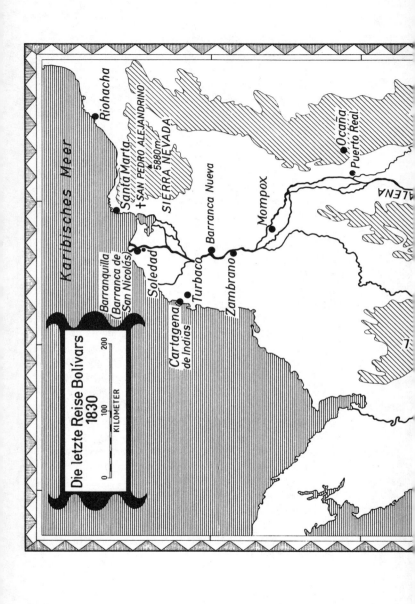

Gabriel García Márquez
Die Erzählungen

Titel der Originalausgabe: *Ojos de perro azul / Los funerales dela Mamá Grande / La increíble y triste historia de la cándida Eréndira y de su abuela desalmada*
Aus dem kolumbianischen Spanisch von
Curt Meyer-Clason
Gebunden

Alle Erzählungen von Gabriel García Márquez in einem Band.
Grotesk verzerrt, phantastisch überhöht, erzählt García Márquez in seinen Geschichten von Gewalt, Tod und Einsamkeit, von der ewigen Wiederkehr der Dinge und von der unentrinnbaren Zeit.

Kiepenheuer & Witsch

GREGOR VON REZZORI
Werkausgabe

Oedipus vor Stalingrad
7118

Ein Hermelin in Tschernopol
7115

Maghrebinische Geschichten
7117

Denkwürdigkeiten eines
Antisemiten
7120

1001 Jahr Maghrebinien
7124

In Planung:
Der Tod meines Bruders Abel
Der arbeitslose König
Kurze Reise übern langen
Weg
Bogdan im Knoblauchwald
Greif zur Geige,
Frau Vergangenheit
Erzählungen 1+2
Die Toten auf ihre Plätze
Journalistische Arbeiten

GOLDMANN

GREGOR VON REZZORI

Werkausgabe

Der Tod meines Bruders
Abel   7121

Kurze Reise übern langen
Weg   7123

Greif zur Geige,
Frau Vergangenheit   7122

Der arbeitslose König
7119

Des Freiherrn Hieronymus
von Münchhausen letztes,
bislang unbekanntes Aben-
teuer   7125

Die Toten auf ihre Plätze!
7128

GOLDMANN

Pavel Kohout

Die Henkerin
9405

Wo der Hund begraben liegt
9494

Die Einfälle der heiligen
Klara
9655

Aus dem Tagebuch eines
Konterrevolutionärs
9862

GOLDMANN

Paul Bowles

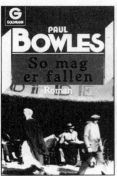

So mag er fallen
9081

Das Haus der Spinne
9120

M'hashish
9293

Die Stunden nach Mittag
9398

Gesang der Insekten
9782

GOLDMANN

Literatur bei Goldmann

Tschingis Aitmatov
Jorge Amado
Madison Smartt Bell
Paul Bowles
André Brink
Robertson Davies
Pete Dexter
Joan Didion
Hilda Doolittle
Ingeborg Drewitz
Hans Eppendorfer
John Fante
E. M. Forster
Kaye Gibbons
William Golding
Joseph Heller
Stefan Heym
Alice Hoffman
Tama Janowitz
Elizabeth Jolley
Nikos Kazantzakis
Walter Kempowski
Ken Kesey
Pavel Kohout
Stanislaw Jerzy Lec
Henry Miller
Yukio Mishima
Frederic Morton
Marcel Pagnol
Valentin Rasputin
Gregor von Rezzori
Daniele Sallenave
Jaroslav Seifert
Walter Serner
Jean-Philippe Toussaint
Kurt Vonnegut
Alice Walker
Sherley Anne Williams

GOLDMANN